施光於學界

築路至亨通

李宇明撰联，吴旭书

念阿亨憶往程一步一印鏗鏘聲
遺墨留骨風
閻德早老牛年新春思阿亨詞一首

來世與君逢
天有靈地有情天地相通心底層

歲在壬寅初春劉佳蕾敬書

《长相思·牛年新春忆阿亨》，阎德早词，刘佳蕾书

施光亨 —— 著

施光亨文集

北京语言大学出版社
BEIJING LANGUAGE AND CULTURE
UNIVERSITY PRESS

年，赴日本东京外国语大学中文系任教两年；担任过教研室主任、教务处处长。教研室主任和教务处处长是"教师头儿"，也还是教师。教师是施先生的第一身份，也是他一生的身份。

正是由于教师这一身份，施先生的论文论著多数都与教学相关。他最早的论文是1965年的《教师怎样在教学中起主导作用》、1966年的《引导学生在语言实践中学习语言》，之后如《对阿拉伯学生进行汉语语音教学的几个问题》（1980年）、《关于基础汉语教学中的课堂操练》（1981年）、《外语在对外汉语教学中的作用》（1983年）、《现代汉语语音琐谈——声韵组合的命名、规范和频率》（1986年）、《对外汉字教学要从形体入手》（1987年）、《中高级汉语教学呼唤"航标"》（1990年）、《对外汉语教材编写的若干问题》（1991年）、《关于对外汉语教学的若干议论和思考》（1994年）、《汉语口语词释例》（1997年）、《关于对外汉语教学的可持续发展》（1997年）、《关于对外汉语教学进一步规范化的建议》（1999年）等，还有《汉语口语词词典》（2012年）及与王绍新教授合编的《新闻汉语导读》（1993年）、《汉语教与学词典》（2011年）等。这些知识产品，材料来自教学实际，解决的是教学中的问题，很接地气，很受欢迎。比如《新闻汉语导读》，数次再版，译为多种语言，被多国采用。这是第一部按照新闻体裁和主题编排的新闻汉语教材，并按照新闻汉语特有的词语、句式对同类文章进行逐一讲解，将新闻内容与汉语教学有机地融合在一起，书后还附有相关国际国内组织机构、政策法规的读报常识和新闻背景知识，开创了新闻汉语教材的独特编排方式，在学科史上也是一种创新。施先生的这些科研成果，甚至可以称作"教学科研"，是教学实践、教学经验的理论升华，这与他长期的课堂实践和自觉的教师意识是密切相关的。

施先生参与了《语言教学与研究》的创建工作，并任编辑部主任，负责实际工作。这是北京语言大学的学报，也是对外汉语教学专业第一份有影响的杂志，是一面学术旗帜。这份杂志在他的主持下发表了很多研究成果，培养了一批又一批年轻人。1985年，他主编了《语言教学与研究丛书：对外汉语教学论集（1979—1984）》，将《语言教学与研究》创刊五年来发表的优秀论文汇集起来，交由北京语言学院出版社出版。他曾与校外专家一起，将对外汉语教学研究会成立大会暨第一次学术讨论会的论文，编辑为《对外汉语教学论文选》内部印行。施先生还曾担任北京语言学院出版社副总编辑、总编辑，编辑出版了一批对外汉语教学的书籍。办杂志、做出版，这些"编文、出书"的工作都是为他人"做嫁衣"，但却能成全一批学人、一个领域的学缘，推动学术发展。

要说出书，施先生还有两部大书。1978年到1985年，施先生倡议并与陈亚川、赵金铭、房玉清等先生一起，组织编写了《中国现代语言学家》，五分册，介绍了216位语言学家，开创了为现代语言学家群体立传的先例。1996年至2000年，他与海峡两岸的学者通力合作，主编了《两岸现代汉语常用词典》，这是最早的有影响的两岸词典，意义非凡。如果考虑到前文提及的《汉语口语词词典》和《汉语教与学词典》，也可以说施先生还是辞书大家，为辞书界和辞书学做出了重大贡献。

施先生还是一位有学术史意识的学者。他注意收集整理对外汉语教学的史料，如《新中国对外汉语教学40年大事记》（与杨俊萱合作，1990年）、《王力先生和对外汉语教学》（1991年）、《王还先生坦诚的笑声》（1994年）、《若干回顾——中国对外汉语教学学会成立十周年》（1996年）；自觉进行一些学术史的探讨，如《对外汉语教学是一门新型的学科》（1994年）、《"对外汉语教学"的由来》（2002年）、《历史上的汉语教学：向着第二语言教学走出的第一步》（2004）、《对外汉语教学：已经完成的两大变化和现在面临的两个课题》（2004）；而且还注意其他国家的有关情况，如组织编写《各国推广本族语情况汇编》（1990年）。据说，施先生还曾编写《新中国对外汉语教学发展史》（1950—1999），可惜最后没有刊出。

事业必须有史，有史就有根基、有故事、有镜鉴、有方向。通过史方知事业之来龙去脉及经验教训，方知业中人士之行为、之作为，方有传统与敬畏。汉语作为第二语言教学事业，是民族大业、文化大业，更需要有其史、知其情、明其事。施先生的文集、施先生的人生、施先生那一辈人的奉献，也就是在撰写这部对外汉语教学/国际中文教育的事业史。

施先生的最后一篇文章，是与王绍新先生合作的《让汉语走向世界》（载《北

1992年秋，我也应邀到大阪外国语大学任教，搞起了对外汉语教学，跟光亨成了真正的同行。记得好像是1994年或1995年，他又因公访问日本大阪，调查研究更全面的日本教学情况。他打听到我在大阪外大，于是设法找到了我，我就邀请他来我宿舍聚餐。下午连着晚上，我们俩海阔天空聊了好几个小时，欢声接着笑语，好不痛快。

他这次访问的结果之一大概就是6年后才发表的《对外汉语教学也要转变观念——且说汉外比较》，而对于我来说，记得最清楚的是另外两件事。

一是他建议我将发表的文章整理整理，在北语社出版，他可以帮忙。我由衷地感激，由此，就有了我的第二部集子《汉语如是观》(1997)，第一次尝试将"柔性"观念铺演到多个领域。这让我在二语教学之余有了另一种思考。

二是我们聊到了对外汉语教学。记得我谈到汉语里有许多惯用的说法，语法说不清，使用却很频繁，应该编一册收录这种用语的工具书，这将比语法书有用多了。他说，他正好准备编写这么一本词典，已经搜集了二三百个习惯短语。这就是他2012年出版的《汉语口语词词典》(商务印书馆)。我回国后他送了我一册。我一看，那的确是一本不同一般的工具书，里面都是口语惯用的短语，常见常用而一般语文词典不大收录，有180多条。里面还有100多处近义词语的辨析，加上丰富且日常可用的例句、简明易懂的解释，真是太好了！正是外国人学汉语所需要的！掐指一算，从我们大阪见面前开始，到2012年，他编写这本词典至少花了小20年的工夫！

此次绍新兄让我为光亨的集子写序，我这才知道，他守着出版社却始终没有为自己服务，没出过一本集子。他让出版社出我的集子，却从不想着自己也出一册。他的许多文章都东一处西一堆，顾不上整理，直到西去。他想的是整个学科的发展，却不想为自己出名走方便之门。他身上体现的正是这一代人的特点：祖国要我干什么我就干什么，放到哪里就在哪里发光。

这是一卷清白人生！这是一颗不变初心！

二

如今，我读着他夫人与女儿为他编选的文集，每一篇都是一次惊叹，每一篇都重塑着我对他的认识——一个我不认识的同窗老友。

翻开第一篇《王力先生和对外汉语教学》（1991），我就完全不知道，原来王力先生还对"对外汉语教学"这么关心过。当人们将要遗忘时，光亨却竭尽全力还原了王先生对这一学科的关怀与支持。王先生曾题词"对外汉语教学是一门科学"，后来又进一步指出"对外汉语教学是一门新型的学科"。在我记忆中，这是对学科性质最早的科学确认。如今学界正一步步证实王力先生当年的判断。光亨写这篇文章，表面看来只是追溯师恩，但其深层却表明光亨认可王力先生之所指，坚持要将对外汉语教学与传统汉语语言学做有机的联系。他记述"王先生十分强调汉语教学的实践性"，"反复强调对外汉语教学要'用一种比较的方法'"。光亨又说："王力先生众多的语言学研究成果多年来一直滋养着对外汉语教学，有的内容直接被吸收进了对外汉语教材。"这一番话实质上就是告诉我们：对外汉语教学并不自外于传统的汉语研究，传统的汉语研究应该是对外汉语教学学科建设的基础。而我的亲身感受又告诉我，对外汉语教学里的问题又能给传统研究提供最有用的课题。语言研究的方面很多，它们都是相通的。新学科的建立必须先吸收前人语言研究的成果来滋养自己。后面的 20 余篇文章正是光亨这一理念在各个方面的铺演和具体化，也是他一步步走来的总结。

这些文章，都让我感到光亨的两个特点：一是脚踏实地，二是视野宏远。

先说脚踏实地。他学过五年中文，又学过三年阿拉伯语，在也门和埃及教过汉语，拥有丰富的对外汉语教学经验，是个实干家，完全不是那种空头的理论家。他撰写的关于课堂操练、外语作用、语音教学、汉字教学、汉外对比教学、中高级教学、教材编写的七篇文章都是他实践中的所得，一步一个脚印。尤其《两岸常用字之比较》（2004）一文，对大陆的 3500 常用字与台湾地区的 3869 常用字一一比对，可谓"锱铢必较"，字字用心，丝毫不懈。这些文章说的话都是实实在在、朴朴素素的，容易懂，没有故意拔高，也没有拽那些西方来的新名词，甚至没有迎合时髦，使用"习得"一词。他以亲身的实践实现了吕叔湘先生

"务实"的嘱咐。

再看视野宏远。其实,光亨关注的还有许多前辈的论述。王力先生外,朱德熙先生就是其中一位。朱先生是受国家委派,最早走出国门教授汉语的前辈。朱先生关于"对外汉语教学是一个独立的学科"的断言是他自身经验的总结,无疑是科学的。光亨站在王力、朱德熙等前辈的肩膀上,从学科整体性上观察、论述、构建对外汉语教学,并非头痛医头、脚痛医脚。对外汉语教学是个新事物,虽然古代也有,但并没有作为一门学科来对待,顶多是设立个科班,编一本类似《老乞大》那样的教材。大多可能连专门教材也没有,完全借用"三百千"、《论语》、《孟子》来凑合,只是今天才提到学科的高度来认识。光亨的《历史上的汉语教学:向着第二语言教学走出的第一步》(2004)《"对外汉语教学"的由来》(2002)记载了这段从古至今的历程,总结了一段历史。"筚路蓝缕,以启山林",光亨以建设完整学科为理想,始终初心不改。他全力投入学科建设的方方面面,践行着、迎接着这个学科的诞生。

三

对外汉语教学学科这重大门,在本书中徐徐开启,让人看到这门新学科是如何一步步走来的,其中光亨又肩负着多少责任。

北京语言学院,那个曾经挨着我家的大学,还没有等我去拜访她,就已经悄悄地搬到了五道口,后来改名为"北京语言(文化)大学"。北语要承担本校学科建设的重任,又要承担推动全国新学科建设的责任。这些工作光亨都参与了,也承担了其中的一部分。是啊,谁让你接受了教务、出版和学报这样的职务呢?你责无旁贷!

在《若干回顾——中国对外汉语教学学会成立十周年》(1996)中,我们就看到了这样的施光亨:着眼大局,统筹全局。1980年底,教育部负责人根据大家的意见,找光亨谈,责成北语负起成立学会这个责任,让光亨向北语领导张道一汇报并研究落实。而汇报的结果是,让光亨负责到底,直到1983年6月的学会成立大会。

我虽不是此中人，却清清楚楚记得，在这十年间，北语的朋友们为了对外汉语教学这一学科能得到承认，如何奔走呼告，真是千辛万苦，才终于获得了有关方面的确认。此后就是为学科建设成立了语言教学研究所、语言信息处理研究所和中华文化研究所，除已有的《语言教学与研究》外，又创办了《世界汉语教学》。为了教学活动的进一步科学化、规范化，又提出设立标准化的汉语水平考试（HSK），建设完整且形式多样的教学体系，并提出逐步建立新学科的理论体系。这一切都将北语推向了时代的前台。

这是历史使然，而光亨不但身处其中，而且还在浪潮的中心。他是个弄潮儿，他不断思考着这个新型学科应该如何发展。他在《关于对外汉语教学的若干议论和思考》（1994）中提出"培养对外汉语教学师资的方面和培养外国留学生汉语人才的方面"。从外语学科的经验可知，第二语言学科的成功离不开师资，尤其离不开国外本土师资的培养。如果不能成功培养出大批当地汉语师资，那么派出再多的中国教师也只是杯水车薪。

他在《关于对外汉语教学的可持续发展》（1997）、《关于对外汉语教学进一步规范化的建议》（1999）等文中提出："我国对外汉语教学的生命在于教学质量，为此，必须摒弃一切短期考虑和短期行为，严格考试、升留级、毕业制度。""第二语言教学的强化性必须是附之以一定制度的强制性，不适当地强调主动性，没有一定的强制措施相配合，主动性就不可能持久。强制性可说是所有领域的技能训练的必然属性。我国众多的海外留学者在语言学习阶段大量的强制性学习的经验证明了这一点，体育界、文艺界的成才之路也证明了这一点。"这表现了光亨的远见与魄力，无疑都是正确的。他为了"建立办学质量的科学评估制度和实行机构的认证制度"，构建课程结构"层次性"，完善"能力课程"，推行"科学化、规范化"，真是呕心沥血。

北语有今天，对外汉语教学学科发展到今天如此完善的程度，有光亨的一份功劳。他在教务之位，谋教学之政，不断看到不足，提出任务，推进学科建设。虽然他只处学校的一角，只是教务与出版，但学科怎样炼成，对他是切切实实的过程。他承载的是一份历史的责任。

四

"中级之困"一直困扰着对外汉语教学这个学科。《中高级汉语教学呼唤"航标"》(1990)是我看到的较早提出这个问题的文章,应该说是恰逢其时。一个学科经过实践、摸索,应该在这个时候提出这个问题了。二语教学本质上就是教说话。一到四年级,应该安排些什么?第二学年是关键,应该怎么既区别于一年级又区别于三、四年级?光亨的文章,老老实实承认一开始"学制上并没有明确的界分,语言水平上也没有严格的标准"。光亨用"桥"比喻二年级,非常形象;承认初级到中级之间简直是个"陡坡",也非常生动。他又将这些区分所需要的"阶段性标志"比喻为"航标",也让我印象深刻。

发现问题,提出问题,就等于把问题解决了一半。问题明确了,大家八仙过海,各显神通;群策群力,各献高招。方法都来了,问题必然会迎刃而解。而且解决的方案不必只有一个,多多益善。

光亨身处学科发展的关键位置。矛盾尖锐了,他必须提出一个解决思路。他说:"中高级汉语教学的规模大大地发展了,科学化、规范化、标准化的要求更高了,在我们面前的是一个总结历史、开辟未来的艰巨任务。"他坚持"中高级汉语教学必须以现代汉语口语为基础"。他对"中高级汉语教学以选文决定教学内容的格局没有改变"提出了疑问,认为"教学的重点仍然应该放在语言技能的训练上"。他谈到了相关的多个方面,但没有把这一复杂课题简单化,并没有"必须"如何如何,而是提出谨防进入"误区"的预警。

我1992年秋赴日任教,行前受杉村博文教授委托,在国内搜罗些中级教材。因为日本的汉语教学同样也卡壳在中级,也就是二年级。我在北语找了一圈,只寻得一册《中级口语》,好像还是内部使用,没有编写者。再细看,似乎也很难对得上日本的情况。

杉村博文先生曾跟我谈起二年级。他说,学生在一年级收获很明显,从对汉语的零知识、零水平,一下子会说了、会看了。但是一到二年级,却觉得进步不明显,突然有些失去了目标的感觉。"中级之困"也就是"中级之问",说明这是个普遍问题,也是个理论问题。

当初级已经将"最小二语平台"建筑好,按照人的认知规律,下一步应该是什么?我们可以通过实践去论证,也可以从心理与二语理论方面去观察。根据我在日本得到的教训,二年级是另一个关键。因为一年级下学期显示,学生的分化已经开始,二年级面临的是一个水平分化的局面。二年级如果没有适当的分流措施,那么就应该让大家停一停、等一等,应该增强一年级的基础,而不是激进地上又长又难的文章,出大量汉语特有的框架。爬山也应该有个缓冲区、休整时段。一方面让先进学生夯实语言基础,另一方面也让后进学生跟上来。让学生觉得用得上、忘不了,也许这才是最要紧的。如果不重视这其中的问题,那么等待我们的就可能是让一部分学生走过场,稀里糊涂进入三、四年级,最终以不合格离校。这也是我在日本任教获得的一个深刻教训。

当然,如果我们有条件分流、分班,那当然最求之不得。但接下来是分班以后用什么样的教材,这还是一个问题。如果中级之困得到解决,那么高级阶段的教学反而就容易了。中级是座桥梁,桥梁架不好,怎么走向对岸、走向终点?

现在已经制定了好几版对外汉语教学的分级项目、分级大纲,难道中级之困就从此解决了?应该调查一下。希望避免闭门造车。"中级之困"如何转变为"中级之乐",是我们真真切切面临的问题。

二年级是个最考验教学水平、教学艺术的阶段,值得为此做各种试验。

五

1994 年那次日本之行,对光亨触动最大的就是:北语或国内的教材不适合日本。我与他有同感。1992 年我刚到大阪外国语大学接北语老师的班,也发现了同样的问题。初级已经让位给大阪外大自编教材了,是古川裕教授所编;中级也用了日本出版的教材,只是在高年级班上还继续使用着北语的教材。但即使是高年级班,北语的教材也很不适用。不合适的方面有三:一是内容太多,灌得太多,想着一口吃成个胖子;二是教材内容离日本现实太远;三是语法解释太教条,日本人无法接受,隔靴搔痒。大阪外大最终还是放弃了中国教材,走完全自主编写之路。1998 年我到日本明海大学以后,第一件事就是开编自主教材,逐步替换国内教材。日本的情况确实给国内教材编写敲响了警钟。

行到山腰，北语又面临新的考验：教材与教学是通用化还是国别化？

创业之初，教材大抵采取通用。一册教材适用范围越广越好。越是往后，才感觉不同国家有不同的需要，应该认真解决。这是一个新学科发展的必然之途。这两个貌似对立的方向，其实是互补的。实际教学中，不可能没有国别的针对性，也不可能全然不通用。所谓的国别化，也只是局部内容的国别化。许多方面都是通用的、一般性的。通用和国别是相融的，否则这个学科就建立不起来。

比如汉字教学，针对的几乎全是来自拼音文字国家的学生，无论教材还是教学方法都必然要追求通用化。光亨在《对外汉字教学要从形体入手》（1987）中提出"从形体入手"，恰恰就抓住了通用化教学的"牛鼻子"。形体是骨骼，也是灵魂，其他都是锦上添花而已。他引用殷焕先生的《汉字三论》："说汉字有理性，就想出识字教学讲讲'六书'，但也应考虑到用得上用不上。对象是特定的，不能由自己想象。"比如他举出"由、笛、轴、袖"四字，都有声旁"由"，"表现了汉字的有理性，但是殷先生断然说这'同我们识字教学无关'"。光亨认为殷先生这些话说得"非常中肯，非常谨慎"。对外汉字教学不能随随便便扯起"六书"理论，要按照现代汉字形体的实际情况来展开教学。文中还提到决不能允许学生将"口"写成"〇"，这一点尤其值得我们深思。这些就体现了教学的科学性，也就是通用化的一面。

光亨的《对阿拉伯学生进行汉语语音教学的几个问题》（1980）一文又体现出他非常注意国别化教学。怎么让只有三组长短元音的阿拉伯学生接受汉语这种声韵调结构的语言，他确实煞费苦心。但这些又很难编进教材，全靠教师"逢山开路，遇水搭桥"。

光亨花甲之后，思考愈益成熟。在《祈愿"梦"想成真》（2000）和《对外汉语教学也要转变观念——且说汉外比较》（2000）里说的就是"通用 vs. 国别"这个问题。他有几个大梦，其中就有教学的汉语特色之梦、教学的国别之梦。我们对教材教法的认识有一个过程，最初肯定是确立教学的"一般性"原则，尽可能适用于多个教学对象，以此区别于母语教学。深入实践之后，就会面临"国别化"，会承认不同母语背景的"针对性"。这是光亨重大理论认识的变化，应该是由多个渠道触发的理论思考，包括去各处的教学与调查。他坦白承认：根据一位日本教师的反馈，中国教材语法的三分之二是不用讲的，而另外的三分之一又太简单。光亨承认现有的"教材没有或没有充分体现对外汉语教学的特点"，没有或"不大可能注意到学习者不同母语之间的区别"，需要转变现有的习惯模式。他提出要改成"对外汉语教学 =（汉语语言规则 + 汉外比较 +）第二语言教学法"的模式，插入"汉外比较"这一要素。王力先生最初就提出语言"比较"的思路，但一直都是朦朦胧胧的，到这个时候才清晰起来。原来具体化之一就是"国别化"，就是要重视不同母语背景的偏误分析，重视"买方市场"，只有这样才能改变众多教材"在同一水平上重复"的局面。

而且他还指出偏误不仅来自学生的母语，可能还来自目的语，具体就是汉语。他举了一个例子，很有趣。他说，能否在词典里将"梦"和"梦见"分别出条，前者注为名词，后者注为动词，这就解决了学生把"梦见"说成"梦"的错误。这应该是他的敏锐发现。以我的想法，这其实体现出二语教学是一个循序渐进的过程。汉语里的"梦"确实既是名词也是动词，但对学生来说属于不同的学习或使用阶段。入门阶段只能是名词"梦"，到了较为深入的阶段，才可以使用动词"梦"。而英语里的 dream 却不同，名词和动词可以同时出现在某一个语言水平阶段。如果这个想法再深化一下，那就是"受限语言"。如何"受限"才能减少教学的阻力？这可是个大题目。少一些目的语的干扰，多几分目的语单一性的项目。对外汉语教学的几个阶段，应该视为几个"受限"阶段。二语教学中"适当受限"与"适当分开"应该是一对矛盾。处理好这对矛盾，无疑将使我们走出西方理论的阴影，从而开启自源理论的新阶段。

从通用到国别，又认识到通用与国别可以相融，这应该是光亨在理论上的一次提升。这也是整个学科理论意识的觉醒与变化，这个变化已经开启了对外汉语教学的新模式，使得这个学科更加符合王力先生的"对外汉语教学是一门科学"的期待。光亨在退休前完成了一次理论转身，同时也助推这个初建学科完成了一次跃进。这些都是历史，他与他的同辈人肩负着这段历史的建造与转化。一件件，一桩桩，都载入光亨这本文集里，成为历史的见证。

六

我曾经写过一篇《缘识光亨记友情》来纪念他。里面说道：

光亨是汉语国际教育事业关键期的开拓者与领跑者之一。人的一生很短也很长，但在这长长短短的一生中能咬住一件事不松口，却是非常地不易。许多人都动摇了、松口了，但是光亨没有。他完全可以轻松做官，休闲度过办公室剩下的光阴，但他却选择了受苦，在千百个词条中忍受煎熬，在这煎熬中炼成了一位知名的辞书学家。

光亨是勤奋的，他在繁重的行政事务下，不甘心于离开教学，居然利用下班后的时间，放弃休息，挣扎着，奋力着，要竭力挽回一点点学术空间，编纂教学词典，为学生和教师操劳。这就是北大的精神、北大人的品格！他与绍新共同主编的《汉语教与学词典》（商务印书馆，2011年）就是在这样的毅力下与夫人合作产生的。这更是一册大部头的工具书，在3100余个汉字下，介绍了3200余个词语。几乎每一词条下都有提示和比较，说明该词和该例句如何使用，实用又好用。这对外国学习者、对从事对外汉语教学的教师，无疑都是做了一件大好事。

他虽已退休多年，却一直退而不休，仍孜孜矻矻于辞书编纂。这次读到他《从对外汉语教学的角度，说几点对词典的想法》（2009），真切地感受到他惦记的永远是这个学科。他从"奉承""（你）看你""都"这几个我们"习焉不察"的例子，具体地说明了外国人学汉语的困惑与难点。他又提出要重视汉语语素的特点，汉语语素构词是一大特点，必须重视让学生学会切分语义段落，以避免理解错误。他从《现代汉语词典》想到对外汉语教学，而且提出初级教材分词连写的建议。从这些方面可以看到光亨日臻完善且成熟的学术思想。

那时，我还没有读到光亨的许多论述，只能写写他对词典的贡献。这次文集在手，一篇篇读下去，一次次改变着他在我心中的形象。一个放弃"小我"，全力建设学科"大我"，饱含学科自信、中国自信的光亨，向我眼前走来，我仿佛听到了他那标志性的笑声。这些文章篇篇承载着新学科的历史！让我们具体看到了这个曾经大声疾呼的学科，如何从无到有，如何壮大为全国全球一枝花，又如何在各种教学实践中培养出一支浩浩荡荡的队伍，其中就有光亨自己。建设者锤炼着学科，学科又让建设者成长为战士、学者、专家，造就了一支有学问、有能力、能上阵的队伍。

新学科就是这样炼成的！

人们会记住这段历史，也会记住肩负历史的光亨。

一生奋斗豪情在，留住典章传世间。

读后随感，点滴心头。书以为序，献于光亨。

2022 年冬至—2023 年元旦三稿

187 / 关于汉语口语中的语词

192 / 语素研究述评

201 / 试析阿拉伯语四字母原生动词——关于阿语辅音的研究兼及阿语"词族"的建立

210 / 两岸常用字之比较

223 / 怀念光亨（王绍新）

229 / 梧桐春雨忆先人——怀念我的父亲施光亨（施正宇）

247 / 附录　施光亨生平

《施光亨文集》导读

崔永华

在庆祝北京语言大学建校60周年之际，北京语言大学出版社把施光亨先生与对外汉语教学相关的主要文章结集出版，值得赞赏。这不但给了我们一个系统了解先生为对外汉语教学事业和学科发展所做贡献的机会，而且，作为对外汉语教学发展史早期重要的参与者，先生留下的相关历史文献也让我们从另一个角度——个人的角度，深入地认识北京语言大学（曾名为北京语言学院、北京语言文化大学，以下除必要时用全称外均简称为"北语"）、对外汉语教学事业发展和学科建设的历程。

通览全书，我的深刻感受是"文如其人"——这些文章写的就是先生走过的路、先生的思想境界和先生的教学作为。

一、亲力亲为，珍贵记载

1961年，施老师[①]跟吕必松、刘珣、王绍新等35位前辈，在国内名校中文系毕业之后，被国家选拔为出国汉语教学储备师资[②]。经过三年刻苦的外语学习，他们成为了新中国专门培养的第一批出国汉语教学储备教师，实际上也成

[①] 笔者跟先生共事、相处多年，一直以"施老师"相称，用别的称呼觉得别扭，所以请允许继续这样称呼下去。

[②] 据程裕祯主编的《新中国对外汉语教学发展史》（北京大学出版社，2005年），出国汉语师资的培养工作始于1961年，当时高教部与内务部人事局商定，从北京大学、复旦大学、南开大学、山东大学、武汉大学、四川大学、西北大学、北京师范大学、华东师范大学、吉林师范大学、陕西师范大学等11所高等院校，选拔35名中文系应届毕业生，作为出国汉语教学储备师资进行培养。其中，一部分人到北京外国语学院进修英语、法语、西班牙语，一部分人到北京大学学习阿拉伯语，学习期限均为三年。

为我国第一代对外汉语教学专业的研究生。凭借这种学历背景，这一代人有能力在朱德熙、林焘、王还、钟梫等前辈的指导下，继承初创阶段[①]的对外汉语教学事业，共同参与、引领对外汉语教学从幼儿到长大成人的艰辛过程，成为20世纪后20多年创立、推动事业发展和学科建设的中坚力量。施老师正是这支队伍的重要成员。

20世纪70年代后期到90年代，是中国对外汉语教学事业和学科框架的构建期。施老师作为主要贡献者之一，全过程参与了这个框架的建设。这个时期他直接着手的工作主要包括：(1) 1978年到1983年，在本学科第一份专业杂志——《语言教学与研究》创刊时期，作为主持工作的编辑部主任，为学科初建期的理论建设、学术人才培养做了大量开创性的工作。(2) 亲身参与中国对外汉语教学学会（原中国教育学会对外汉语教学研究会，1988年更为此名）的筹建工作。自学界1980年8月提出成立全国性的学术团体，至1983年6月中国教育学会对外汉语教学研究会成立[②]，这段时间正是施老师主持《语言教学与研究》杂志工作时期，他以杂志社为依托，在学会筹备期间成为组织、联络、协商的纽带。(3) 北语1985年成立出版社，施老师1987年任出版社副总编辑，1988年至1990年任总编辑，经历了学界第一个专业出版社——北语出版社创业时期，出版了一批教材和学术著作[③]。(4) 施老师1992年至1997年任北语教务处处长[④]期间，在北语的教学和课程建设、研究生培养、科学研究方面推出了不少新的举措。例如：将原来对外国留学生的"现代汉语"专业更名为"汉语言"专业[⑤]，倡议建立针对外国研究生的奖学金制度；核定教师的标准教学工作量；推进课程规范化[⑥]；规范留学生教学管理，严肃考核、考试纪律；等等。北语作为行业

[①] 据程裕祯主编的《新中国对外汉语教学发展史》，1950年至1961年，中国共接收来华留学生3215人，来自57个国家。1961年至1964年，每年接收的外国留学生新生人数分别为471、241、162、229人。
[②] 关于学会筹建过程，请参看本书《若干回顾——中国对外汉语教学学会成立十周年》一文的第一部分。
[③] 据笔者所查，北语出版社自1988年至1993年，共出版图书14种，包括李德津、李更新的《现代汉语教程》4种，吕必松的《对外汉语教学发展概要》《华语教学讲习》，张静贤的《汉语外贸口语30课》，李乐毅的《汉字演变五百例》等。
[④] 笔者于1993年任北语教务处副处长，此后到1999年，一直跟施老师有着密切的工作联系。
[⑤] 关于更名的理由，请参看本书《关于对外汉语教学的若干议论和思考》一文。
[⑥] 施老师所倡导的规范化思路可以看本书《关于对外汉语教学进一步规范化的建议》一文。

"领头羊"，当时的这些举措对其他院校也起到了一定的辐射作用。这些亲力亲为之举，让施老师对对外汉语教学事业和学科的发展过程了如指掌、认识深刻。

本书中的《新中国对外汉语教学 40 年大事记》（下称《大事记》）和《若干回顾——中国对外汉语教学学会成立十周年》（下称《回顾》）实录了施老师 60 年代起的所见、所闻、所为。《大事记》作为本领域最早、最系统、最可靠的对外汉语教学史文献，记载了一大批学界早期的事件、文献和数据，成为学界内外讨论相关问题时的必读文献和引证依据。程裕祯老师在《新中国对外汉语教学发展史》的后记中特别强调："这个项目（即《新中国对外汉语教学发展史》，笔者注）之所以能较好地完成，我们首先要感谢北京语言大学施光亨、杨俊萱二位教授。他们早先编写的《新中国对外汉语教学大事记》（未刊稿），为我们提供了有益的参考。施光亨先生早就留心于新中国对外汉语教学发展史的研究，并且精心搜集资料，积累素材，按照年代顺序从 1950 年到 1989 年将新中国对外汉语教学的史实简略编列出来，为本书的撰写提供了一个基本前提。"

《回顾》也是一篇亲历者撰写的不可多得的对外汉语教学史文献，可以看作《大事记》的姊妹篇。上篇是完整的历史记录，此篇则是依据所掌握的丰富材料，对事业和学科建设关键期所取得的成就进行系统化、理论化的梳理。文章对学科地位奠定、教学和课程体系建设、学科理论体系建设、教师队伍发展、学会发展等方面做出了到当时为止最为全面的论述。

文章把课程分为"语言技能、能力课程""语言、文化知识课程""专业基础理论课程"；认为对外汉语教学研究已经逐步由经验型走向理论研究型；认为对外汉语教学学科理论体系已经逐步建立；把对外汉语教学的基础理论分为"汉语理论、语言教学理论和语言学习理论"三个方面，分别做了界定，并对其研究内容、研究特点进行了分析。这些论述都是对当时事业和学科发展、建设的准确总结，为此后的发展提供了重要的启发。

文章几乎穷尽性地列举了当时学界的主要活动、成果、文献、数据。其中一些记载，现在已经很难从其他渠道获得。比如文章说，"据不完全统计，从恢复教师职称评定以来，对外汉语教师中现已有教授 70 多人、副教授 500 多人、讲师800多人"。再如，"10多年来，据不完全统计，对外汉语教师共发表论文1000多篇，总字数1200多万""出版了40多部学术专著""共编写、出版了300多种（部）教材"。没有前面所说的那些实实在在的经历，在当时的条件下，很难有人有底气说出这些数字来。

文章结尾时说："回顾学会成立以来的历程，回顾新时期对外汉语教学取得的进展，我们可以自豪地说，我国的对外汉语教学事业和学科建设的确取得了巨大的成就。它虽然不像其他传统的学科那样如日中天、光芒四射，但也早已走出了在黑暗中摸索的阶段；它已不再是学步的幼儿，它已经成长为一个能独立行走的成人，正在面向世界，在通往21世纪的大道上奔跑。"这气势和诗意的背后，是一位资深对外汉语人的赤子之心。我清楚地记得，施老师是在大病初愈的情况下做的大会发言。这篇近16000字的文章，在当时以手写为主的写作环境中，施老师不知要反复修改、抄写多少遍，这应当是他那次大病的主要原因。施老师后来又带病勉力发言，这种殚精竭虑、爱业敬业之心，我至今难以忘怀。

文如其人，施老师写的教学史，也是他和同行们的经历和情怀。

二、立足高远，思想敏锐

上述经历和开阔的视野，让施老师得以把握事业和学科发展的全貌，以敏锐的眼光，发现关键问题，提出真知灼见。《中高级汉语教学呼唤"航标"》（下称《呼唤航标》）和《关于对外汉语教学的可持续发展》（下称《可持续发展》）是其中对学界产生重大影响的两篇文章。

《呼唤航标》发表于《语言教学与研究》1990年第4期，后收入《中高级对外汉语教学论文选》（北京语言学院出版社，1991年），17年后又被刘珣等收入《对外汉语教学论文选评·第二集（1991—2004）·中册》（北京语言大学出版社，2008年），可见此文在学科发展史上的地位。文章的写作背景是，20世纪80年代后期，国内高校中高级汉语学习者数量开始大幅增加，而对外汉语教学界"几十年来，语言教学法的理论和方法在不断的发展之中，就总体而言，它们多数比较适用于初级阶段。中高级汉语教学如何吸取这些理论、方法中有用的东西，总结自身的经验,逐步形成自己的教学法,有待我们去探索"。文章以"航标"为题,第一是抓住了方向性、关键性问题,第二是高瞻远瞩地指出了建设的方向。文章认为,中高级汉语教材应当提供规范的现代汉语语料,以语言技能的训练为重点,特别强调语调的训练,语法教学把重点放在话语分析上,中高级汉语教学重点是词汇教学。这些当时的"新看法"今天早已成为学界的共识,可见这个"航标"指引的是一条正确的"航向"。

《可持续发展》发表于1997年。文章的写作背景可以从两方面来说。第一个背景是,"可持续发展"一词最早出现于联合国环境规划署委托国际资源和自然保护联合会于1980年编纂的《世界自然资源保护大纲》;1995年9月,中共中央第一次在党的文件中使用"可持续发展"概念。此文发表于1997年,施老师开始考虑对外汉语教学的"可持续发展"问题,时间应该在此之前。第二个背景是,20世纪90年代中期,来华学习中文的留学生数量激增,留学生总数从1988年的5835人增加到1997年的43712人,其中自费留学生更是从1988年的1239人增加到39035人,增加了30倍[①]。在当时的情况下,自费生学费成为一些院校一项数量可观的额外收入。因此"一些地方、一些单位,片面看重对外汉语教学的经济效益","在师资力量、教学规范、理论研究、教材编写等不少方面出现了不同程度的滞后","对外汉语教学的学科意识被淡化,师资条件被降低"。施老师认为:"这是关系到对外汉语教学存亡的问题。"文章从当时学界热议的对外汉语教学中语言和文化的关系、构架完整规范的教学体系、建设有汉语特色的语言教学理论、跨越"断层"的人才建设四个方面,站在可持续发展的高度进行了探讨,认为"努力坚持学科地位,不断强化学科建设,是对外汉语教学可持续发展的根本"。

一些院校重经济效益、轻教学和学科建设,是当时学界普遍的看法。施老师以"可持续发展"为题讨论这个问题,确实是一个理论上的创举,令人拍案叫绝。以"可持续发展"为题,揭示出了现象背后的本质,提高了学界对这些问题

---

① 基本数据来自教育部网站。

习、组词练习等，练习本"应印有九成宫的底格"，这至今仍是对外汉语教学汉字练习册的基本要素。上述汉字教学思想一方面来自他对当时汉字教学实践的梳理、分析、思考，另一方面也应当与他审定相关教材并将所思成果应用到实践中直接相关。

《对外汉语教材编写的若干问题》是施老师在1990年夏天召开的第三届国际汉语教学讨论会上的发言。施老师1987年至1990年任北语出版社副总编辑、总编辑。文章讨论的应当是他在组织编写、审定教材中遇到的问题，结合接触的各种教材和当时的议论，在归纳、梳理后系统提出了教材编写的若干原则。文章从教材编写的前期工程、教学材料反映社会生活、教材语言的规范化、教材的外语译释四个方面讨论了当时教材编写中值得重视的现象。文章特别说明了当时教材选材中普遍令人感到困惑的几个关系，并提出了处理思路，即语言的生动活泼与规范化的关系、传统的文学名著与现代汉语的关系、方言和普通话的关系。文章还敏锐地提出，教材所包含的文化内容，应该"反映中国文化的优秀传统和特色"，"努力避免任意性、片面性，并力戒对陈规陋俗的好古猎奇的态度"。毋庸置疑，这些看法至今都还有重要的参考价值。

《对阿拉伯学生进行汉语语音教学的几个问题》发表于1980年。这篇文章与前几篇角度不同。前几篇都是自下而上，从教学实践上升到理论；这一篇则是自上而下，运用语言理论指导教学的典型范例。文章基于作者本人的教学实践，说明汉语教学中如何运用语音学理论，理解阿拉伯学生学习汉语韵母的困难要大于学习声母，指出了他们学习汉语韵母的主要困难所在；建议教学中要特别关注开口度大小、唇型圆不圆、鼻韵母、撮口呼。文章还提出了帮助学生克服汉语语音学习其他困难的方法。这种针对性很强的语音教学讨论，是20世纪80年代比较集中的一个话题。这篇文章是其中发表较早、讨论最为深入的一篇，应当对此后的讨论有一定的引导作用。这篇文章的成功，无疑得益于施老师的北大中文系和三年阿拉伯语学习的理论背景，而在也门、埃及的教学实践更是实现理论和实践成功结合的必要条件。

这一组文章也是"文如其人"，写的都是施老师的教学经历，讨论的都是亲历的课堂教学、教材编写中的现象，对此着意研究，提出办法，诉诸学理。理论来自实践，所以这些研究结论今天仍然经得起推敲，仍然有很现实的理论价值和实践价值。

换个角度思考，我们可以从这些文章中看到对外汉语教学学科从白手起家到建立起学科理论体系的历程。施老师这一代人是对外汉语教学学科理论建设的主体，他们通过对教学、教材、人才培养各方面实践进行梳理和理论升华，不仅对当时的事业发展提供了指导，也在为学科建设铺路、开道。这些源于教学实践的研究成果，给学科理论提供了实实在在的内容。他们在此基础上逐步梳理出思路、框架，到20世纪末初步形成了自己的学科理论体系。这个理论体系和构成体系的研究成果，是学界的宝贵财富。其基本的教学思想，今天在理论上和实践上仍然充满了活力，文集收录的文章很能说明这个问题。

这本文集内容丰富，笔者未能一一说到。特别是词典编纂方面，如王绍新老师所说："光亨在学术上的最大贡献当属辞书编撰。退休前后，他接连主编、自编了三部词典，浸淫其中长达十四五年。"但我对此了解肤浅，不敢勉强评论。

本人有幸跟施老师密切共事六年，1993—1997年跟施老师一起负责北语的教学、科研和研究生工作；1997—1999年末，我作为联系人，在施老师主持《两岸现代汉语常用词典》编写时有较多的工作交流。这六年的工作中，我有三点很深的感受。一是，施老师一直多方面支持我的工作，时常为我排忧解难，在关键点上给我提醒。我得益更多的是，工作中遇到问题、麻烦向他请教时，他常常先给我"讲故事"，说明事情的由来，启发我把问题处理得顺理成章；有时有的问题涉及个人，他从来都是对事不对人，不议论他人是非。二是，施老师重视教学，特别是对课堂教学情有独钟。他始终坚持"教学质量是永恒的主题"，总是把教学和课程建设、教学管理、听课、监考等摆在第一位。三是，施老师坚持正义，是非分明。他在多种场合批评重经济、轻教学的倾向，反对说假话、走后门等各种不正之风。

先生逝世时我在海南躲避疫情，是在微信群里得到这个不幸消息的。当时在王力先生对对外汉语教学的关怀和支持还体现在他以 80 多岁的高龄参加对外汉语教学界的各种活动和发表的多次讲话中。上述《语言教学与研究》创刊五周年座谈会举行的那天，王先生原来还有别的会，但是他觉得这个会很重要，特地选择参加了这个会。1985 年 8 月，王先生抱病参加了第一届国际汉语教学讨论会。他听到有 20 多个国家的 200 多名中外学者欢聚一堂，交流汉语教学和研究的成果和心得，无比兴奋，头天晚上，他失眠了，这是他生平第一次失眠。在讨论会开幕式上发表了简短的讲话（《语言教学与研究》，1985.4.）以后，他的健康越来越差，这次讲话成了他在公众场合的最后一次讲话。王先生在对外汉语教学各种讨论会上的报告和讲话还有：1980 年 8 月在中美汉语作为外语教学学术讨论会上的专题报告《论古代汉语教学》（《语言教学与研究》，1980.4.）、1983 年 6 月在中国教育学会对外汉语教学研究会成立大会暨第一次学术讨论会上的讲话（《对外汉语教学》，内部发行，1984.1.）、1983 年 7 月在第三次中美汉语教学讨论会上的讲话（同上）。连同前面提到的两篇，一共 5 篇报告和讲话、1 个题词。只是除了《论古代汉语教学》和在第一届国际汉语教学讨论会上的讲话外，其他报告和讲话在王先生的论著目录中都没有收录，希望有机会能补充进去。

王先生的讲话很多是即席讲的，可是，因为他广博的知识、深刻的见解，常常在他的这些讲话里、在信手拈来的事例中，给人以启迪。

比如，关于汉语与中外文化交流，他在第三次中美汉语教学讨论会上说："为了中美的文化交流，我看首先就要学好汉语。汉语应该是中美文化交流的开端。如果不懂汉语，要了解中国的文化是很困难的，恐怕是有很大的困难，所以重要的是要了解汉语。"（1983.7.）

又比如，王先生十分强调汉语教学的实践性。他批评说，从前有些汉学家，"常常是能背诵中国书，但是不会说中国话，乃至于会看四书五经，不会看报纸"。他看到新中国的对外汉语教学有了不同于过去的新气象非常兴奋，他说："像这种情况现在是完全不同了。在我们北京大学，有些从欧洲来的、从美国来的留学生，有些人说的话跟中国人一样……他们就学得那么好。"（1983.7.）

王力先生在所有的讲话里，都反复强调对外汉语教学要"用一种比较的方法"（1984.6.）。"对外汉语教学，我认为最有效的方法就是中外语言的比较教学。要突出难点。所谓难点，就是中国人看来容易、外国人学起来困难的地方。无论在语音、语法、词汇三方面，汉语都有自己的民族特点。这些特点往往就是难点。必须让学生突破难点。"（1985.8.）"我们在教现代汉语时，要注意我们这个语言跟外语有什么不同。"（1983.6.）"所以，[教师]就需要两种语言都懂，而且两种语言都懂得很好，然后教学的效果就可以大大提高。"（1983.7.）

除了这些跟对外汉语教学有直接关系的论述外，王力先生众多的语言学研究成果多年来一直滋养着对外汉语教学，有的内容直接被吸收进了对外汉语教材。

就说王先生的语法研究吧。他在他的代表作《中国现代语法》（下称《语法》）、《中国语法理论》（下称《理论》）两书的"导言"中分别说道："本书的目的在于表彰中国语法的特征，汉语和西洋语言相同之点不强求其异，相异之处更不强求其同，甚至违反西洋语法书中的学说也在所不计。"（《语法·导言》）"一切语法上的规律，对于本国人，至多只是'习而不察'的，并不是尚待学习的。但是，我们并不因为它们容易就略而不谈。我们的书虽不是为外国人而著，却不妨像教外国人似的，详谈本国的语法规律。譬如有某一点，本国人觉得平平无奇的，而外国人读了，觉得是很特别的，那么，正是极值得叙述的地方。甲族语所有而乙族语所无的语法事实，正是族语的大特征。"（《理论·导言》）王先生的这两段话讲的是他研究汉语语法的方法。这个方法使他跳出以机械模仿、比附西方语法来研究汉语语法的旧格局，写出了《语法》和《理论》这样的巨著，开辟了汉语语法研究的新局面。王先生这些话是40年代初说的，那时正是中华民族灾难深重、浴血奋战的岁月，王先生当然不会想到今天在中国每年有几千外国人、在世界有多少万人学习汉语的形势，他说他写汉语语法"不妨像教外国人似的"，不过是一种假想。可是，凡是真理总带有普遍性。王先生的研究方法不正是我们今天对外汉语教学与研究所应该遵循的准则吗？王先生在《语法·导言》中又说，假如有一个英国人跟您学习中国语法，如果您只套取了英语语法的一些术语，那英国人一定大失所望，因为这样的回答"并没有把中国语的结构方式告诉他。将来他在中国住得久些，他会问您，'呢'和'吗'有什么分别？为什么咱们能说'我把他打了一顿'而不能说'我把他爱'？又为什么咱们能说'他被我打了一顿'而不能说'他被我赏了十块钱'？这些问题，才真正回到结构的方式了。如果您不能回答这些问题，您就不懂得中国语法"。王先生的这些话说得简直跟一个有经验的对外汉语教师一样，类似的这些问题正是我们教学中经常碰到的问题，也是对外汉语教学的重要课题。正是因为王先生的语法研究和对外汉语教学有这样的相通之处，迄今为止的对外汉语教学语法的框架和具体讲解吸收了他的许多研究成果。为了把汉语语法分析的重点放在造句法上，不怎么重视词类和构词法，把句子按谓语的性质分为三大类，动词充任谓语的叫叙述句，形容词充任谓语的叫描写句，主谓之间由"是"连系的叫判断句（比较：通行的对外汉语教学语法把句子分为动词谓语句、形容词谓语句、名词谓语句和"是"字句）；根据复杂谓语之间的不同关系，划分了能愿式、使成式、递系式、处置式、被动式、紧缩式等。当然这都只是举例性质。我们完全可以不必拘泥于对外汉语教学的某一说法出之于某一语言学家、某一语法著作。对外汉语教学深深植根于对汉语自身的研究中，汉语研究成果是对外汉语教学的坚实基础之一。一切真正揭示汉语内部规律的研究都直接、间接地滋养着对外汉语教学。一个称职的、胜任的对外汉语教师，不能满足于背诵现成的结论，除了其他必要的理论知识、方法和经验外，必须具备比较广博的汉语知识和研究能力，才能得心应手地、游刃有余地完成对外汉语教学任务，也才能在教学中检验汉语研究的成果，发现新问题，解决新问题，促进对外汉语教学的不断发展，丰富汉语语言学的宝库。一代语言学大师王力先生没有教过外国人汉语，而能提出对外汉语教学要重视汉外比较等真知灼见，其原因就在这里。正因为如此，中国对外汉语教学界把王力先生的全部学术遗产都看作是自己的宝贵财富；也正因为如此，中国对外汉语教学学会成立伊始，就同聘请其他曾直接参加过对外汉语教学的专家一样，聘请王力先生等著名语言学家为学会的顾问。

　　王先生还两次到北京语言学院和电影制片厂播映室，审查对外汉语教学电视片《中国话》和《汉字》，认真地提出修改意见，并为《中国话》题写了片名。王先生还为北京语言学院出版社出版的《北京音系解析》和《北京话语词汇释》题写了书名。王先生支持对外汉语教学可说是不辞辛劳！

　　我们深切地怀念对中国语言学的发展做出重大贡献，并给对外汉语教学以亲切关怀和巨大支持的王力先生。

关于对外汉语教学的若干议论和思考 *

在当前教育改革和发展的大潮中,对外汉语教学如何在已有的基础上进一步建设和发展,是摆在从事这一工作的各级领导和教师面前的一个严峻的任务。我国的对外汉语教学早在若干年前就已经突破了少数院校从事汉语预备教育的模式,在教学规模、办学层次、教学质量、学科建设等各个方面取得了令人瞩目的成就。历史如长河流水,流程中任何一个激荡人心的景观,上溯有它的本源,前进有它的航道。前进是对已经取得的成绩的最好肯定,因循守业只能使以往的基础成为一潭死水,甚至前功尽弃。对外汉语教学要求发展是历史的必然。

下面,我们谈一谈有关对外汉语教学发展的几个问题。

一、与对外汉语教学有关的专业和专业方向

对外汉语教学,从专业划分上说,要考虑两个方面:培养对外汉语教学师资的方面和培养外国留学生汉语人才的方面。

众所周知,对外汉语教学的名称曾用过"外国留学生汉语教学",70 年代初,国外第二语言教学理论多渠道地传入以后,曾有"汉语作为第二语言(外语)教学"的说法。1983 年 6 月中国教育学会对外汉语教学研究会(即中国对外汉语教学学会前身)成立时,参加筹备工作的同志觉得"汉语作为第二语言教学"虽然跟国际上的习惯一致,表述也很确切,但翻译味道太浓重,于是正式提出了"对外汉语教学"这一名称。这一名称是"对外国留学生进行的汉语教学"这一概念的术语化。此后,随着学科建设的深入以及有关学科理论研究的进一步开展,在很多报告、论文、著作中,这一名称被广泛使用,但是,在很多场合用得有些混乱,概念并不十分清楚。为此,吕必松同志曾专门做过说明。他说,"对外汉语教学"有两方面的含义,一是指事业、工作,二是指专业、学科。这个说

---

* 本文发表于《语言教学与研究》增刊(社科版),1994 年 6 月;又见《汉语学习》1995 年第 2 期。

院校报名要求攻读硕士、博士学位的外国留学生也年有所增。他们学习、研究的已远远超出"现代汉语"专业的范围。北京语言学院 1993 年本科毕业生的 67 篇学士学位论文中，语言、汉字的论文仅为 6 篇，翻译理论和实践的 6 篇，其余的 55 篇都是关于中国文学、思想、社会、经济的。可以预言，随着我国政治、经济改革的进展，经济的继续发展，在国际社会多极化的环境中，中国的重要作用和地位的进一步增强和提高，中外交流将会进一步活跃。我国对外汉语教学事业也将进入一个历史上前所未有的新时期，来华留学生，特别是高层次的学生人数必将有更大幅度的增加，他们学习的领域也将更加多样化。适时地重新考虑外国人汉语学习的专业名称，以有利于拓宽本科教学的内涵，有利于同相关的硕士研究生、博士研究生教育接轨，是历史的必然需要。

人们注意到，1993 年 7 月国家教委公布的《普通高等学校本科专业目录和专业简介》中，取消了"现代汉语"专业。人们还注意到，《目录》中设有"汉语言"专业，它的任务是对国内少数民族进行汉语教学，培养在民族地区从事汉语工作的人才。外国留学生的汉语教学和国内少数民族学生的汉语教学都是第二语言教学，把对国内少数民族进行汉语教学的专业扩大为对母语为非汉语的学生进行的汉语教学，从而把外国留学生的汉语教学包含在内，在理论上是可行的。事实上，以中国学生为教学对象的 37 种外语教学（也是第二语言教学）的专业名称都直接采用该语言的名称，如英语、法语、日语、俄语、德语、意大利语等，仿此，外国留学生汉语教学的专业叫作"汉语言"也是顺理成章的事。从专业体系来看，国内普通高校外语专业的下位专业（专业方向）有同该语言有关的语言、文学、翻译、文化等，那么，外国留学生的"汉语言"专业可以设置这样一些专业方向，如现代汉语（包括语音、语法、词汇、汉字、修辞等）、汉语史（包括古代汉语、近代汉语等）、中国文学（包括中国近代文学、中国古代文学）、汉外翻译、中文信息处理，以及培养复合型人才的经贸汉语、新闻汉语等。

这样的专业设置和体系不仅可以满足学生学习汉语的多样要求，而且有利于师资队伍的建设，使从事对外汉语教学工作的教师在原有的基础上，向不同的专业方向发挥各自的优势，既在汉语语言技能、交际能力教学方面具有整体的实力，又在众多专业方向上各有所长。有了这样的教师队伍，不仅可以胜任国内不同层面的教学任务，也可以在众多的领域内开展国际交流与合作。

二、外国留学生汉语言专业的课程设置

北京语言学院从 1975 年试办、1978 年正式开办外国留学生专业教学以来，专业建设逐步完善，在汉语预备教育的基础上，进一步开设了更高层次上的听、说、读、写、译各项语言技能的课程，开设了语音、语法、词汇、文字、修辞等语言知识课程以及中国文学史、中国历史、中国哲学、中国文化史、旅游地理等一系列的文化课程。在教学上做了很多有益的探索，如陆续开设的"热门话题"口语课、新闻听力、报刊阅读等都受到了学生的欢迎，其他课程也都有了新的进展，编写、出版了一批教材，在不同程度上满足了教学的需要，有些教材很有新意或有一定的深度。从 1987 年开始招收外国硕士研究生以来，研究生教育从无到有，初具规模。现代汉语、翻译、中文信息处理三个专业方向和课程基本上开设齐全，初步形成了一支导师队伍。几年来，有 19 个国家 50 多人获得硕士学位。不同方式的博士研究生培养领域正在积极扩展、筹措中，一个本科—硕士研究生—博士研究生的教育体系正在形成。但是，在研究生教育中，我们发现若干外国研究生仍然存在语言能力不过关和专业基础知识准备不足的现象，学生在听课和阅读参考书方面都有一定困难，指导教师在指导其研究前还须补授基础知识。出现这种情况的原因，我们还要从多方面进行探讨。从教学上说，应着重研究如何进一步完善本科教育和研究生教育的体系，使不同阶段的教学计划、课程设置做到既能体现自身的教学要求，具有相对的独立性和阶段性，又互相衔接，前一阶段为后一阶段提供必要的语言能力、语言知识和文化知识等方面的准备。

人们注意到，在我国普通高等院校中文系学习的外国研究生在入学前，如按正规学制计算，共有 6 年学历：文科生汉语预备教育 2 年，中文系本科教育、同中国学生一起学习 4 年。他们有较好的语言能力（在中国生活、学习 6 年）和语言文学的专业基础理论知识（中文系 4 年），这就有了完成研究生课程的较好基础。而从外国留学生汉语言专业本科毕业后进入研究生阶段学习的学生，仅有本科 4 年学历。这就需要我们在教学计划、课程设置等方面做一番精心的筹划、计划，使学生在这 4 年中，既能把相当一部分时间和课程放在语言能力训练上，从而具有比较扎实的语言能力基本功，又有升入高一级学习的专业基础理论知识。

以上是从建立本科教育和研究生教育相互衔接的体系、培养高层次人才说的；从本科教育自身来说，总结以往的经验，根据外国学生的不同类别，确立不

同的培养目标，制订科学的教学计划，设计完整的课程体系，也是进一步深化教学改革的当务之急。

一般来华学习汉语的留学生可分三类：甲类为接受基础汉语教育（人们习惯上把汉语教学的初级阶段称作基础汉语教育），以学习、提高汉语语言能力为目的，而后转入有关院校学习专业者。这类学生有的学习1年，有的学习2年。乙类为汉语言专业本科生，学制4年。他们学习汉语多出于实用的动机，即毕业后以汉语为工具、从事各种职业活动者；相当一部分进修生也属于此类。丙类也是本科生。同乙类学生的不同之处在于，他们学习汉语是把汉语作为工作对象，准备毕业后从事汉语教学和研究工作，其中有的人希望进入高一级学位的学习。准备毕业后从事翻译工作的学生兼具乙丙两类学生的特点。应该有怎样的课程设置，使这三类学生都能达到他们的学习目的呢？

前面说过，外国留学生学习汉语有三个方面的内容：语言技能和交际能力、语言知识和理论、文化知识和理论。反映在专业的课程结构上，这三方面的内容可组成如下三个体系：一是语言技能和交际能力课程，二是语言、文化知识课程，三是语言、文化专业基础理论课程。

第一类课程包括语言技能和交际能力两方面。所谓语言技能课程，指的是教授语言要素和语言结构的课程，交际能力课程则更多地注意语言交际能力的培养。当然，在语言技能教学中必须注意语言的实用交际功能。不过，不同的阶段重点有所侧重。在初期，必须把重点放在语言技能训练上。有了一定的语言技能后，除了继续提高外，可将重点放在交际能力的培养上。语言技能和交际能力课程对甲、乙、丙各类学生具有同样重要的意义：对甲类学生来说，由此可以为转入其他院校学习专业打下良好的语言基础；对乙、丙类学生来说，两种课程应四年一贯，坚持开设，即把不断提高汉语技能和交际能力作为外国留学生汉语言专业的主要任务之一，因为四年制本科毕业生应有较高的汉语语言能力。人们常常讨论培养汉学家的问题，当然，仅靠学校教学要成为某方面的专家，一般说来不是容易的事，但是我们却应该努力使在中国学过汉语的汉学家具有鲜明的特点，即能直接用汉语工作。总之，汉语言专业的课程设计应使不同学习目的的各类学生都具有良好的运用语言的能力。为了使准备毕业后从事汉语教学、研究或进一步深造的学生（即丙类学生）有精力和时间学习语言、文化专业基础理论课程，

三、四年级的部分语言能力课程可作为选修课。

第二类的语言、文化知识课程是为继续提高学生语言能力和进一步了解、适应语言交际的社会、文化环境服务的。其教学对象包括准备毕业后以汉语为工具从事实际职业工作的本科生（即乙类学生），以及相当一部分进修生。无论是语言知识还是文化知识，两种知识课程都有很强的实用性。第一类语言技能和交际能力课程当然要注意这两方面的知识，如现有的课本都有各种必要的有关语言、文化知识的注释，语言材料也力求贴近社会生活，体现中国文化背景，但它们的重点毕竟偏重于语言技能、交际能力的训练；第二类课程则偏重于比较系统地提供必要的知识，从而从理性上认识语言的内部结构规则和语言交际的外部社会文化环境。此类课程有的是必修课，有的是选修课，选修课中又有必选课和任选课，整体上互相配合，努力避免任意性。从二年级开始开设，至三、四年级适量加大。

第三类的专业基础理论课在三、四年级开设。其对象是毕业后从事汉语教学和研究，或准备攻读研究生学位、继续深造的本科生。此类课程多数属于不同专业方向的"论"和"史"，以及专题研究，从总体上要按不同的专业方向形成系列化。它们全部是选修课，但每个专业方向都有若干课程是必选课。

第二、三类课程会有交叉，但第二类课程偏重于实用，第三类课程更带有理论性。课程名称前者可称"实用现代汉语语音""实用现代汉语语法""中国文学简史"……，后者可称"现代汉语语音""现代汉语语法""中国文学史"……；或以数字相区别，前者称"现代汉语语音（一）""现代汉语语法（一）""中国文学史（一）"……，后者称"现代汉语语音（二）""现代汉语语法（二）""中国文学史（二）"……

第三类课程要求选修者同中国学生一起听课。这是因为：①可使毕业后从事汉语教学和研究者有一个大体上相当于中国学生的基础理论知识结构，其中进入高一级研究生阶段学习的在基础理论知识上跟中国学生不致有太大差距。当然，这种差距不可能完全避免，但它不应是来自我们的课程设计，而是由于中外学生不同的语言能力。②这些年来入学的留学生中本科生年有所增，但以汉语为工作对象，即毕业后从事汉语教学和研究者毕竟仍属少数，若论某一专业方向，则修读者更少，单独为他们开班，从教师力量的投入上所耗太大。③前面说过，选修这类课程的学生可适量减修高年级的语言能力课程，跟中国学生一起听课可弥补这方面的欠缺。

外国硕士研究生的课程原则上应跟同类的中国学生的课程相一致，力求跟中国学生一起听课。他们之中的相当一部分仍须在语言能力上继续提高，还要为他们开设相应的课程。这些课程由外国留学生汉语言专业本科教师担任。也就是说，在教师配置上要打破行政系统的限制，统筹安排。

三、关于课堂教学周学时问题

对外汉语教学周学时以多少为合适？怎样在比较短的时间里把学生的汉语能力提高到尽可能高的水平？现在每星期课堂教学时间为 24 学时，每天除上午 4 节课外，整个下午、晚上都是学生的自学时间。这样的课时设计合理不合理呢？

我们先看一看历史，看一看周学时 24 节是怎样来的。

直到 60 年代初期，北京语言学院来华留学生课堂教学时间是每周 32 学时。每天上午 4 学时。除星期三、六下午是教师统一活动时间外，星期一、二、四每个下午 2 学时，星期五为正式列入教学计划的语言实践活动——校内课外活动和校外参观隔周进行。此外，每周有两个晚上的集体辅导。1965 年下半年起，教育战线贯彻"从学生活动总量中砍掉三分之一"的"七三指示"，全国大中小学的课时纷纷减缩，北京语言学院外国留学生课堂教学时间从 32 学时减为 28 学时。"文化大革命"期间，周学时的多少曾经联系到对待"最高指示"态度的"路线"高度来认识、评论。后来"路线"的高度降温了，中国学生的周学时"反弹"了上去，对外汉语教学领域里却"凝固"成了每周 24 学时的模式。1973 年北京语言学院复校，当时，"文化大革命"仍在继续。来华留学生汉语教学在极其困难的条件下，在教学内容、课程设置及教学环节等方面曾进行了某些探索和改革，留下了若干有益的经验，但这种探索并没有（当然，在当时也不可能）包括课时在内。过分强调学生学习的主动性，减轻学生的学习负担，减轻教师的负担，在学生自学的必要条件并不完善的情况下，教学时间一度减为每周 20 学时，到 80 年代中期，恢复到 24 学时。迄今为止，24 学时几乎成了对外汉语教学领域里习以为常的"定式"，在种种改革的呼声、计划和举措中，课时问题仍是一个"被遗忘的角落"。

这每周 24 学时的教学时间是否是最佳选择呢？

人们常说对外汉语教学具有短期、速成、强化的性质。它表现在哪些方面呢？笔者认为有下列四个方面：教学内容的高度浓缩、教学方法的强调实用、教学时间的高度密集、教学环境的优化。教学时间的高度密集是四个方面之一，它既包括单位时间里快节奏的语言操练，也包括整个教学阶段课时安排（人们常以周学时量计算）的高度集中。没有课时的高度集中，就没有强化，就谈不上速成，短期也就失去了意义。

我们强调教学时间的高度密集首先是考虑到第二语言学习的特殊性。第二语言学习本质上是一种语言技能和交际能力训练，它需要有指导地进行，以保证其正确性、规范性和有效性。如果教学时间过短，学生没有形成正确的语言规范，在这种条件下让学生自学，对于其中的多数来说，就如在正确和错误的歧路上摸索，难免走入误区。

其次，第二语言教学的强化性必须是附之以一定制度的强制性。不适当地强调主动性，没有一定的强制措施相配合，主动性就不可能持久。强制性可说是所有领域技能训练的必然属性。我国众多的海外留学者在语言学习阶段大量强制性学习的经验证明了这一点，体育界、文艺界的成才之路也证明了这一点。

其三，对准备进行研究生学习的学生来说，要在四年的学习时间里大体上达到综合大学两年汉语预备教育加四年本科教育的水平，使之同研究生学习相衔接，除了在课程设置和教学内容上做精心的设计，使之更有针对性外，还必须有较大的周课时量。

基于以上几点理由，我们认为现在外国留学生每周 24 学时的课堂教学时间是不够的，应该适当加大，比如说 28、30 学时。当然，这里说的是学生的周课时量，并不等于教师的周工作量。

还要说明的是，增加学生的课堂教学时间以外，还有一个重要的问题，即必须大力发展现代化的自学、复习手段，制作和使用包括声像在内的自学、复习材料，建立电化教学学习室，提高学生自学、复习的质量，使学生课内、课外紧密配合，形成整体的统一教学体系。这方面有待于我们继续努力。

业务座谈以外，在会议休息的时候，指示我说成立学会的意见很好，筹备工作最好由语言学院牵头来做，并要我把这意思转告语言学院负责教学和科研工作的副院长张道一同志。张道一同志为此召开了多次正式的、非正式的会议。因为我当时主持学报《语言教学与研究》的工作，跟若干同行有联系，时间也比较机动，便被责成负责实际的筹备工作。当时我对全国对外汉语教学各方面的情况并不十分了解，也没有专项经费，工作难度很大。先后参加筹备工作的三个同志经过两年多的努力，包括书面联系，利用会议的机会跟各方协商，并专程赴南京、上海、广州等地同有关人员商谈等一系列的工作，北京语言学院联合北大、人大、北师大、南开、山大、南京大学、复旦、华东师大、中山大学、暨南大学、辽大、吉大、武大等校的对外汉语教学机构，正式联合发出了成立学会的倡议，召开了两次筹备会。1983年6月6日—11日举行了成立大会暨第一次学术讨论会，正式宣告我国对外汉语教学全国性学术组织的成立。

　　学会的成立不是偶然的，它是我国对外汉语教学发展的必然结果。人们不难发现，关于成立学会的最初动议出自上面所说的两个会议并不是偶然的。这两个会议一个属于外事，一个研讨管理。这大体上反映了这样一个事实：在一个时期内，对外汉语教学受到各方面的重视更多地是着眼于它是一项外事工作、它的涉外性质；在内部，人们关心的主要在管理方面，而不是它的教学、研究的业务方面、学术方面。其原因除了特定的政治环境外，也是因为对外汉语教学在一个时期内规模较小，开展这一工作的院校不多，业务建设还在初创阶段，有关这方面的意见和呼声很难得到重视甚至理解，更不用说院校之间的交流了。这种情况一直延续到70年代末80年代初。对外汉语教学由于事业的发展、规模的扩大，业务建设和交流越来越成为人们迫切关心的课题，终于在上述两个会议上，在原定的主题以外，提出了建立学会的动议。

　　这个时期，我国对外汉语教学发生了什么样的变化呢？经过了"文化大革命"狂风暴雨的严重摧残，到70年代末期，我们国内打倒"四人帮"，"文革"结束，对内改革，对外开放，举世瞩目。在国际舞台上，中美、中日建交，中国加入联合国以后，我国国际地位进一步提高。中国这个世界上很多人看起来很神秘的大国终于打开了大门，展现了非凡的丰姿，引起了人们的兴趣。一时间，各国要求学习汉语、了解并研究中国出现了前所未有的新形势。1980年全国有32所、学会成立之年的1983年有63所高等院校恢复或开始接收外国留学生。在这发展中,有三个特点:其一,与"文革"前外国留学生基本上来自第三世界各国,以学习理、工、农、医专业为目的相比,这一时期,欧美等西方国家的学生呈现成批量来华的势头,专业则以文科为主。北京语言学院1973年复校后即为此在原有的按亚洲学生、非洲和阿拉伯学生、二年级学生划分的三个教研室以外,专门成立了以欧美学生为教学对象的教研室。此后,欧、美,还有日本学生的数量,一直呈上升的趋势。这就是说,在新时期,来华学生的国别构成和所学专业较之"文革"以前有了很大的扩展。其二,除了传统的一至二年的汉语预备教育外,北京语言学院1975年试办、1978年正式设立了现代汉语(即今汉语言)四年制本科专业。外国留学生汉语短期教育从1978年开始举办,第一年只有北京语言学院一所学校,接收法国一个国家20多名学生,到1980年发展为全国12所院校。也就是说,对外汉语教学的办学规模和层次出现了新变化。其三,开始了汉语教学的国内、国际交流。美国汉语教学界凭借其特有的敏感,率先敲开了中国对外汉语教学的大门,连续数次举行了中美汉语教学专家的互访和研讨。国外第二语言教学的新概念、新理论也陆续译介进来,为对外汉语教学研究带来了新视野、新思路、新课题。对外汉语教学发展的势头在《语言教学与研究》的发行数量上表现十分明显。这个对外汉语教学的专业刊物1978年正式创刊伊始就受到了欢迎,在80年代初,发行量曾猛增至1万以上;其中出口数量据有关方面统计,在全国2000多种出口刊物中名列前200种以内。这一切说明新时期的对外汉语教学犹如初春的融雪,已经汇成了欢腾的小溪,它需要合作、交流和发展,它渴望汇集流域内的一切河水、径流,以更为壮阔的规模迎接时代的召唤。全国性的学术团体的成立,是对外汉语教学在新的国际、国内的大背景下的必然产物,它既是对外汉语教学历史发展到一定阶段的现实需要,也预示了新的发展趋势。

(二) 10年来学会对对外汉语教学发展的贡献

学会成立以来的10年中,在团结、联系全体会员和广大对外汉语教学工作者,在组织学术交流、促进学科建设方面做出了不可磨灭的贡献。

1. 组织国内学术交流

80年代以前，规模稍大一些、说得上学术交流活动的仅有1965年北京语言学院为全国接收越南留学生的23所院校教师举办的集训班，此后北京语言学院受高教部有关机构的委托，曾派出若干个教师组去各地巡视讲学。

学会成立后，把组织学术交流作为自己的首要任务。10年来，共举行了4次综合性的全国学术研讨会。第一次是在1983年学会成立的时候，以后分别是1986、1989、1992年。从会议的规模、递交论文的数量和质量来看，一次比一次有所前进。第一次，参加者60多人，论文42篇；第二次，参加者80人，论文59篇；第三次，参加者104人，论文76篇；第四次，收到论文210篇，因受会议规模限制，参加者96人，宣读论文91篇。论文数量差不多每次以15%以上的速度递增。从质量看，我在第一次会议的论文选"前言"中说："千里之行始于足下。正是在这个意义上，我们愿意把会议的论文结集问世，就教于读者。"行文中是有保留的。今天，如果我们通读四届论文选，就可发现，在论题的视野、研究的深度、参加者的广泛性等方面，对外汉语教学在"千里之行"的征途中取得了长足的进展。

此外，学会及其地区组织还举行了多次地区性的和专题性的讨论会。据了解，华北、东北、华东、中南、西南和西北等地区都举行了不止一次的研讨会。专题性的有关于语法体系的、中高级汉语教学的、测试的、师资队伍建设的，等等。它们在各自的领域里都起了很好的作用。

2. 积极参与日益发展的国际学术交流活动

"文革"结束前的国际交流活动，据了解有：1965年以藤堂明保为首的日本汉语教师代表团曾访问过语言学院，国际著名人士斯诺曾来语言学院参观过，拍摄了些录像片。1966年日本汉语教师曾以毛泽东著作翻译工作者代表团的名义访问过中国。如上所说，学会成立以前，中美两国汉语教师还曾有过两次互访（1980、1981）。

学会成立的10年中，汉语教学界对外交流的盛事是举行了四届国际汉语教学讨论会，并在第二届讨论会上成立了世界汉语教学学会。中国对外汉语教学学会都参与了这些活动的倡议、筹备，在联系、团结各国汉语教师，增进世界汉语教学界的了解和友谊、开展学术交流方面做出了自己的贡献。四届国际汉语教学讨论会的情况是：第一届在1985年，出席代表有20个国家和地区的260人，论文180篇。第二届1987年，出席代表有19个国家和地区的近300人，论文200多篇。第三届1990年，20个国家和地区，300多人，收到论文300多篇，会上宣读220篇。第四届1993年，25个国家和地区，350多人，宣读论文240篇。10年中会议的规模和论文数量增长了30%左右。

3. 同国内语言学界建立和开展了越来越活跃的交流和合作

这里还要特别提出的是对外汉语教学界跟我们国内语言学界的交流和合作。在80年代以前，老一辈语言学家，如吕叔湘、王力、叶圣陶、周祖谟、朱德熙、胡裕树、邢公畹、胡明扬、林焘等先生，他们有的人曾担任过早期的对外汉语教学工作的领导，有的人在对外汉语教学师资队伍建立过程中，受国家委托出国教授过汉语，有的人帮助审定过对外汉语教材，等等，为对外汉语教学做了很多工作。但多数是临时的、不固定的。学会成立以后，或聘请他们担任名誉职务，或选举他们担任学会的领导工作，或邀请他们参加对外汉语教学的学术研讨活动，得到了他们的热情支持和教益。对外汉语教学，顾名思义，讲授的是汉语，当然离不开对汉语的研究，离不开吸收语言学界的研究成果，离不开语言学界造诣深厚的专家们的支持和指导。对外汉语教师结合教学的需要，进行着富有特点的研究，受到了语言学界的重视。语言学界的专家也在他们的研究中越来越发现对外汉语教学对拓展汉语研究领域、认识汉语特点、检验汉语研究成果等方面有着不可替代的特殊意义。近年来，对外汉语教学界同语言学界的交流和合作更有了进一步的发展，原来在高等学校或研究机构从事语言学、汉语语言学教学和研究的众多学者和专家直接参加了对外汉语教学的实际教学活动，甚至加入了对外汉语教学和研究的队伍，成了这个队伍的一员。他们的研究论文中，不但有原来从事的语言研究的课题，也有他们关于进行汉语教学的体会、经验和研究的文章。

除了语言学以外，对外汉语教学同教育学、心理学、中华文化、考试、测量以及计算机理论和应用都有着密切的联系。随着研究的深入，对外汉语教学界同这些方面的交流和合作正在日益深入。但迄今为止，我们同中国语言学界的联系和合作历史最长、接触面更广、关系更为密切，对汉语研究和对外汉语教学研究的发展起到了巨大的推动作用。

二、新时期我国对外汉语教学学科建设的巨大进展

学会成立以来的 10 年，连同它的酝酿、筹备的过程，大体上就是我国对外汉语教学发展的历史新时期。学会的活动和贡献是新时期对外汉语教学发展的一个组成部分。我国对外汉语教学在新时期的发展主要体现在哪些方面呢？概括地说，即学科地位的确立和学科建设的逐渐走向成熟。

（一）我国对外汉语教学学科地位的确认

早在 1978 年北京地区语言学科规划座谈会上，与会学者根据国外第二语言教学学科特点和规律的研究，以及我国对外汉语教学理论研究和教学实践的发展，提出了对外汉语教学是一门学科的看法，形成了会议的共识。会后发表的《北京地区语言学科规划座谈会简况》（载《中国语文》1978 年第 1 期）中说："要把对外国人的汉语教学作为一个专门的学科来研究；应成立专门的研究机构，培养专门的人才。" 1983 年 6 月，参加筹备中国教育学会对外汉语教学研究会的专家、学者们正式提出了"对外汉语教学"的名称来表达对外国人进行的汉语教学的概念。此后，语言学界的著名人士，如王力、吕叔湘、朱德熙、王还等教授，为对外汉语教学学科地位的确立大声疾呼，做出了巨大的努力。著名语言学家王力 1984 年 6 月为《语言教学与研究》创刊五周年题词写道："对外汉语教学是一门科学。"另一位著名语言学家朱德熙 1984 年 11 月在北京语言学院语言教学研究所成立大会上说："实际上这（对外汉语教学）是一门学问。在国外，已经变成一门学问，这需要研究。"长期从事对外汉语教学工作的专家王还在 1984 年的一篇文章中说："同是教语言，何以教自己掌握得不那么好的语言就是一门学科，值得去做，而教自己掌握得很好的语言就不算什么，不值得去做呢？如果教外语是一门学科，我们教汉语就是作为一种外语来教，自然也是一门学科。"

主管对外汉语教学工作的教育行政领导部门十分重视对外汉语教学事业的发展，也非常关心对外汉语教学学科建设的进展。1984 年 12 月，教育部长何东昌在外国留学生工作会议的报告中明确指出："对外汉语教学是一门新型的学科。"这代表了教育行政领导部门对我国对外汉语教学学科地位的确认。此后，在国内外汉语教学蓬勃发展的形势下，1987 年 7 月中央批准成立了由 8 个有关部委和

北京语言学院组成的"国家对外汉语教学领导小组",以加强对这项工作的协调和领导。同年11月,领导小组召开了全国对外汉语教材规划会议。1988年9月,领导小组和国家教委联合召开全国对外汉语教学工作会议,会议的主题报告《主动适应国际社会的需要,加快对外汉语教学事业的发展》全面论述了发展对外汉语教学的意义、任务,以及有关的指导思想、方针政策和措施。为了加强对外汉语教学师资队伍的建设,1991年6月,国家教委以法规的形式颁布了《对外汉语教师资格审定办法》,并成立了专门的师资资格审查机构,对经审定合格的教师颁发《对外汉语教师师资合格证书》。1992年9月,国家教委主任发布了法令,对母语为非汉语的汉语学习者实行汉语水平考试。1993年发布的《中国教育改革和发展纲要》中明确指出,要"大力加强对外汉语教学工作"。政府各级领导部门的这一系列决策和举措为我国对外汉语教学事业的发展和学科建设指明了方向。

为了适应对外汉语教学发展的需要,进入80年代以后,我国对外汉语教学界不断开拓活动的新领域,完善自身建设的环境和条件。中国对外汉语教学学会和世界汉语教学学会的成立在团结国内外汉语教学工作者、进行学术交流方面发挥了重要作用。此外,1984年6月北京语言学院成立了对外汉语教学的专门研究机构——语言教学研究所,1987年9月成立了语言信息处理研究所,1992年6月成立了中华文化研究所。这几个研究所在各自的研究领域里都取得了很好的成绩。在专业刊物方面,继1979年北京语言学院主办学术性刊物《语言教学与研究》以后,又创办了普及性的《学汉语》(1987年),以及《中国文化研究》(1993年)。北京语言学院还受世界汉语教学学会的委托,承办了其会刊《世界汉语教学》。南开大学汉语言文化学院出版了定期文辑《汉语研究》。其中,《语言教学与研究》1993年被列为我国中文核心期刊第4位,《世界汉语教学》被列为第12位,被学术界推崇为刊载学科信息较多、水平较高、能反映学科最新成果和前沿动态、受到专业读者特别关注的刊物。为了出版对外汉语教材、工具书和学术著作,成立了北京语言学院出版社(1985年)和华语教学出版社(1986年),它们的出版物受到国内对外汉语教学界的普遍欢迎,并远销世界很多国家。所有这些都为加速对外汉语教学学科建设创设了必要的条件。

（二）完整的、多种形式的教学体系的建立

长期以来，我国的外国留学生汉语教学只是单一的汉语预备教育。50年代，学生主要来自苏联以及东欧、亚洲社会主义国家，他们来华留学多数是为了学习文史类专业，60年代的来华留学生主要来自亚、非、拉美第三世界国家，以学习理工农医各专业为目的。因此，当时汉语教学的目的是为了帮助这些学生克服语言障碍，以便进入我国有关院校进行专业学习。教学要求是使他们掌握最基本的语言结构和语言技能。教学内容没有超出初级汉语的水平。70年代中期以后，由于我国对外交流的日益频繁，国际形势的迅速发展，欧、美和日本等西方各国的留学生人数急速增加，他们学习的专业遍布文、史、哲、政、经各个方面，在学习要求上，希望有更高的语言水平和更多的语言、文化知识。在这样的形势下，我国对外汉语教学发生了巨大的、深刻的变化。

原来承担对外汉语教学任务的基本上只有北京语言学院一所高等学校，此外，还有少数院校招收零星的外国学生，建制不超过教研室。1965年，2000名越南留学生来华，有23所高等学校一度较多地承担过汉语教学任务。70年代中期以来，对外汉语教学规模迅速扩大，现在全国已有200多所院校设置了留学生汉语教学，学生总人数1993年达16000人，来自世界100多个国家。不少院校成立了"学院""中心"等系级机构。北京语言学院在教学管理体制改革中，对外汉语教学方面成立了汉语学院、汉语速成学院、文化学院。师资力量也得到了极大的充实。1965年北京语言学院与留学生教学有关的教师和管理人员仅150多人，现仅中国对外汉语教学学会的会员已达千人以上。

更重要的是教学层次。70年代中期以来，对外汉语教学突破了汉语预备教育的规模，逐步设置了本科教育和研究生教育。1975年北京语言学院创设了外国留学生汉语言专业本科，接着，南开大学、南京大学和复旦大学等校相继设置留学生汉语专业本科。留学生汉语言专业本科教育的目的是培养具有较为纯熟的汉语能力，比较全面地掌握汉语和中国国情、文化知识，毕业后能以汉语为工具从事各种职业工作，或从事汉语教学、研究和翻译的人才，其中有志于攻读高一级学位的学生具有专业基础理论知识，受到初步的研究能力的训练。教学的内容包括汉语技能和能力、汉语知识和理论、中国国情、文化知识。课程设置上以汉语技能和能力课程为主线，根据不同专业方向开设相应的成系列

的选修课。

1986年经国务院学位委员会批准，北京语言学院成为硕士学位授予单位，同年，北京大学汉语中心招收外国留学生硕士研究生。几年来，北京语言学院共招收现代汉语、翻译、汉语信息处理三个专业方向的硕士研究生38名，他们分别来自日本、南斯拉夫、波兰、英国、缅甸、泰国、尼泊尔、蒙古、罗马尼亚、法国、贝宁、毛里求斯等十多个国家，从而结束了在中国学习汉语、到别的国家或地区去获取相关学位的反常现象。在教学实践中，研究生课程体系和导师队伍逐步建立和完善。1993年，北京语言学院与河北大学联合培养外国博士生，并正在进一步探索、筹划外国博士生教育。一个外国留学生汉语本科—硕士研究生—博士研究生的教育体系正在形成。硕士研究生和博士研究生学位教育的设置使我国对外汉语教学将以更新、更高的姿态面向世界，为各国培养更多更高层次的汉语、文化人才。

除了学历教育外，为外国留学生进入有关专业学习进行的汉语预备教育、不同层次的外国汉语进修生教育和短期速成汉语教育在原有的基础上，更加规范化、标准化。其中，短期速成汉语教育的发展规模10多年来取得了飞速的发展，就读学生人数超过长期生。北京语言学院等院校的短期速成汉语教育全年招生，分设A、B、C、D各个等级，满足了各类汉语水平学生的不同要求。

以海外华侨子弟为对象的暨南大学、华侨大学和北京、厦门、广州的3所中国语言文化学校（华侨补校）也设有对外汉语教学，厦门大学有为华侨子弟专设的函授教育。在学校教学外，对外汉语教学还有多种形式，如北京有对外交人员的汉语教学，北京、上海、广州有对驻在公司、商社的外国经贸人员的汉语教学，新闻传媒系统有广播汉语教学和刊授汉语教学。对外汉语教学的对象包括了一切愿意学习汉语的人，形式上遍及了一切可以利用的渠道。众多形式的对外汉语教学都为共同事业的发展、为积累共同的经验做出了贡献，也都需要得到具有普遍意义的理论的指导。北京语言学院作为我国最大的对外汉语教学基地和唯一一所以对外汉语教学为主要任务的高等院校，在团结全国对外汉语教学工作者、进行学术交流方面发挥了自己的作用，也向兄弟单位学习了很多经验。

（三）教学活动的进一步科学化、规范化

在对外汉语教学仅为单一的汉语预备教育时期，基本上只是一门课程、一种课本。在新时期内，对外汉语教学的各个教学环节都发生了很大的变化，逐步走向了科学化、规范化。

1. 建立了科学的课程体系

为适应来华留学生不同的学习目的，对外汉语教学建立了既有语言课，又有相关的语言、文化知识课和专业基础理论课的科学的课程体系。

（1）语言技能、能力课程——所谓语言技能课，主要是语言结构，如语音、语法、词汇、文字等方面的传授，以及听、说、读、写语言技能的训练。所谓语言能力课，在于交际能力的培养。在实际语言活动和教学中，这二者是密不可分的，不过在不同的教学阶段有所侧重而已。在初级阶段，重点在语言技能训练上。北京语言学院改变了过去一种课型全面训练各种语言技能的方法，分别开设了听力、口语、阅读和写作等多种课型。在中高级阶段，除继续提高语言技能外，重点在交际能力的培养，要求学习者在语言表达上不但要符合语言内部结构规律，还要在语用、语体方面做到得体性、多样性。为此，成立了专门的教研室，它们在探索、研究听、说、读、写、译等课程的教学特点和规律方面，取得了很好的成绩，使教学实践更为自觉、科学。

（2）语言、文化知识课程——这些课程是为提高语言技能、能力和了解语言交际社会的文化背景开设的，具有很强的实用性。在初级阶段，这方面知识表现为教材中的注释、教学中的提示和反映社会文化背景的教学内容。在中高级教学阶段，则开设了专门的课程，如语言知识方面的普通话语音、实用汉语语法、实用汉语词汇学、汉字、汉语修辞，文化方面的中国历史、中国文学、旅游地理、中国经济、中国古代思想等。这些课程比较系统地使学生从理性上认识汉语的内部结构规律和语言交际的外部文化环境。

（3）专业基础理论课程——这主要是高年级的课程，多属不同专业方向的"论"和"史"及专题研究，较之于语言、文化知识课程更具理论性。

这样的课程系列，从内部结构来说，是科学的、合理的，它满足了各类来华留学生的要求。来华留学生就其学习目的而论大体上分为三类：①具备一定的汉语水平以后，准备进入其他高等学校学习文、理、工、医、农等专业；②希望具

备较高的汉语水平和语言交际所需要的社会文化知识，毕业后，以汉语为工具从事各种职业活动；③希望具备较为纯熟的汉语实践能力和语言、文化基础理论，毕业后从事汉语教学和研究，或继续进入高一级学位学习。三类学生都可以在上述课程系列中找到自己需要的课程。

2. 编写了多种汉语教材和工具书

教材建设是学科建设的重要内容。可是在整个50年代，对外汉语教学只有一本教材——《汉语教科书》，虽然它初创之功不可没，虽然它构筑的对外汉语教学语法框架至今为人称道，影响很大，但毕竟独木不成林，难以支撑对外汉语教学的大厦。60年代编写的后续教材——《汉语读本》适逢"文革"，仅出版了半部两册，原稿即不翼而飞。70年代又编写过两套教材，虽然它们在编写原则和体例上不乏新意，但终因政治色彩浓重，也就随着形势的变化而很快被取代了。80年代以来，由于对外汉语教学事业的发展，由于语言教学理论研究的深化，教材编写工作有了极大的进展。10多年来，共编写、出版了300多种（部）教材。从汉语水平看，既有零起点的初级教材，又有二三四年级的中高级教材；从语言技能训练看，既有主干的精读教材，也有各种语言训练，如听力、口语、阅读、翻译、写作等专用教材；从专业看，既有适用于文史类学生使用的教材，又有科技汉语教材、中医汉语教材、外交人员汉语教材、外贸口语教材；从学制看，既有长期生使用的教材，又有短期速成性教材。有些教材配有声像资料。这些教材中的多数都较好地体现了汉语内部结构规律和语言教学规律，注意中外不同社会文化背景的对比，语言规范，讲究科学性、针对性和趣味性，受到国内外普遍的欢迎。其中如北京语言学院编写的《基础汉语课本》，日语注释本在日本出版后印行20多次；《实用汉语课本》1987年获北京市哲学社会科学优秀成果二等奖，在英国除个别学校外，被设有汉语课程的大学广泛采作教材，在其他欧美各国也受到欢迎；《初级汉语课本》系列教材的多种语言的译释本为世界20多个国家和地区的学校所采用；《中级汉语听和说》1991年获北京市高校社会科学中青年优秀成果奖；教学录像片《中国语》和中日合拍的《学汉语·商业篇》分别获北京市高校电教成果特等奖和一等奖。其他如北京语言学院编写的《普通汉语教程》《现代汉语教程》《汉语会话301句》、南京大学的《说什么，怎么说》《通向汉语之路》、华东师范大学的《基础汉语25课》、复旦大学的《今日汉语》、南开大学和美国合编的《开明初级汉语》《开明中级汉语》、北京大学的《汉语初级教程》《汉语中级教程》《汉语高级教程》，等等，也都各具特色。

除了教材以外，还专门为外国人编写了一批课外读物和工具书，后者有简明汉外词典（包括汉英、汉日、汉法、汉阿、汉德、汉西、汉朝）、《汉英虚词词典》(1992年获全国教学图书展二等奖)、《汉英双解词典》、《中国报刊新词语》、《北京话语词汇释》、《汉语动词—结果补语搭配词典》、《现代汉语常用量词词典》等数十种。

3. 创设了标准化的汉语水平测试

语言测试是语言教学的重要组成部分。最近几十年，国外对标准化的语言测试研究极为重视，各种语言测试发展很快。美、英等国不仅有普遍实施的各种英语测试，而且（如美国）80年代初已开始研究汉语能力测试。新加坡及香港、台湾地区也在加紧这方面的工作。但长期以来，我们对标准化的汉语水平测试研究很不够，这不但与国外的语言教学相比存在很大差距，而且也落后于国内的外语教学。正是在这种情况下，1984年教育部委托北京语言学院成立专门机构，加紧进行汉语水平考试的研究工作。

汉语水平考试（HSK）是为测试母语为非汉语的人（包括外国人、华侨华人和国内少数民族）的汉语水平而设立的标准化考试。经过几年的努力，1990年2月，汉语水平考试研究通过了国家教委组织的专家鉴定。专家们对这项研究给予了很高的评价，认为汉语水平考试是最具权威性的水平测试，能够比较准确地测试出考生的实际汉语水平，评分阅卷实现了标准化和自动化。汉语水平考试研究填补了我国语言测试研究的空白，在国内外同类研究中处于领先地位。1988年6月起，先后在北京、上海、天津、大连、武汉、南京、广州、昆明、西安等9个城市以及新加坡、澳大利亚、日本、美国、加拿大等国和香港地区举办了汉语水平考试，取得了预期的效果。1993年，汉语水平考试（HSK）正式成为国家级标准化考试。受国家教委委托，北京语言学院成立汉语水平考试中心，领导汉语水平考试的工作。汉语水平考试的研制和实施使对外汉语教学的各个环节更加完备，是学科建设的重要成就。

（四）对外汉语教学学科理论体系的逐步建立

一个学科成熟的标志，不仅表现在教学水平和质量上，更重要的还要看它的研究和理论水平。在这方面，对外汉语教学学科建设可以说取得了突破性的进展。

1. 科研成果概况

在一个相当长的时期内，对外汉语教学工作受到人们的重视主要是因为它是一项涉外工作、友好工作，对它自身规律的研究则缺乏足够的投入，教学工作多半是经验型的。整个70年代末以前，公开发表的有关对外汉语教学的论文，就我们见到的来说，充其量不超过10篇。1965年，为在接收越南留学生的23所院校间进行交流，北京语言学院受高教部委托，编辑印行了内部刊物《外国留学生基础汉语教学通讯》，共出了11期，其中多数文章的内容是对工作的认识、教学体会、工作总结和教案，只有少量学术性的论文。70年代末到80年代初，对外汉语教学逐步由经验型走向理论研究型。10多年来，据不完全统计，对外汉语教师共发表论文1000多篇，总字数1200多万。发表对外汉语教学论文的有专业刊物《语言教学与研究》《世界汉语教学》《学汉语》《汉语研究》等；近年来，《中国语文》《语文建设》《语言文字应用》《汉语学习》和一些高等学校的学报也发表了有关论文。

除了学术论文和上面说过的教材外，10多年来，还出版了40多部学术专著。在语言研究方面，有王还的《门外偶得集》《汉英对比论文集》，钟梫的《汉语普通话语音》，吴宗济、赵金铭等人的《现代汉语语音概要》，刘月华、潘文娱、故韡的《实用现代汉语语法》（获1987年北京市高等学校哲学社会科学中青年优秀成果奖），刘月华的《汉语语法论文集》，房玉清的《实用汉语语法》，程美珍、李德津的《实用汉语语法》、吕文华的《对外汉语教学语法探索》、郑懿德、刘月华、杨甲荣等的《汉语语法难点释疑》、赵永新的《汉语语法概要》，许德楠的《实用汉语词汇学》，陈亚川、郑懿德的《汉语集稿》（其中两篇论文获1987年北京市高等学校哲学社会科学中青年优秀成果奖）等；在教学理论研究方面，有吕必松的《对外汉语教学探索》、《对外汉语教学发展概要》、《对外汉语教学研究》（获1993年北京市高等教育科学研究优秀成果专著一等奖）、《华语教学讲习》，盛炎的《语言教学原理》，张亚军的《对外汉语教法学》，赵贤州、李卫民的《对外汉语教材教法论》，李杨的《中高级对外汉语教学论》，杨惠元的《听力训练81法》等，还有常宝儒的《汉语语言心理学》，以及一批中国文学、文化、思想的专著，如彭庆生的《陈子昂诗注》，许树安的《古代选举及科举制度概述》（以上两书均获1987年北京市高等学校哲学社会科学中青年优秀成果奖），许树安、郑春苗、王秀芳的《中国文化知识》，郑春苗的《中西文化比较研究》等。

除了对外汉语教师和专家的个人研究成果外，北京语言学院还发挥整体优势，进行了学科建设和发展的基础性项目的研究。这些项目中已经完成的有：现代汉语频率统计与分析（其成果《汉语词汇的统计与分析》获1987年北京市哲学社会科学优秀成果一等奖，《现代汉语频率词典》获1987年第一届中国图书奖荣誉奖）、现代汉语句型统计与研究、北京口语调查、普及型PJY中文输入系统（获国家教委1991年科技进步奖）、中国汉语水平考试（HSK）研究（获国家教委1991年科技进步奖）、外国人学习与使用汉语情况调查、电脑速成对外汉语教学系统（获1993年全国第一届普通高校CAI优秀软件二等奖）等；正在进行的有现代汉语语料库、汉语中介语语料库、计算机辅助自适应性考试研究等。

2. 对外汉语教学基础理论研究的深入

对外汉语教学的基础理论包括三方面的内容：汉语理论、语言教学理论和语言学习理论。

汉语研究，正如朱德熙先生所说，是对外汉语教学的"本"和"源"，一些课堂上说不清的问题常常是因为汉语研究不足。因此，从事对外汉语教学工作的教师从50年代构筑对外汉语教学的第一个语法框架起，在早期科研投入严重不足的情况下，比较重视汉语研究，这主要表现在各种汉语教科书关于语言要素的结构安排、讲解和注释上。近年来，则更多地表现在众多的论文和专著上——它们的数量在对外汉语教学论文、专著总量中占绝大多数。

对外汉语教学关于汉语研究的特点是：（1）密切联系教学实际。多数论文和著作研究的问题和重点都来自教学实践，又服务于教学，着眼于提高教学质量。所以，吕叔湘、朱德熙都不约而同地赞誉对外汉语教学的科研：务实。（2）运用比较语言学的方法，进行汉外语言比较。纵观有关的论文，几乎涉及了语音、语法、词汇的各个方面，涉及了来华留学生使用较多的任何一种语言。王力、吕叔湘、王还、胡明扬、陆俭明等语言学家在不同的场合都说过这样意思的话：对外国人的汉语教学"特别能发现汉语研究的不足","从另一方面开拓了我们的研究点",加上汉外语言的比较研究,不仅"推动了对外汉语教学本身,而且对汉语研究也起到了很好的推动作用"。因此,对外汉语教学为汉语研究提供了新的视角,具有很大的实践意义和理论意义。

语言教学理论研究包括对对外汉语教学性质和特点的研究、对教学过程和教学过程中各个教学环节及其相互关系的研究,等等,目的在于揭示对外汉语教学的规律,使教学活动更加科学化、规范化。对外汉语教师都有丰富的实践经验,从事这方面研究和写作的人很多,有广泛的群众性。其内容有历史经验的回顾和总结,有国外语言教学理论的介绍和评论,也有自身经验的概括和升华。随着研究的深入,在理论和实践的结合上有了可喜的进展:一些总结自身教学经验的论著,逐步摆脱了就事论事的局限,表现了更高的理论高度和更宽的理论视野,因而更具有规律性、普遍性和理论性;一些引进国外语言教学理论的论著,从初期译介、评介走上了用以观察、分析、认识自身实践的新台阶,成为对外汉语教学自身理论的一部分。在理论研究的指导下,对对外汉语教学作为第二语言教学的特点、性质和规律有了更深刻的认识,从早期把语言教学看作是一种知识传授,到注重语言实践,到对"语言是交际工具"这一科学论断的新认识,使对外汉语教学活动的各个环节在各个时期都有新的进展,编写的教材都有新的思想、新的面貌。

语言教学理论研究的另一成果是汉语水平考试(HSK)的研究。80年代中期起,北京语言学院吸收国外语言考试的理论,在国内外语考试专家的协助下,结合汉语的实际,研制了汉语水平考试的有关文件和题库,在国内外逐步实施。其理论成果就是论文集《汉语水平考试研究》(获1991年北京市第二届社会科学优秀成果奖)。

语言学习理论相对于语言教学理论的研究,起步较晚。从研究"怎么教"进而研究"怎么学",把学生作为语言学习的主体,是语言教学研究的重大进展。它的研究对象有学习者的学习过程和心理过程等等,中介语研究是其中心课题。学生的病句是中介语在某一学习阶段的一种表现,但是早期的研究者主要是从语言结构、意义、功能上来分析,大体上是"修改、评点作文"的模式。近几年来,随着国外中介语理论的引进,汉语学习的中介语现象受到了人们的重视,并从心理的迁移作用进行研究，出现了第一批成果。

语言学习离不开文化。要运用汉语进行得体的交际活动必须了解中国社会的文化背景；部分来华留学生学习汉语的目的在于研究中国传统文化和现实社会。可以说，语言教学的终极目的在于在各国人民之间增进了解，开展交流，促进友好感情；文化既是这种"了解、交流、友好"的重要方面，又是其他各方面"了解、交流、友好"的基石。没有在文化方面的了解、交流和相互尊重，在政治、经济等各方面的交流、合作就会遇到困难。这也是很多国家和政府领导人出访前大量阅读访问国历史、文化书籍的原因。正因为如此，北京语言学院对外更名为"北京语言文化大学"，下面成立了文化学院、中华文化研究所，出版了刊物《中国文化研究》。

早期对外汉语教学的文化内容常常表现为教材的思想政治内涵，当时学习汉语的留学生多数为学习理、工、农、医各专业而来，对中国社会文化和以文、史、哲为代表的中国传统文化的教学因此也就没有受到人们足够的重视。近年来，由于国内学术环境的改善，文化正以其自身的品格受到人们的重视；来华留学生中学习文、史、哲各专业的人数大幅度增加。与此相应，文化研究和教学受到了对外汉语教学工作者越来越大的重视，出现了一批文化在语言教学中的地位、中国文化研究和中外文化比较研究的论文和著作。在这样的认识和理论的指导下，在教学实践中，教材中的文化含量有所增加，内容更为生动；功能、结构、文化三结合成了人们所倡导的教材编写原则。在整体的教学计划中，增加了文化课程的比重。所有这些，对提高汉语教学的质量，改善学生的知识结构，都起到了很好的作用。

（五）师资队伍建设的重大进展

学科建设的重要标志是师资队伍建设。对外汉语教学的发展是全体对外汉语教师辛勤劳动的成果，对外汉语师资队伍也在这发展中发生了很大的变化，得到了极大的提高。

前面说过，在一个相当长的时期内，人们重视对外汉语教学是因为它是一项涉外工作、友好工作；从对外汉语教学本身来说，当时主要是汉语预备教育，而且，多数教师都缺乏经验，因此在一定的时期内，人们把主要的精力用于教学实践上。理论研究既缺乏现实的迫切性，也没有足够的实践基础。随着对外汉语教学事业的发展，在原有教学实践的基础上，理论研究逐步开展，并取得了丰硕的成果，对外汉语教师不仅在数量上比以前大大增加了，而且在教学实践、知识结构、理论素养上也大大提高了。据不完全统计，从恢复教师职称评定以来，对外汉语教师中现已有教授 70 多人、副教授 500 多人、讲师 800 多人；其中北京语言学院有教授 25 人、副教授 200 多人、讲师 300 多人。

在早期，对外汉语教师主要来自高等院校中文系毕业生，一部分来自外语系毕业生。60 年代培养出国汉语储备师资的方式是选择一部分中文系毕业生去学外语。这反映了当时对对外汉语教师的要求：汉语加外语。这种情况一直延续到 70 年代后期。后来，人们渐渐认识到，较高的汉语和外语水平固然是对外汉语教师的必备素养，但是，对外汉语教学作为第二语言教学还有它自身的特点和规律，需要培养专门的人才。为此，1983 年 9 月北京语言学院，1987 年 9 月北京外国语学院、上海外国语学院、华东师范大学相继设置了以培养对外汉语教师为目标的对外汉语教学专业；1986 年北京语言学院、北京大学，1987 年南开大学陆续开始招收对外汉语教学研究方向的硕士生。1984 年 7 月北京语言学院受对外汉语教学研究会委托，举办首届对外汉语教师培训班，1987 年正式成立了汉语教师培训中心；几年来，共培训海外教师 400 人、国内 50 所大学的教师 200 人。1987 年北京语言学院开始对新参加工作的青年教师进行岗前培训，至 1993 年，参加培训的教师共 150 人。1992 年，在全国范围内实施对外汉语教学师资资格审定工作，至 1993 年，取得合格证书的教师共 820 人。所有这些举措，加上原有教师教学经验的积累和研究工作的深入，使教师队伍的整体素质、知识结构、对对外汉语教学学科特点和规律的认识，有了显著的提高。近年来，一批新毕业的硕士生、博士生参加了对外汉语教学工作，教师队伍的学历成分也有了很大的变化。

在师资队伍整体水平不断提高的基础上，在教学和研究的领域里，出现了一批学有专长的专家。他们中间，有的人有娴熟的教学艺术、出色的教学效果，有的人有丰富的教材编写经验，有的人对某门语言训练课程有独到的见解；在研究工作方面，在汉语语法、语音、词汇、文字、汉语方言、古代汉语、近代汉语、汉外翻译和汉外语言比较等汉语研究的领域中，在对外汉语教学理论、语言教学法、语言测试和汉语水平考试、中介语研究等教学理论研究的领域中，在中国古代文学、中国近现代文学、中国历史、中国经济、中西文化比较等文化研究领域中，在中文信息处理、语言心理学等跨学科领域的研究中，都出现了自己的学者、专家，都有了很好的建树。他们的研究植根于对外汉语教学，有别的研究机构所不具备的人数众多的外国人学习汉语的实践环境，因此，他们的研究成果常常有其他方面的研究人员所没有的理论视野和分析方法，在国内多种学术交流的场合常常受到同行专家的重视。近年来，在各项教学改革的措施中，根据实际需要，引进了一批高层次的人才，这将对进一步改善师资队伍结构、拓宽学科领域、提高教学层次产生良好的作用。

对外汉语教学已经有了结构大体上合理的、基本上能满足教学和研究需要的师资队伍，有了自己的具有一定水平的学者、专家。这支队伍和他们中的专家代表了对外汉语教学的实力和水平，依靠他们，我国的对外汉语教学能够担负起历史的重任，获得学科建设的进一步发展。

回顾学会成立以来的历程，回顾新时期对外汉语教学取得的进展，我们可以自豪地说，我国的对外汉语教学事业和学科建设的确取得了巨大的成就。它虽然不像其他传统的学科那样如日中天、光芒四射，但也早已走出了在黑暗中摸索的阶段；它已不再是学步的幼儿，它已经成长为一个能独立行走的成人，正在面向世界，在通往 21 世纪的大道上奔跑。《中国教育改革和发展纲要》中"大力发展对外汉语教学工作"的决策在召唤着我们，各国人民学习汉语、了解中华文化的热情在激励着我们。在肯定已经取得的成绩的同时，我们也深知自身的不足，更深知我国改革开放的进一步深化、中外交流的广泛开展对我们提出了更高的要求。北京语言学院院长杨庆华教授在学校一项改革方案的报告中说："当前，我国改革开放和现代化建设已进入了一个历史新阶段，经济体制也正经历深刻的变革，特别是社会主义市场经济的确立和发展，正强烈地冲击着在计划经济体制下形成的高教体制和办学模式。""历史把我们推上了时代的擂台，我们面临着严峻的挑战。一方面是大浪淘沙，时不我待；另一方面是春在枝头，机遇大好。"对外汉语教学工作者一定能进一步加强包括学科建设在内的各方面工作，为发展对外汉语教学、满足各国人民学习汉语的愿望、弘扬中华文化、促进中外文化交流做出无愧于时代的贡献。

关于对外汉语教学的可持续发展 *

努力坚持学科地位，不断强化学科建设，是对外汉语教学可持续发展的根本。

一、新的风景线与更高的奋斗目标

在新世纪即将开始，也是对外汉语教学准备迎接50周年的时候，我们欣喜地看到对外汉语教学领域出现了一道全新的风景线。学生数万人，教师4000多人，全国有300多所学校（机构）设有对外汉语教学机构，有些已经升格为学院，国家设立了统筹全局的对外汉语教学领导小组以及有关学校也给予了前所未有的重视。回想半个世纪前，开设被称作外国留学生中国语文专修班的只有一个学校、来自7个国家的33名学生、教师7人，反差十分强烈。发展标志着新的起点，意味着更高的要求。我想就对外汉语教学可持续发展的问题谈几点不成熟的看法。

1.教育的发展从来离不开社会的进步和发展，离不开社会对文化、科学的需求；教育以培养合格人才满足社会的需要，确立自己的地位。对外汉语教学也是如此。50年代，对外汉语教学的对象主要来自苏联、东欧等社会主义国家。60年代，学生主要来自亚非拉第三世界各国。70年代末到80年代，西方国家学生的到来使对外汉语教学出现了全方位地面向"三个世界"的崭新格局。90年代以来，以日、韩为主的周边国家学生成为对外汉语教学的主要对象，其数量之多在某种程度上可以说是对外汉语教学规模急剧扩大、新的机构猛增的直接动因。这里我们可以看到，我国对外汉语教学除了"文革"时期以外，差不多每十年左右都有一次重大的进展，而这每一次重大进展无不与国际关系的变化、我国国际地位的提高和国家外交政策的成功有密切的关系。另一方面，对外汉语教学的教师和工

---

* 本文发表于《语言文字应用》1997年增刊；又见张德鑫主编《对外汉语教学：回眸与思考》，外语教学与研究出版社，2000年。

作人员也总是以饱满的热情和不倦的敬业精神为国际社会培养着汉语人才和懂汉语的专业人才,在教学的体制、层次、内容、方法等各个方面完善和发展自己。外部的有利环境和内部的不懈努力从来就是对外汉语教学发展缺一不可的两个方面。展望21世纪,以和平和发展为主题的国际形势,我国经济稳定、持续的高速增长,必将为对外汉语教学带来新的广阔前景,我们应该为此而加倍努力。

2. 毋庸讳言,对外汉语教学与其他学科相比,有着较大的经济效益。这就给人们带来一个严肃的问题:如何正确把握对外汉语教学发展的方向?把它建立在什么着眼点和出发点上?对外汉语教学领域中不少有识之士把生源充足带来的不同要求、不同层次和学生不同母语、不同文化背景等方面的广泛的实践机会作为锻炼、培养师资队伍的沃土。在这些地方,教师队伍不仅数量上扩大了,而且在教学上出现了不少新气象,科研上出现了不少新成果。另一方面,在一些地方、一些单位,片面看重对外汉语教学的经济效益,表现为超出办学条件,过量招生,大幅度地超时教学,新教师来不及熟悉教学特点和要求,有的单位甚至外聘兼职教师超过在编教师。与经济效益增长比较起来,在师资力量、教学规范、理论研究、教材编写等不少方面出现了不同程度的滞后。为了保证对外汉语教学的可持续发展,必须坚持国家教委一再强调的办学条件决定办学规模、提高教学质量是学校工作的主旋律这样一些重要原则。

3. 对外汉语教学既是语言学的应用部分,又有自身特殊的教学对象、教学特点、规律和方法、基础理论和理论体系。经过几十年的努力,它的学科地位取得了广泛的认同。认为对外汉语教学是"小儿科",会说汉语就可以胜任对外汉语教学的观点已经逐渐失去了市场,聘用对外汉语教师就像外语教学聘任外国专家一样必须坚持一定的条件。但是,在对外汉语教学规模急剧扩展的情况下,这种正确的认识正面临着冲击和挑战,对外汉语教学的学科意识被淡化,师资条件被降低。这是关系到对外汉语教学存亡的问题。努力坚持学科地位,不断强化学科建设,是对外汉语教学可持续发展的根本。

二、关于可持续发展的几个问题

1. 关于对外汉语教学中语言和文化的关系

语言和文化有着密不可分的关系。语言教学必然也必须重视文化因素。语言学和语言教学理论的发展告诉我们,语言学要研究的不仅仅是语音、语法、词汇这些语言的内部规则,作为一种交际工具,语言能力包括两个方面,即掌握语言规则的语言技能和运用语言进行交际活动的交际能力。语言教学不能满足于培养学生的语言技能,它必须致力于把这种语言技能转化为交际能力,得体地运用于社会交际,而要完成这一转化就必须重视语言和语言交际中的文化因素和社会文化背景。就对外汉语教学来看,这些文化因素体现为语法规则反映的思维方式、词汇上的文化积淀、语用上的交际规则以及话语交际的内容等方面。人们有时会看到,有些外国学生说的符合汉语语法规则的句子,中国人听来却充满了翻译味儿,或者尽管使用了符合汉语规则的句子,有时仍然会话不投"机",这更从另一方面说明了文化在语言交际中的重要作用。

语言是随着社会的发展而发展的,语言交际都是在一定的社会环境中进行的,了解语言社会的政治制度、经济和社会发展水平、意识形态、价值观、宗教信仰、风俗习惯以至某一时期人们关心的热点,等等,有助于语言交际中建立共同的话题,相互理解,沟通话语信息。因此,人们强调要求语言教学的语料能最大限度地提供关于语言社会现实的信息,有的国家对外进行本族语教学时设有国情语言的课程。

从人才应有的素养和合理的知识结构上说,语言教学也必须重视文化,如人们常常要求外语翻译要有一定的文学、历史等方面的知识。为着日后学习、研究或职业活动的需要,语言学习者也会要求同时学习一些相关的课程。

综上所述,从语言教学来看,文化可分为三个层面:语言和语言交际中的文化、语言社会的国情文化以及作为人才知识结构中的文化。在语言教学中强调文化并不要求以文化教学来削弱、取代语言教学,因为不掌握语言规则,没有起码的语言技能根本无法进行语言交际,也就谈不上文化。从教学实践来看,对外汉语教学历来把掌握语言规则的教学放在首位,与此同时,要求课文内容反映中国的现实,并在课程体系中一直开设"中国概况"课;为了当时大批学生日后学习理工专业的需要,还开设过理工汉语的课程。所以说,对外汉语教学坚持把语言规则的教学放在首位的同时,从来没有"空载"过文化,有着语言教学结合文化的历史传统。今天,强调对外汉语教学中的文化因素,有利于扩展人们的视野,更自觉、更系统地在教学中安排文化因素,更有效地培养学生的汉语交际能力,使之具备更完备的知识结构。

我们认为，在处理语言教学和文化的关系上要注意下列几个问题：

语言教学与文化结合有不同的层面。在课程体系中，在坚持把语言课程作为主体的同时，有计划地、系统地安排相关的文化内容，这是一个层面。至于其他独立开设的文化课程是为培养目标所需的素质，是知识结构的组成部分。当人们强调这些课程的重要性时从来没有混淆它们之间的学科界线。这就是说，要把语言、语言教学和文化的关系跟课程结构中语言课程和文化课程的组合关系区分开来。

强调语言教学和文化的关系，必须注意语言教学的阶段性、层次性。不同的语言能力水平对文化有不同的承载力，就像语言教学不可能"空载"文化一样，某一阶段的语言教学也不应有对文化的"超载"。《红楼梦》虽然是中国文化的瑰宝，虽然屡屡被编入中级汉语教材，但实际教学中却很难也因此很少使用，就是最好的说明。

强调语言教学和文化的关系，并不意味着语言教学是低层次的，只有教文化才能改变、提高语言教学的档次。对外汉语教学以及它的上位学科——汉语语言学跟诸多的文化学科并无高低之分。对外汉语教学是一门新型的学科，需要我们去发展它、丰富它。对外汉语教学对汉语研究提出了很多新的课题，并以自己的劳动丰富着语言研究的成果，受到语言学界的重视。把对外汉语教学看作是低层次的，只会降低、放松对自身的要求。

对外汉语教学经过几十年，特别是最近20年的努力，已经从五六十年代单一的汉语预备教学扩展到汉语言本科教学、速成教学、进修教学以至硕士研究生教学的多层次的教学体系。汉语言本科教学把培养全面、熟练掌握听说读写能力，得体地进行语言交际的汉语言人才作为专业的培养目标。以文化教学来削弱、取代或者在后基础阶段削弱、取代语言教学必将把以本科教学为标志的对外汉语教学专业退回到预备教学的格局中去。

2. 关于构架完整、规范的教学体系

前面说到，目前全国已有300多所学校（机构）开展对外汉语教学，呈现出各具特色的办学形式和办学层次。但是也不能否认，对外汉语教学从整体上说，还缺乏一个完整的、规范的教学体系。比如，这些年我们编写了一些同样叫作"中级"的汉语教材，但是，如果以汉语水平等级大纲来检验，有的教材生词中列入大纲的词占80%左右，有的只有50%；即使百分比大体相近的中级教材中，作为基础（初级）阶段教学任务的甲、乙级词占的百分比彼此相差20%以上，以一学年20周计算，就掌握词汇量一项说，不同教材大概相差6周的教学时间。又比如若干学校开设了本科教学，更多的学校则为短期进修班，本科班分为四个年级，短期进修班分为A、B、C、D或一、二、三、四等不同的班次。但是，各个教学单位在年级和班次的划分上有什么区别呢？学生的水平以什么来衡量呢？问题并不在年级、班次的衔接上，它说明在若干基本问题上还没有形成共识，形成规范，或尚需进一步地探讨这些问题，如：对外汉语教学的培养目标应该怎么定位？这样的培养目标应该具有哪些基本知识和能力？为了获得这些基本知识和能力应该开设哪些课程？这些课程应该包含哪些内容和要求？……据了解，国家教委关于外语专业各主要语种都有统一的教学大纲。这样的大纲对教学的基本的、主要的方面做了规定，同时也允许、鼓励各校在实施过程中根据各自的条件做适当的调整，发挥自身的优势。这个做法可供我们借鉴。这样统一的规定必将对对外汉语教学起到规范、督促、引导的作用。汉语言本科教学已有20多年的经验，可以先从本科教学做起，各类短期班、进修班可比照着建立符合自身特点的规范。

下面我们就有关问题谈谈看法，供同行讨论、参考。

（1）关于培养目标和课程体系

关于培养目标，在1990年春的中高级汉语教学座谈会上曾经形成共识，即要自始至终地把培养学生的语言能力（即本文所说的语言技能和交际能力）放在首位。从现有的教学实践看，各教学单位普遍地把培养这种能力放在突出的地位，在课程结构中把有关课程放在主干的中心的位置。这证明这样的认识是经得起实践检验的，是有生命力的，因而是正确的。有的单位的有些课程由于师资条件的限制等原因，开设不够齐全，正在逐步完善中。

值得注意的是，在课堂教学的具体贯彻中，有的时候语言教学的特点把握不准，有或多或少、或明或暗的语文教学的影子，这除了教师的原因以外，恐怕跟教材的语料和课程设置有关。有的教材，特别是后基础教材以文学教学的（或语文教学的）标准来取代语言教学的标准，过多地选用了一些不适合做语言教材的文学名著，在练习项目中要求学生对作品的社会背景、思想内容和人物的典型形象进行分析等。我们设想，如果把文学作为学生应有的知识结构的一部分的话，可以开设"文学选读"或"中国文学史"的课程，有选择地把这部分名著列入其教学内容。这样可能更有利于区别不同课程的教学要求，既有利于学生在语言课程上集中提高语言能力和交际能力，也有助于在这些课程上获得较为系统的文学知识。

（2）关于语言规则的教学体系

基础阶段汉语教学内容已经形成了一个公认的体系，即1958年《汉语教科书》构架的体系，后来《基础汉语课本》《初级汉语课本》等有所简化和修订。它包括现代汉语语音体系，句子的组成成分，以句子的结构、功能划分的各种句子类型，以及若干复句及相关的连词、常用词。如果吸收这些年语言研究的成果，这个体系将更加完备。

使人们困惑的是，后基础阶段教些什么，至今还没有形成一个像基础阶段一样公认的体系，或者说，众多教材中的一些真知灼见还没有汇成一个完整的体系。迄今我们见到的后基础阶段汉语教材（指综合教材）大概在10部以上，大体上都沿用北京语言学院早年编写《文选》的思路，即以课文为核心，包括课文、生词、注释、练习和副课文几个部分。最近有的教材注意贴近发生了巨大变化的现实生活，词汇的常用度因此而增至前所未有的80%；练习方式的设计上也表现出丰富多彩，特别是注意了语言交际的需要，等等。学生在课堂上学的，在生活中能感受到；交际中需要的，在课堂上学得到。这必将使学生获得学习的成就感和推动力。但从另一方面看，从教材的注释和练习中我们看不出在语言规则方面的教学要求，表现为随文作注的随机性。从学生的实际语言水平看，后基础阶段的学生语音有所退步，这已是不争的事实。人们常常把后基础阶段的教学要求定为"成段表达"，但从学生的口头表达和书面作业中可以看到，多数还停留在基础阶段的单句上，连句成段、连段成篇的能力还没有养成。人们还把这一阶段的教学要求定为"词汇教学"，但是除了课文生词量的增加外，很少看到（至少在教材中）对词汇学习的指导。这就是说，这些总体要求还未得到具体的、有效的落实。文学名著《红楼梦》尽管其词汇的常用度只有不到10%，尽管在口头询问中还没发现一个教师在课堂上使用过，但是它还是屡屡被一些中级教材选为最后一篇，作为这一阶段结束的标志性课文。这样的安排反映了对中级阶段教学要求的迷惘和彷徨。当年基础阶段汉语规则教学体系的构架用了8年的时间，后基础阶段教学如果从70年代中算起，历时已有20多年，构架相应的教学体系已是时不我待的迫切任务了。

那么，后基础阶段汉语语言规则的教学框架应该是什么呢？我们有如下一些设想。

1）语法方面：a）在基础阶段由于学生语言水平的限制讲解得比较简要的单句的类型和结构予以完善和补充；b）补充各类复句及其相关的连词，特别是无标记复句；c）把语段的组成作为中级阶段的重点，包括句子和句子的连接、句子连接中虚词的使用、句子连接中句子成分的省略，等等；d）在高级阶段重点进行篇章结构的教学，亦即语段和语段的连接；e）各类书面语和口语的语体色彩；f）在解释语言结构的时候，把语法和语义、语用结合起来。由此建立从句子（单句和复句）到语段到篇章的完整的循序渐进的语言结构框架，为全面提高学生的话语交际能力打下良好的基础。这是一个富有挑战性的目标，它需要切切实实的艰苦劳动，既要熟悉对外汉语教学特别是后基础阶段的教学，又要善于吸收语言学界的成果，特别是语段和篇章研究的成果，并把它转化为教学上实用的体系。

2）语音方面：要改变把汉语音节的声母、韵母、声调教学看作语音教学全部内容的观念，在后基础阶段，要在巩固已有水平的基础上，重点训练学生掌握汉语语流中的节律和语音高低强弱的变化。如：a）多音节词语中音节的轻读和重读；b）句子中的间歇和停顿；c）各类型的句子的语调以及表示强调和感情变化的语调。后基础阶段语音教学重视语流跟语法教学重视语段和篇章是一致的。

教材中的语音练习不仅有项目的名称，更要有明确的要求和相应的标记。以掌握词语搭配和句子结构为目的的"熟记""朗读"等练习也要注意语音的要求。

3）词语方面：汉语的绝大多数音节同时也是语素，这是汉语不同于多数音节仅仅表音的西方语言的特点之一。语素是汉语词汇滋生、繁衍的最小单位，它与词汇中常用词语的数量之比约为1∶6。引进语素的概念，给出复合词语素间最基本的有代表性的语法、语义关系模式，必将提高学生学习、理解和自学汉语词汇的能力和效率。这对已经掌握了一定数量词汇，并以词汇量激增为重要特征的后基础阶段教学尤为重要。

（3）关于语言能力训练问题

语言规则不等于语言能力。语言规则可作为一种知识来讲授，也可以结合大量操练使之转化为运用语言的能力。对外汉语教学历来采用的是后者，即人们所说的实践性原则，并为此开设了听、说、读、写（汉字书写和书面语写作）等专项实践课程。这些年在这些方面也取得了不少成绩，编写了不少突出语言能力训练特点的专用教材，发表、出版了一些既有一定理论性又有操作性的教学技巧的论著。但是，也还有一些值得注意的地方，如有一些教材语言能力训练的特点比较模糊，有的教材采用的语料缺乏书面语和口语的选择性和区别性；教材注意了一般语言规则的讲解，缺乏与特定语言能力相适应的语体特点；教材的练习项目缺乏特定语言能力的针对性；有的练习缺乏教学要求和操作的提示，而多半要依靠教师的实践经验来掌握；等等。又如，有关论著中提出的能力训练的原则和方法并没有得到普遍的试验和推广，也很少被融入到教材中去。近来不少学生来自汉字文化圈的日本、韩国，怎样在专项能力训练中对他们提出不同于西方学生的要求？总之，关于语言能力训练还有很多事情要做。

对外汉语教学的语言能力指标，包括听、说、读、写历来都有规定，但是在实际教学中，很少被当作教学要求和目标来重视，在成绩测试中也很少被当作评定成绩的标准。如果对这些指标做一科学的检验、修订，作为正式的规范，严格施行，对培养合格的汉语人才必将起到有力的推动作用。

（4）关于汉外比较研究

这是对外汉语教学中自始至终必须注意的问题。我们发现学生的某些错误并不是来源于理解的困难，而是翻译的误导。一种语言的"特殊"现象在另一种语言中必有对应的表达方法，但是这种对应性并不一定表现为"对称性"。学生学习阶段在目的语和母语之间有一个翻译的过程，在这个过程中发生负迁移现象也是必然的。我们不能只是消极地承认这种现象的存在。在教材注释和课堂讲授某一语言现象的时候，不能停留在汉语自身规则的说明上，而要主动找出跟学生母语的差异，以及学生在理解和运用中可能发生的母语干扰，预做说明。在这一点上，懂得外语的教师和教材注释的翻译者应该是大有作为的。

一些国外的汉语教师反映，汉语的某些语言现象对于他们的学生很容易理解，但我们的教材却做了详细的解释，而对难点的解释又过于简单。这就提出了一个新的教材编写的思路，即除了以汉语语言规则为主体，配以外语译释的路子以外，还可以考虑在进行汉外语言规则系统对比的基础上，着重于二者差别较大的语言规则的教学，而不求汉语语言规则的系统性。这个思路体现了以学生为主体的思想，是值得进行试验的，特别在编写分国别的汉语教材的时候。

3. 关于建设有汉语特色的语言教学理论

对外汉语教学是以普遍的实践为特征的学科。尽管"任何语言教学法都不会颗粒无收"，但人们还是为了提高教学的效率而寻求理论的指导，并把理论研究和教学实践看作是培养人才的不可偏废的两个方面。多年来，对外汉语教师为此付出了辛勤的劳动，出版专著近百种，在各种场合发表文章三千篇左右。在教学法方面，60年代引进以句型操练为基础的听说法，并被普遍采用。有的教材开始注意吸收国外语言教学理论的原则和方法。但是，相对于普遍的教学实践来说，理论研究显得比较薄弱。

对外汉语教学的理论研究很大一部分是引进国外的语言教学理论。如果我们把这种引进分为译介、思考、实践三个阶段或者三个层面的话，总的来说，多数情况是停留在译介的层面上，缺乏结合汉语教学实际的思考。译介中缺乏关于原文观点、主张的背景介绍，比如某一观点、主张在其本国的实践效果和本国语言教学界的认同程度。译介也难以让读者从中获得对原文所持观点、主张的直接、全面的了解。有些理论在引进过程中往往被简化为概念和口号，缺乏操作性。当然，有的理论，比如，关于语言习得的理论，传入已久，译介、研究的论著也不少，但迄今还很少见到在教学中运用和有关心得体会的报道。

国外语言教学理论是西方国家的学者创立的，教学实践是在西方文化背景中进行的，学习者的目的语和母语在语言类型上都有丰富的形态变化，使用的都是表音的拼音文字，承载的都是西方文化。我们教学的是汉语，它蕴含着跟西方文化有着很大差别、有着几千年历史积淀的东方文化，它的语法手段主要是虚词和词序，语段和篇章的结构主要依靠意合。它所使用的文字是西方世界完全陌生的汉字，它在造字上是一种意音文字，而且绝大多数汉字代表着汉语的语素，有着极强的生成词语的能力，等等。这样富有特点的语言教学除了适用一般的语言教学理论外，有没有自身的特殊性呢？我们能不能在吸收、运用国外语言教学理论的同时，在自身实践的基础上逐步建设有汉语特色的语言教学理论呢？这是一个值得思考并为之努力探索的大课题。

这些年来，以日、韩为主体的周边国家跟我们在语言教学上交流十分频繁。这些国家跟我们有着共同的东方文化背景，学生有着相近的学习心理。日、韩语都使用一定数量的汉字，有些汉字的字义完全一样，有些则有相通之处，有的在读音上也有规律可循。这种共同的汉字文化在对外汉语教学中恐怕不能仅仅看作减省汉字读、写教学的问题。把东方文化—汉字文化圈中的汉语教学跟非东方文化—汉字文化圈中的汉语教学进行对比研究，也许会对建设有汉语特点的语言教学理论有一定的启发。

4. 关于跨越"断层"的人才建设

人才培养是可持续发展的关键。综观对外汉语教学的师资队伍，"文革"前开始从事这一工作的教师，在本世纪结束前绝大部分都退休了。我们已经来到"断层"的边缘。但是，从另一方面分析，只要处理得当，对外汉语教学界的"断层"并不如想象的那么严重，并不是不可克服的障碍。

这是因为，一方面，已经和即将退休的教学、科研人员多数从事这项工作几十年，对对外汉语教学有着深厚的感情，有比较丰富的经验，在教学、科研方面各有自己的专长。如果继续给他们以信任，发挥他们的余热，并且根据各人的特长和志趣，分别给以适当的任务，他们是完全可以继续发挥作用的。"断层"的此岸并不是一个悬崖峭壁。

另一方面，"断层"的彼岸已经蓄积了一大批人才。"文革"期间毕业的中年教师已经有20多年的教学经验，他们承担了相当繁重的教学任务，大多数熟悉对外汉语教学的特点和教学内容，是胜任的，有的是深受学生欢迎的教师。最近几年，又吸收了一大批高学历的青年教师，他们更是对外汉语教学的希望所在。但是，这些年由于教学规模的扩大，他们都承担了大量的甚至是超量的教学任务，很难有总结、思考、研究的精力和机会。有些青年教师来自非对外汉语教学的语言和文化专业，他们的专业知识和理论有的是对外汉语教学的基础理论的一部分，有的可以丰富我们的教学内容。他们一旦熟悉了教学的特点和要求，把他们的知识和理论融汇为对外汉语教学的有机组成部分，必将起到重要的推动作用。满腔热情地、有成效地把"断层"两边人员的积极性调动起来，"断层"

的裂口并不大，21世纪可以指望有一支数量大、质量高的对外汉语教学的师资队伍。

5. 关于建立办学质量的科学评估制度和实行机构的认证制度

为了保证对外汉语教学的办学质量和引导对外汉语教学的健康发展，可以仿照国家教委对某些外语专业的做法，在调查研究的基础上，逐步建立符合对外汉语教学特点的质量评估制度。评估指标体系可以包括领导力量、师资队伍、学生数量、教学质量、科研成果、图书设备、外事管理和生活设施等方面。对于办学质量稳定的机构颁发证书，对于暂时不合格的机构，可以会同有关领导，逐步帮助解决。把对对外汉语教学的领导具体化、制度化，绝大多数机构是会欢迎的。

关于对外汉语教学进一步规范化的建议[*]

我在1997年国家汉办于南宁召开的"语言教育问题座谈会"上有一个发言，题目叫作《关于对外汉语教学的可持续发展》，里面讲到"但是也不能否认，对外汉语教学从整体上说，还缺乏一个完整的、规范的教学体系"，并建议借鉴我国外语教学的主要语种（如英语）制定统一的教学大纲的做法，制定对外汉语教学的统一教学大纲。在发言的最后又建议"建立办学质量的科学评估制度"。除了这两点以外，这里还想补充一点，即仿照英语专业四、八级（公共英语为四、六级）考试制度，实施对外汉语教学成绩考试制度。归纳起来就是：以科学的教学大纲来规范教学内容，以统一的成绩测试来评估教学质量，以办学质量评估来加强管理，总的目标是促使对外汉语教学进一步走向规范化和科学化。现在各行各业、各条战线都在讲迎接21世纪。我们对外汉语教学从1951年开始，到2000年恰恰是半个世纪。如果我们认真总结这半个世纪的经验，结合当前的教学实际，多方面地加强科学化、规范化建设，必将对21世纪对外汉语教学持续发展起到良好的推动和保证作用。

一、问题的提出

为什么提出这样的建议？这是因为一方面，80年代以来，尤其是80年代中期以来，我国对外汉语教学的规模有了急速的发展。这种形势的出现是我们国家在新时期内综合国力增强、建设事业兴旺发达的必然，是中国的大国地位的标志之一。对于学校来说，接收留学生，开设对外汉语教学是加强国际交流、走向世界的需要。当然毋庸讳言，在相当大的程度上也有内部经济效益的驱动。可以说，对外汉语教学的发展是各方面合力作用的结果。这种合力在本世纪和下个世纪只会加强，不会减弱。另一方面，在如此规模、速度的发展中，我们的教学活

---

[*] 本文原载于《中国对外汉语教学学会第六次学术讨论会论文选》，华语教学出版社，1999年。

动程度不同地显得滞后、不规范。如果说这些年来对外汉语教学的理论研究从经验型走向理论型，取得了长足的进展的话，相对来说，教学活动中的经验型色彩还比较浓重。老师们都在努力探索课堂教学的规律、方法，提高教学质量，这无疑是正确的。但是，从大的方面来说，对外汉语教学应该教什么？各个阶段怎样划分？阶段划分的根据和各阶段的任务是什么？学生的成绩无疑根据他们掌握的知识、技能的水平来评定，但是，不同学校，或同一学校的不同阶段，或同一阶段的不同班给学生打的分各自代表着什么水平？不同阶段的毕业证书、结业证书、学习证明又代表着什么水平？教学管理依据什么？怎样来评价某一学校的办学质量？……所有这些问题有的学校做得好一些，有的学校则苦于无章可循；有章程的学校也缺乏可比性。这些问题都关系到教学质量的提高、新一代师资队伍的建设；不仅是一个学校、单位急需解决的问题，它关系到各学校、单位以共同的标准来互相研讨、交流，并从全国范围内整体上提高对外汉语教学质量、发展对外汉语教学的问题。我个人认为，探索、研讨这些问题，进而建立科学的规范是对外汉语教学适应形势需要，改变滞后状态，保证可持续发展的基本建设。

二、制定对外汉语教学大纲，规范教学内容

2.1 制定对外汉语教学大纲，规范教学内容

2.1.1 首先是课程的设置。我个人认为，任何一个专业的课程体系的设计不应离开人才培养的总目标。人才培养目标决定人才应有的合理的理论、知识、能力结构，理论、知识、能力决定所应开设的课程，也就是"培养目标→理论、知识、能力结构→课程设置"。从对外汉语教学目前的情况来看，在课程设置上存在两个值得注意的问题：一、应该开设的语言、能力课程开设不全；二、课程结构缺乏层次性，或者说，有些课程界线不明。课程开设不全，对我们这样一个实践性很强的学科，必然会影响人才的质量。课程开设不全的原因多半是缺少合适的师资。目前多数对外汉语教学机构程度不同地存在缺乏师资的问题，而外聘的教师多数缺乏第二语言教学的经验，他们往往从母语教学的语文课的模式来类推，比较乐于担任精读课、写作课的教学（当然，这里需要很好把握母语教学和第二语言教学的界线），对于不同阶段的听力、会话等课程的教学比较生疏，所

谓课程开设不全主要就是这类课程。但课程开设不全是个显性的问题，容易受到重视，更值得注意的是课程界线不明。应该看到，培养目标所要求的理论、知识、能力、结构及其相应的课程有的是属于专业范围的，有的是属于非专业范围的，如中国学生的德育和体育要求对任何专业来说，都是十分重要的，但对非政治理论、体育专业来说就不属于专业范围；有些理论、知识、能力是培养专业人才所必要的，但有关的课程却是另一个专业的，如学习文学史必须要有一定的历史知识，但如开设"中国通史"之类的课程却不能说是文学专业的课程，也不能把历史知识过量地掺入文学史课程中去。对外汉语教学的培养目标应该定位在培养汉语教师、翻译、胜任以汉语为工具工作的（与汉语相关的）其他人才。他们应有的理论、知识、能力结构中，包括三个方面，也就是必须开设三类课程。首先是语言技能和交际能力。这就是听、说、读、写各门语言技能和交际能力课程。这是各种类型和阶段的对外汉语教学的主体课程。第二是为适应成年人学习的特点，必须给以一定的语言理论知识；为了成功地进行语言交际，应具备有助于了解中国当今社会的国情知识和有关的礼俗规则；为了日后职业工作的需要，应该给以必要的相关的专业知识。这一类课程都是为当前的学习和日后的工作服务的。第三是作为人才素质的文化知识。一个在中国学习汉语的人要求知道一些中国社会、历史、文化等方面的知识是可以理解的，也应该根据可能开设相应的课程，给予适当的满足。如果对这三类课程的要求、任务和它们之间的界线不明，很容易导致课程体系的混乱和某些课程的教学内容的不规范。如我们看到的出于让学生知道一些中国文学的善良动机，在语言训练的教材中编入了并不适合语言训练的中国近现代文学名著。其实，这既无助于语言技能和能力的提高（在统计课文生词常用率的时候，我们发现这些"兼职"的课文生词的常用率都有所下降，最少的只有 5%），又无助于对有关知识的系统的了解。不如另行开设"中国文学史"之类的课程，以使语言课程和文学知识两类课型各司其职。

  2.1.2　教学内容的规范。对外国留学生汉语教学教什么？多半取决于编写、选用什么教材。教材编写根据什么？看得出来，有些教材的编者有理论的思考，有编写大纲，很有新意。但普遍的问题是雷同，或者从社会生活的不同层面中撷取教材课文的不同素材，除了读一个新的故事以外，也很难看出理论上的创新。我们曾考察过三套中级精读教材。以生词为例，如果把 HSK 词汇大纲作为标准，有一本教材的常用率仅为50%，另两本教材情况较好，生词常用率达到80%左右。但是其中一本生词总量为958，体现中级水平的丙级和丁级词为56.35%，体现初级水平的生词为23.59%；另一本生词总量为692，丙级和丁级词为27.30%，甲级和乙级词为52.89%。也就是说，尽管这两套都是中级教材，但后者的生词总量和词汇等级构成要低于前者。至于教材中语法项目的出现和分布，我们还来不及进行统计，但有一个现象值得注意，就是教材越编越厚，语法讲得太细。我们在为编者唯恐学生了解不全面的负责精神感动的同时，不能不发出呼吁，尽快制定符合教学实际的循序渐进的科学的语法教学大纲！因为缺乏科学的规范，也很容易以非语言教学的标准来代替语言教学标准，如编者会不由自主地以语文的或文学的标准来选用课文。又如在口语教材中，因为没有体现口语特点的语调、口语语法、口语词语等项目的规定，有的就把俚俗不雅的词语和异文化社会成员交际中常常约束使用的句子当作口语的特点。除了语言规则外，作为语言教学规范，还应该包括各项能力训练的指标，如速度和正确率的要求。这方面虽然有一些传统的指标，但在教学中多半是随机应变多于规范化的要求。近年来，日本、韩国学生这样一些来自汉字文化圈的新教学对象跟传统的来自西方文化圈的教学对象在教学规律和学习规律方面有些什么特点还是一块未开垦的处女地，好像还没有提到议事日程上来。

2.2 关于统一的教学大纲的几点设想

一般的教学大纲包括教学对象、教学安排、教学任务和目的、教学内容、教学要求、教学原则、测试，等等，这里我们谈几个问题，即教学大纲要有科学性、规范性和可操作性。先说科学性，包括两个方面。一是认真总结已有的经验。对外汉语教学的近50年的历史，近年来300多所学校的广泛实践，应该说为制定教学大纲打下了坚实的实践基础。值得注意的是，怎样在如此广泛的实践经验中形成共识？英语专业教学大纲的制定过程可作为我们的借鉴。他们从1980年开始举行了多次总体的、专题的研讨会，这个大纲的"说明"中还说，他们在教育部的主持下，在高校中组织了一系列的测试，在分析测试结果的基础上取得了较可靠的数据，进而就基础阶段的任务、阶段划分、课程设置、教材教学内容等进行讨论和研究。这就是说，既有各种会议集纳各种意见，又有科学的

"一系列"测试，使感性的经验上升为理性的认识。科学性的第二方面是要吸收国内外研究的成果，上述大纲 1982 年修订的主要方面就是吸收当代应用语言学、社会语言学、心理语言学和测试研究的成果，这个大纲十分醒目的是有"功能意念表"和"交际能力表"，这正是这些年来很多论著倡导的功能法、交际法所迫切需要的。总之，要制定科学的教学大纲就要努力避免经验型的态度和方法。再说规范性，这里主要是说大纲一经制定、通过，就要予以实施，并以此为标准作为检查、评估教学的重要依据。三是可操作性，也就是规定要具体。举例来说，上述英语大纲的语法项目不仅规定了要讲什么，还规定了讲到什么程度，同一个项目可在不同的阶段做螺旋式的逐步深化；词汇项目不仅规定了词目，而且列出了义项，规定了不同的义项出现在哪一个阶段，而不是词典的搬家。这样，就不致使善良的编者把教材越编越厚，也不致使以不同义项出现的词埋在课文中成为课堂上的钉子。

制定统一的教学大纲是发展对外汉语教学的"重中之重"的基本建设，不仅要组织"精兵强将"，更需加强组织领导和业务指导，避免"放风筝"：找了人，出了钱，飘到哪里算哪里。

三、实施全国性的成绩考试

目前全国有 300 多个对外汉语教学机构，从总体上说，教学质量如何？某一学校的教学质量又如何？对学校来说，自己的教学质量在全国处于什么地位？应该怎么努力？目前还没有量化的评估指标。现在一般的情况是招生、开学、教学、考试、结业，周而复始，凭着各自的责任心和经验去做，质量取决于自身的办学经验、管理水平、师资力量和学生的素质，缺乏整体的激励、监控机制。这种状态既不利于教学质量全面的提高，也不利于某一特定单位教学质量的提高，不利于师资队伍的建设。为了改变这种状况，建议除上面说的制定教学大纲作为教学活动的依据和规范外，可以实行全国性的统一的成绩考试制度。这一考试的目的在于全面检查教学大纲的执行情况，促进教学大纲的贯彻，提高教学质量。同时，这也是评估各单位教学质量、开展校际交流的一种手段。目前英语教学实行的四八级、四六级考试就是这样一种考试，值得我们参考。它每年下学期举行，统一命题，统一阅卷。考试结果有全国平均分、最高校平均分、最低校平均分、某一单位的平均分，某一级别的全国通过率、某一单位的通过率。这样通过跟平均分和平均通过率的比较，就可以知道某一学校的教学质量在全国范围内的地位。此外，还有各考试项目的全国平均分和某一学校的平均分，这样可以知道某一学校不同项目的成绩在全国的地位。如果学校要知道不同班级的成绩，可以利用每个学生的成绩自行进行计算，做出评估。所以，实行这样的考试对全国、对学校，甚至对教师个人都是有益的。可能会造成一些压力，但这样的压力对奋进者来说意味着更高的标准，对满足于现状者来说是一种鞭策。实行全国性成绩考试将为对外汉语教学引进激励机制，强化新陈代谢的过程，从而在对外汉语教学领域中形成生机勃勃的崭新局面。

为了实施这样的考试，必须像制定教学大纲一样，组织专门的班子，研制考试大纲。考试大纲的依据应该是教学大纲。

四、加强对外汉语教学的管理

对外汉语教学除了教学活动以外，还有一个重要的方面，这就是教学管理。加强教学管理同样是发展对外汉语教学的题中应有之义。目前各对外汉语教学单位的管理水平和情况也很不一致，教学管理中偏向于外事管理。外事管理当然十分重要，但不能代替教学管理。这一方面要靠自身的不断探索，另一个重要的方式是加强有组织的信息交流。在日常接触中，我深深感到不少学校非常希望获得外界的信息，学习兄弟单位的做法和成功经验。但是这种交流是自发的、单线的、不系统的。我们不妨也借鉴一下教育部管理外语院校的经验。教育部对外语院校的领导除了其他形式以外，设有全国外语院校协作组会议，每年举行一次，参加者有主管教学的院校长、主管学生工作的书记和教务处长。从1995年开始，为了更深入地研讨教学工作，另外又单设了协作组教务处长会议，也是每年一次。会议由各院校轮流承办。每次会议除了交流一般情况、动态外，都有一两个主题。高教司及其下属的外语处有什么新的设想，也在这样的会上征求意见。除了行政系统外，并设有外语教学指导委员会，他们在教学业务指导、协调方面协助教育部高教司外语处做了不少工作，前面所说的教学大纲和考试大纲就是这个委员会负责制定的。

教育部对直属院校还有一个包括硬件和软件在内的办学评估制度，项目有学校的面积、宿舍、图书资料和图书馆的座位、仪器设备和实验室的面积、经费来源和支出、教师人数和构成、学生情况，以至学校对教学的重视程度等等，不仅有情况，而且有评估的标准、分数。这既是一种了解情况的途径，也是一种督促，有利于学校领导和对外汉语教学机构在办学条件上取得共识。

以上是关于发展对外汉语教学的几点建议，情况也许不全面、不准确，建议也未必都合理，总的一点，是希望对外汉语教学进一步科学化、规范化，在21世纪取得更大的发展，这也是我们作为对外汉语教学工作的"老兵"的一点心愿。

参考文献

国家对外汉语教学领导小组办公室教学业务部编《中高级对外汉语教学论文选》，北京语言学院出版社，1991。

李　杨《中高级对外汉语教学论》，北京大学出版社，1993。

施光亨《关于对外汉语教学的若干议论和思考》，延边大学出版社，1997。

施光亨《关于对外汉语教学的可持续发展》，《语言文字应用》，1997增刊。

《高等学校英语专业基础阶段教学大纲》，上海外语教育出版社，1989。

《高等学校英语高年级英语教学大纲（试行本）》，外语教学与研究出版社，1990。

《高校英语专业八级考试大纲（修订本）》，上海外语教育出版社，1997。

《高校英语专业四级考试大纲（修订本）》，上海外语教育出版社，1997。

教育部（原国家教委）有关教学管理的文件。

祈愿"梦"想成真 *

人都做梦,睡着时或醒着时。我睡着时很少做梦,醒着时却常常做"梦"。睡时的梦,梦境很模糊,醒时的"梦"却大多分明,有时会越来越强烈。自己能使之变成现实的"梦",就努力做;希望大家一起实践的"梦",就变成谈资、变成发言,有机会时就把它变成文章,如《中高级汉语教学呼唤"航标"》(1990年)、《关于对外汉语教学的若干议论和思考》(1994年)、《关于对外汉语教学的可持续发展》(1997年)、《对外汉语教学的科学化和规范化》(1997年)等。

最近几年,我又做着几个"梦"。其中之一就是:对外汉语教学怎样突出汉语的特点?这话有些费解。先举个例子:语素是汉语语言学的一个重要概念,它是最小的音义结合体,是最小的构词单位。在教材和教学实践中(不仅仅是语言专题理论课)适时地、有意识地引进语素这一概念必将对提高学生的词语理解、运用和阅读能力,扩大词汇量大有裨益,将使他们对汉语词、词组和句子结构方式的认识有所加强。(试看某些港台词语,尽管我们初次接触,但从其组成语素中还是能大体明白它们的意思,而某些媒体对词语的误用多半是出于对其组成语素的意思不甚了然。)可是,由于汉语语素的绝大多数都是单音节的,人们很容易把语素仅仅看作是一个音节,并把由它们组成的合成词看作如同很多西方语言中的多音词一样,不再去探究合成词和由它所组成的语素之间的语义联系和结构方式。仅仅看作是音节还是把它们的绝大多数同时看作是语素,对语言研究来说,是个理论问题、认识问题,对语言教学来说,却关系到它内在的信息资源的利用问题,关系到进一步提高教学效率的问题。语素的概念引进国内已有40年的历史了,至今还没有受到对外汉语教学界的充分重视,在教材编写和教学实践中还没有取得应有的地位,这不能不说是一个缺憾。再说汉字,汉字是意音文字,尤其是其中的形声字,它有明确的形旁(表义)和声旁(表音)。这是汉语

---

* 本文原载于张德鑫主编《对外汉语教学:回眸与思考》,外语教学与研究出版社,2000年。

通过其书写符号透露给人们的又一信息资源，是它不同于形音结合的拼音文字的另一特点。尽管由于语言和文字的演变，这种功能有所减弱，但仍不失为中国人认读、理解汉字的一条渠道。能不能适时、适度地把它传授给外国学生呢？我想是可以的。习惯于拼音文字的学生常常把汉字看作是学习汉语的负担，这不能不说与我们现今的汉字教学（不包括汉字专题课）在多数情况下还仅仅停留在笔画的书写和组合上有关。举这两个例子是想说明，汉语有一些西方语言所没有或不突出、不普遍的特点，在他们的语言教学理论著作中、在他们的教学内容和方法中不会重视甚至不会提到这些现象，而对对外汉语教学来说，是不应该忽视的。

其次，在教学理论方面。从60年代初开始，尤其是70年代末以来，对外汉语教学引进了不少语言教学理论。这些理论绝大多数是由西方的教师在西方的文化背景中向西方学生传授西方语言的过程中产生的，这就是说，教师和学生、母语和目的语，乃至文化和思维方式都是西方的。这些理论开阔了我们的视野，拓展了我们的思路。但是对外汉语教学有没有自己的特点呢？又是些什么呢？1996年，蒙陈绂教授盛情邀我参加北师大举办的"对日汉语教学研讨会"，并做了《要重视对日汉语教学的研究》的大会发言。我认为，这不仅是为了提高人数众多的日本学生的汉语教学质量和效率，还因为对日汉语教学有其特殊条件：作为东方人的中国教师在东方文化的环境中向母语也使用汉字的东方学生教授汉语，这就需要认真地观察、调查、发现、总结日本、韩国乃至周边汉字—东方文化圈内的学生学习汉语的特点，结合上述汉语的特殊规律，为在21世纪建立有汉语特色的第二语言教学理论提供独特的经验，使新世纪的对外汉语教学不仅规模更大，而且更有生气，我想这不应该仅仅是一个"梦"。

限于篇幅，再简单说一个"梦"。偏误理论认为，第二语言学习中的偏误来自目的语和母语的干扰。可是我看到的不少具体分析偏误的文章都仅仅停留在指出错误和改正错误上，缺乏原因的分析，更缺乏有利于学生避免那些常见错误的说明。这使教师在偏误面前显得很被动。举个例子说，学生常把"梦见"说成"梦"，这是不是跟英语的"dream"可当动词用有关呢？这样来解释是不是比把它纳入补语这一对学生陌生而复杂的概念更简明、有效呢？由此想到：

一、我们的教材在处理语言规则的时候，能不能分析学生学习中经常出现的偏误的原因，主动地予以化解呢？如上面说到的"梦"。如果打破传统观念，把

"梦"和"梦见"都列作生词，分别释为"n. dream"和"v. dream"，不就可以避免到补语中去纠缠了吗？当然，有些语言现象要复杂得多，需要花一些力气。

二、我们现在的词典多数是帮助读者阅读、理解用的，对外汉语教学工作者能不能编一本兼有帮助学生理解（阅读）和应用（说话、写作）的词典呢？或者先就教材中常见的生词编一本规模小一些的词典或手册之类呢？也省却每本教材都要耗费人力去做翻译生词这一重复劳动。

世纪之交，人们常常有很多"梦"。祈愿大家"梦"想成真。

"对外汉语教学"的由来[*]

"对外汉语教学",顾名思义是对外国留学生进行汉语教学的意思。因为它的教学对象是外国学生,在很长一段时间里,这一名称连同它的主要基地北京语言大学可说是"墙里开花墙外香"——在国外颇有一些知名度,国内却知者甚少。

"对外汉语教学"这个名称出现得比较晚。早期,它被称为"中国语文"。上世纪50年代初,清华大学承担第一批来自东欧国家的留学生汉语教学任务的机构叫"东欧交换生中国语文专修班"。1952年该班调至北京大学后,因为增加了来自亚洲邻国的学生,改名为"外国留学生中国语文专修班"。为支援越南人民抗法战争,1952—1957年在南宁、桂林成立的教学机构先后曾命名为"中文学校""越南留学生中国语文专修班""中国语文专修学校"。1960年北京外国语学院(即今北京外国语大学)接收非洲留学生的机构叫作"非洲留学生办公室"。1962年为来华外国留学生进行汉语教学单独建校时用的名字是"外国留学生高等预备学校"(也就是现在北京语言大学的起始用名)。这些名称中都指明了教学对象是外国人,但其"语文"一词却是借用对中国学生进行母语教学的名称。至于其中的"专修班""预备学校"则是指当时的汉语教学是学生进入专业学习前的预备教学。既然是短期汉语预备教学,难以激发人们的学科、专业意识就是可以理解的了。

上世纪70年代初,我国恢复了在联合国的合法席位,日本、西欧等众多国家纷纷与我建交。随后40多个国家要求向我派遣留学生。国内高校也陆续恢复招生。正是在国内外的这种形势下,北京语言学院(北京语言大学的曾用名)于1972年复校,接着,北京和其他若干省市的高校也先后恢复或开始接收留学生。北语并于1975年试办、1978年正式开设了外国留学生的汉语本科教学。教学规

---

[*] 本文发表于《人民日报·海外版》2002年7月2日;又见《北语记忆——北京语言大学建校五十周年纪念文集》,北京语言大学出版社,2012年。

模的扩大和本科教学的创建为外国留学生汉语教学学科的产生打下了良好的基础。1978 年，北京市的语言学家们以学术的敏感性及时发出呼吁："要把对外国人的汉语教学作为一个专门的学科，设立相应的专业，成立专门的研究机构。"但是，这个学科、专业叫什么，当时只说是"外国人的汉语教学"，没有正式命名。

"对外汉语教学"的名称产生于对外汉语教学学会的筹备过程中。21 个学会发起单位于 1982 年 4 月在北京语言学院举行第一次筹备会。既然要成立学会，首先一个问题就是学科叫什么名字。在此之前，有用"外国留学生汉语教学"的，与会者认为这个名字不像术语，也太长；也有人建议用"汉语作为外语/第二语言教学"，大家觉得翻译味儿太浓，而且"第二语言"不能跟国内少数民族的汉语教学相区别。有人提议用"对外汉语教学"，得到了大家的一致肯定，并且认为这个名称既表明了它和国内少数民族的汉语教学、国外的汉语教学都是汉语作为第二语言教学的共同性，又区别了在教学对象和他们学习、生活环境等方面的不同特点。所以，会议一致同意学会的名称以"对外汉语教学"定性，叫作"中国教育学会对外汉语教学研究会"，后来研究会提升为一级学会的时候，就顺理成章地叫作"中国对外汉语教学学会"。为了便于国际交流，学会的英语译名定为"All China Association for Teaching Chinese as a Foreign Language"。

此后，"对外汉语教学"不仅为业内人士普遍接受，也得到了包括教育领导部门和学术界在内的广泛认同。如《中国教育改革和发展纲要》中说"大力加强对外汉语教学"，国家教委在一个文件中说"发展对外汉语教学事业是一项国家和民族的事业"，著名语言学家王力教授说"对外汉语教学是一门新型的学科"，朱德熙教授说"我们强调对外汉语教学是一个独立的学科。认为对外汉语教学不是一门学问，凡是中国人都能教，这显然是错误的"。

历史上的汉语教学：
向着第二语言教学走出的第一步[*]

中华民族有着悠久的历史。中华民族主体民族汉族的语言——汉语，对增强国内各民族之间的友谊和团结，对中华民族的形成、融合以及统一的多民族国家的形成，曾经发挥过巨大的作用；对外，它是与世界各种文化相互交流、与各国人民友好交往的工具，也是一定历史时期内国际关系的见证。

一

国内各兄弟民族学习汉语的材料，由于时代太久远，已不多见，但我们仍然可以举出这样一个例子：中古时期的西夏，它的主体民族党项族兴于隋唐，1038年建国大夏，1227年为蒙古军所灭，前后190年，地辖宁夏、甘肃的大部分和青海、内蒙古、陕西的部分地区。西夏建国之初，即倡导学习汉族的官制、礼仪、文化。为了培养懂得汉文化的人才，成立了专门的机构——"国学"（汉学）；他们为了学习汉语，编写了汉语、西夏文词语对照手册《番汉合时掌中珠》（1190年，南宋时期）。这是我们见到的中国历史上第一部为第二语言学习编写的双语对照词汇手册。该书编者在"序言"中说，"不学番语，则岂和番人之众；不会汉语，则岂入汉人之数"，还举了个汉人和西夏人相互不了解的例子，说"若此者，由语言不通故也"。编者的编写目的十分明确："和番入汉"。另有一种西夏字书名《要集》的，每个字下注有汉字释义，以及用西夏字标记的汉字读音，也有帮助学习汉语的用途（《中国通史》〔下文简称《通史》〕第六册，P.216）。中华民族的先辈们对语言在文化交流中的作用已经有了相当自觉的认识。

由此，我们还想到，中国历史上不少王朝在中华民族及其传统文化的形成和

---

[*] 本文发表于《海外华文教育》2004年第4期。

发展过程中都做出过不可磨灭的贡献。我们有责任从汉语教育史的角度出发，把考古学家、历史学家们现有的和将来可能搜集到的资料中有关各民族间语言学习的教材、资料认真加以研究，继承历史的遗产，进一步发展汉语教育。

二

就面向世界的汉语教学来说，其历史大体上可分两个时期：明末以前和明末以后。

明末以前，学习汉语的以亚洲各邻国学生为主。其中，唐代以日本学生占多数，另有朝鲜半岛的百济、新罗等国的学生，明代来华学生中以琉球（今属日本）为最多，其次是日本、暹罗（今泰国）、占城（今属越南）、高丽等国；难得的是琉球学生中有女生4人。他们学习汉语的目的，正如日本亲王所说的"吾国虽处扶桑之东，未尝不慕中国"和高丽国王所说的仰慕中华"声名文物之盛"（《明代外国官生在华留学及科考》〔下文简称《科考》〕）。这些国家开展汉语教学的途径有二，一是由中国派去教师，如，据日本史书《古事记》记载：公元285年（西晋武帝年间），王仁东渡日本去教皇太子汉语，带去《论语》10卷、《千字文》1卷。唐代也常派遣有学问的、"善以讲论"的人出使新罗（《隋唐五代史纲》〔下文简称《史纲》〕，P. 243）。更多的是第二条途径，即随同外交使臣来华。中国的史书记载的有：公元608年（隋炀帝时期），日本曾派留学生、学问僧8人随我使者来华。唐代的遣唐使来华则常有伴送或迎返日本学生的职责。有唐一代除唐末内乱时期外，日方派出遣唐使不下13批，每批都有留学生、学问僧多人，仅653年（唐高宗年间）的两批就各有120余人，最多时一次有500人。各国学生成分多为王室和大臣子弟。来华后就读于国子监国子学、太学。明代更为留学生免费提供食宿和四季衣物，并有探亲制度，而对中国教师则严格禁止收受学生礼物（《科考》）。教学内容除了上面提到的《论语》《千字文》等外，唐玄宗礼贤下士，曾要国子监下属四门学的助教去日使者寓所教授儒经。唐、明两代还允许他们参加中国的科举考试，明代更有免乡试、不受名额限制等优惠的明确规定（《史纲》，P. 243；《科考》）。由此我们可以知道，这些外国留学生的学习内容和教学要求与中国儒生无异。他们不少人回国后在政治上，尤其在促进本地区文化、教育的发展上都做出了重大贡献，其中新罗、日本学生回国后分别利用或模仿汉字创制了新罗文字和日本的假名。

除了这些史书有所记载的官派留学生以外，不应忽视的是还有另一种方式：民间方式。这就是元末高丽人汉语学习用书《老乞大》记载的："如今朝廷一统天下，世间用着的是汉儿言语。我这高丽言语，只是高丽地面里行的。过的义州汉儿地面来，都是汉儿言语。有人问着，一句话也说不得时，别人将咱们做什么人看？"这些话生动地描述了他们学习汉语的迫切心情。关于具体的教学活动，书中说，他们进的是"汉儿学堂"，师傅是"汉儿人"，学生中"汉儿、高丽中半"。教材是"《论语》、《孟子》、小学"。每天上午由老师讲课，下午写仿书、对句、吟诗，最后到师傅面前讲书、背书，背得不好就受罚。这里描述的就读学校、教材和教学方法等完全是传统塾学的汉族人语文教学模式。但是，民间交往既有事务性的需求，更涉及社会生活的各个方面，随着相邻地区人员的往来日趋频繁，仅仅学习"《论语》、《孟子》、小学"就远远不够了，于是，就出现了《老乞大》《朴通事》这样的教材。《老乞大》的内容以路途往返、交易买卖为主，《朴通事》则涉及名物制度、风俗习惯、饮食起居、休闲娱乐等诸多方面。《老乞大》《朴通事》是最早的外国（族）人学习汉语的教材。它们的出现，应该说，是对把传统的语文教学模式——至少是教学内容、教材方面搬用到外国（族）人身上的一种挑战。尽管它们满足的只是"下层人"语言交际的需要，也没有资料说明它们曾经为学校所采用，不会受到官方和社会的重视，外国人学习汉语还是以"官学"模式为主流，但是，它却表示了对外国（族）人的汉语教学还存在着另一种需求和方式。反映这种需求和方式的变化发生在明末以后。

三

我们之所以把明末［具体说来是明万历（1573—1620）以后］作为历史上对外国（族）人的汉语教学新时期的起始线，是因为教和学的主体及其教学目的、教学内容、教学方法、教材等等方面，在这以后发生了巨大的变化。明末以后，大批西方传教士、外交官和商人来华学习汉语，成为这方面最为活跃的群体，主导着外国人汉语学习的发展。他们的目的主要是为了传布教义和政治、外交、商业等方面的利益，跟以前仰慕、学习中华文化有很大的不同。耶稣会的范礼安

（1538—1606）说，在中国传教最重要之条件是"熟悉华语"（《西方人早期汉语学习调查》〔下文简称《调查》〕，P. 6），罗明坚（1543—1607）在1583年致耶稣会总会长的信中有言"我为传教非学官话不可"（《调查》，P. 105），又说他学习汉语是"希望将来能为天主服务，使真理之光照耀这个庞大的民族"（《调查》，P. 9）。俄罗斯地近中国，但因无人懂汉语，明末中国皇帝给他们的文书，竟被束之高阁达半个世纪之久（《俄罗斯汉语教学与汉学研究的发端》〔下文简称《发端》〕）。1689年中俄《尼布楚条约》签订前后担任翻译的有法国和葡萄牙的传教士（《通史》第九册，P. 320）。从清人入关直到18世纪初，中俄使团交往都是用的满语和蒙语。但是，出于地缘政治和与西方列强竞争的需要，为了把中国人带到"对耶稣的信仰"（《发端》），他们终于走出了突破性的一步，这就是在原来派遣东正教宗教使团来华的基础上，1728年（雍正年间）签订《恰克图条约》时把中方接受俄罗斯的6名学生来华学习写了进去（《中国大百科全书（简明版）》"恰克图条约"条）。这大概可说是把中国接收外国留学生作为条款写进去的第一个外交条约。英国外交官威妥玛（1818—1895）在他的《语言自迩集》的初版序言中说："本人职责之一，即指导为女王陛下驻中国公使馆录用人员的诸公的学习；……本书主旨是帮助公使馆的见习生，使他们在中国官话上，在书本或公函或公文中阅读的书面语上，尽量少费时间。"从这里我们可以看到，无论是传教士学习汉语、政府派遣留学生，还是外交官编写汉语教材，从明末开始，西方人来华学习汉语的动机和需求同以前以东方国家为主的汉语学习者已经有了很大的不同。可以说，西方人来华学习汉语的高潮是由基督教传教和资本主义势力东进的需要催生的。

  我们注意到，18世纪初，由于天主教耶稣会士要求中国教徒改变祭天、祭祖、祭孔的传统，有些传教士还参与了清政府的内部纠纷等原因，1723年（雍正元年）清政府严禁他们在内地的传教活动，只许在澳门居住。以传教士为主体的西方人学习汉语相对走入低潮，直到1840年，清政府在鸦片战争中失败，重开国门，更多的西方人来到中国，他们学习汉语呈现出又一个更大的高潮。

  我们还注意到，从明万历到清雍正元年（1723）和1840年以后的两个高潮有着不同的热点。我们在下面分别叙述、说明。1723年到1840年这一时期，离开北京的传教士并没有完全停止汉语学习和研究活动，我们把有关的情况列入第一个高潮时期。

四

明末以后，早期来华的西方人也曾以四书五经为教材。法国传教士马若瑟（1666—1736）1728年撰写的《汉语札记》中的记述有一定的代表性。他说，"当我开始我的中文学习时，我得到的是'四书'"，新来的传教士"应该尽最大的努力学习中国的'四书'，就像中国的学童从小就用心学习那样"。

学了《孟子》《论语》《大学》《中庸》（即"四书"）以后，"更高的一级"是《诗经》《书经》《易经》。他认为学习汉语是个"平淡而又漫长的过程"（《调查》，P. 227—P. 230）。但是他们并不能适应这个过程。利玛窦（1552—1610）1582年8月来华，一到澳门就学习汉语，日常的语言交际似乎已能应付，并开始讲道，但是他还是在来华后的第11年即1593年起，开始攻读"四书"。他感慨地说："在老年期又做了小学生。"（《世界汉语教育史国际学术研讨会论文汇编》[下文简称《汇编》]，P. 60）这既是利玛窦的无奈，又是早期的西方人进入一个他们非常陌生的语言环境的必然。罗明坚在澳门学习汉语时曾遭同伴的埋怨："浪费大好时光学习什么中国语言""从事一个毫无希望的工作"（《调查》，P. 6）。最早来北京学习汉语的俄罗斯驻华宗教使团也是"直接以中国古典书籍为教材"。俄罗斯东正教主教公会1742年曾命令宗教使团成员"在北京必须同当地居民自由交谈，以便改善传道方法"。但这个命令无法实现，因为先行来华的宗教使团成员回答说："据说要了解它（汉语），那些在北京住了七年的人都不能做到"（《发端》）。这是罗明坚、俄罗斯宗教使团的尴尬。无论是无奈还是尴尬，这些肩负着特殊使命的西方人必须寻找汉语学习的新的途径。在这里我们似乎听到了敲打汉语作为第二语言学习之门的最早声响。

首先，他们注意到了要完成自身的特殊使命，要尽可能快地达到"同当地居民自由交谈"的水平，必须把精力放在口语学习上。而口语的发音、经常使用的词语的意义和句子的理解，又是这些对汉语知之甚少的西方人必须解决的难题。《利玛窦中国札记》中说："中国话全部是由单音节字组织起来的。中国人利用声韵和音调来变化字义。不知道这些声韵就产生语言混乱，几乎不能进行交谈，因为没有声韵，谈话的人就不能了解别人，也不能被别人了解。"(《调查》，P. 84）马若瑟说过这样一段话："对于初来乍到的传教士们，没有比拥有一部字典更值得令人高兴的了，因为看来这似乎是学习一门新的语言唯一的途径。"他介绍了《康熙字典》《说文》等辞书，但只是为了"有助于日后专心阅读四书"。他已清楚地看到了这些辞书的局限性，在其《汉语札记》中用了很大的篇幅来介绍口语（官话）。他以元杂剧和《水浒传》等白话文著作作为对象，以语法为重点，包括语音、汉字、词语注释等方面，系统地研究了汉语语言规则。他希望这本著作能取代中国传统的辞书（《调查》，P. 224）。第二语言学习的特点是学习者多有明确的目的，有良好的母语能力和知识，有成年人认识、理解语言的能力，等等。而早期学习汉语的西方传教士、外交官在这些方面比起一般第二语言学习者有着更强的优势。他们一旦在一定程度上掌握汉语以后，就势所必然地会以同中国传统的语文研究不同的角度、理论，对汉语进行更为全面、深入的观察和研究。这些研究在明末清初时期的成果主要集中在三个方面：创制了罗马字拼音制式、编写了双语辞书、撰著了语法著作，也就是语音、词汇和语法。罗明坚、利玛窦编纂的以罗马字注音的双语辞书《葡汉辞典》（1583—1588 年编纂），创制第一个罗马字汉语读音方案的利玛窦的《西字奇迹》（1605 年出版），在中国拼音文字运动史上起过重大作用的罗马字注音的利玛窦、金尼阁（1577—1628）的《西儒耳目资》（1626 年出版），西班牙传教士瓦罗（1627—1687）编写的《华语官话语法》（1703 年出版），英国传教士马礼逊（1782—1834）的《华英词典》（1823 年出版），以及上面提到的马若瑟的《汉语札记》（1831 年出版）等等，都编写或出版于这一时期。单就汉语辞书一项，据王立达编译的《汉语研究小史》（1959）的统计，1575—1800 年出现过的就有 65 种之多，流传至今的有 50 种。尽管 1840 年以后，西方人创制的拼音制式多有创新，辞书的数量和质量也有大幅度的提高，对汉语语法的认识进一步深化，但我们仍然可以说，拼音制式的创制、汉外词典和研究汉语语法著作的编写，发轫于这一时期，体现了这一时期的特色。

这一时期来华西方人中的先行者们的研究及其成果不仅在学术史上有其自身的价值，也为汉语作为第二语言教学的形成提供了必要的条件，做了很多基础性的工作。朱德熙先生生前说过，当一名"合格的汉语教师"，首先，"要对现代汉语的语音、词汇、语法有相当广泛、深入的知识"，又说"汉语研究是对外汉语教学的基础，是后备力量；离开汉语研究，对外汉语教学就没法前进"（转引自《对外汉语教学是一门新型的学科》）。我们不妨做一比较：元末明初的《老乞大》《朴通事》虽然"传写诵习"多年，其间出现了多种版本，但它始终只是以课文内容切合使用者的交际需要，区别于传统语文教学使用的教材——四书五经，而没有利用成年人纯熟的母语能力和思维能力，给以语言规则的说明。我们不能苛求于前人。现代语言学在中国土地上还不见踪影的时候，《老乞大》《朴通事》在当时受到的普遍欢迎，还有人为之作"谚解""集览"，就已经很好地说明其价值了。从这一点再来看明末清初时期西方人的汉语研究，就更可以认识它对后来对外汉语教材出现的意义了。

五

先期来华的西方人的汉语研究成果有利于他们理解、认识复杂的、可说是完全陌生的汉语。但是，它们毕竟只是语言学习的工具和知识，而不是严格意义上的以提高语言能力为终极目标的课本、教材。马若瑟在《汉语札记》"绪说部分"中说："我把这本《汉语札记》推荐给他们（指传教士），……（他们）一旦掌握了本书的知识，就完全不需要字典了。"（《调查》，P. 231）他没有说可以用作教材，是很准确的。如果说先期来华的西方人还来不及顾及这些问题，也没有条件提出这些要求的话，1840年鸦片战争后，西方列强一次次地发动侵略战争，清政府屡战屡败，各国使领馆员、传教士和商人等大批来到中国，这些问题就成了必须面对的现实。先行者的学习经历不能在尴尬中重复，他们对汉语的认识和研究成果也为突破传统、走出新路提供了必要的条件。1840年以后，对外国人的汉语教学向着第二语言教学跨出了历史性的第一步。其重要标志就是在这一时期编写了大量教材，其中最富首创精神、影响最大的当数威妥玛的《语言自迩集》（1867年出版）。下面我们就以它及相关的一些材料为例，说明这一时期教材的主要特点。

1. 把所教的语言定位为北京官话口语。如前所说，早期学习汉语的很多西方人多有以古代书面语——四书五经为教材的经历，由于传教、外交等职业和生活的需要，他们又必须学习通行的口语；因居住地等的不同，在口语中有些人学了官话，有些人学了方言。也就是说，早期来华的西方人学习汉语面临着书面语跟口语不一致，以及官话跟方言分歧两大难题。他们曾为此做出过努力，如为了解决前一个难题，他们编写了以口语为基础的辞书、手册和语法著作，采用口语例释和注音。对于官话和方言的分歧，他们早就意识到"官话"在汉语中的特殊地位和作用。罗明坚在1573年致耶稣会总会长的信中说："找一位能教我中国官话的老师非常困难，但我为传教非学官话不可。"（《调查》，P. 105）日本外务省的文件中也说："西洋人之学汉语，数十年刻苦，仍烦其难，因其土语乡谈，到处各异。故不学京话难为庙堂公用之谈。"（《汉语研究小史》〔下文简称《研究》〕，P. 81）正是在这种背景下，威妥玛编写了《语言自迩集》（下文简称《自迩集》）。《自迩集》的贡献和价值之一在于它不仅为口语教学提供了最早的教材，而且是最早定位于教授北京官话口语的教材。正如日本学者六角恒广描述的："那时候可以说，不仅在北京，即使在世界上北京官话的教科书，除威妥玛的这本《自迩集》以外，再也没有了。"（《研究》，P. 86）威妥玛能率先编写这样一本教材不是偶然的。首先，他有作为外交官跟清政府官员和使馆雇员打交道的需要，有在英使馆负责教授海外雇员汉语的经验；更为难得的是，他对北京官话口语在汉语中的地位和作用有着为一般人所不及的认识。他在《自迩集》初版"序言"中说："'官话'不仅是官员和文人的口语媒介，而且也是中华帝国近五分之四的人的口语媒介。""北京话的特征正在不同程度上影响着其他各种官话。"他在书名下面堂而皇之地写下了"专供学习通行于首都和直隶衙门的汉语口语的学生使用"，表示它既不同于传统的四书五经的书面语教材，也不是一本教授其他方言的教材。《自迩集》的出版和被广泛采用对形成并确立北京官话口语在对外国人汉语教学中的地位起到了积极的推动作用。

2. 以课文为核心，把语言规则的说明、讲解跟课文结合起来。《自迩集》的每一单元都编写了课文，所有的中文课文都安排在第一卷；同时又为每一课文的有关词语做了注音、释义和语法说明，它们都按相同的顺序安排在第二卷，既把课文作为语言学习的材料，又使它成为语言规则的载体。《自迩集》的体例有利于把语言规则的教学跟语言应用能力的提高结合起来，协调前进，最终达到提高语言应用能力的目的。这种体例既不同于传统母语教学的《三字经》、《千字文》、四书五经，以至于元末明初最早的外国人学习汉语的《老乞大》《朴通事》等只有课文、不讲（当然也不可能有）语言规则的模式，也不同于仅仅是为了说明语言规则、语言知识的理论著作和辞书，体现了第二语言学习的特点。威妥玛之所以采用这种方法，是因为他认为："目前有一些出于理论目的编写的官话语法专著，程度较高的学生细读之后，可以获益；但我不相信在开始阶段，这些著作，或者我批阅过的任何语法，对掌握口语会有帮助。"（《自迩集》初版序言）他把有益于"程度较高的学生"、"出于理论目的编写的语法专著"跟"在开始阶段"、"对掌握口语（语言能力）有帮助"的教材区别了开来。威妥玛对汉语研究有着很深的造诣，《自迩集》至今被人列为"语言学经典"，认为"有不少超前的研究"，是语言研究的"富矿"（《自迩集》译序）。同时，从上面的这段话里，我们也似乎看到在语言教学中，他已经有了把理论语法跟教学语法相区别的意识。

除以上两点以外，《自迩集》还有如下一些优点：课文内容密切结合日常语言交际的需要，可以说大体上包括了一个外国人在中国生活的各个方面，如从初见寒暄、亲朋往来、孩子学话到官场陋习、家庭伦理等等。为了把生活中的某些情节纳入教材，由著名爱情故事《西厢记》改编来的"践约传（秀才求婚）"甚至编进了张生在船上遇见外洋人并为他们解读汉语字帖、几个外国人在码头围猎打鹿等场景，以至编者不得不在第二版的"序言"中检讨"疏忽"，提醒读者。一本第二语言学习用的教材的实用价值，除了决定于它的语言是否采用当代通行的语言以外，还要看它是否真实地以及在多大程度上反映了所处时代的社会生活的各个方面。六角恒广在批评有的汉语教材脱离社会实际时说得很对："其中看不到表现中国现实的活生生的东西。这种情况意味着中国语教育的停滞。"（《研究》，P. 151）在学习方法上，《自迩集》注意练习和实践，在第三章编进了40个"练习"。关于语音学习，强调"学生从一开始就要每天听老师一遍一遍朗读其中的一部分，他大声跟读，这样才能学好"。在第五章"谈论篇"的课文中提醒学习者要多跟各方面的人交谈："无论他是谁，但凡遇见个会说清话（汉语）的，你就赶着和他说。在有那清话精通的师傅们，也要到他们那儿去学，或是和清话熟悉的朋友们，时常谈论。天天儿看书记话，平常说惯了嘴儿，若照着这么学，至多一两年，自然而然的，就会顺着嘴儿说咯，又愁什么不能呢？""他（指汉语说得好的外国人）也是学会得罢咧，并不是生了来就知道的啊！……咱们只要拿定主意，用心去学，虽然到不了他那个地步儿，料想也就差不多儿咯！"（《自迩集》，P. 215)《自迩集》还十分注意由浅入深的原则，如第三章课文为"散语篇"的词语和单句、第四章"问答篇"的简单会话、第五章"谈论篇"的成段口语、第六章"践约转"的较长篇幅的阅读，课文由易及难，难度逐步提高。

《自迩集》出版后，影响很大。在它的带动下，19世纪末20世纪初，无论是西方人还是日本人，很快编写出了各自需要的汉语教材，今天能看到的在中国出版的名为《汉语教学》的书就在50种以上。其中，影响最大的莫过于日本：明治维新后在驻华使馆学习官话的日本留学生正在为找不到合适的教材而困惑的时候，1876年发现了《自迩集》，他们立即雇人抄录，用作教材。接着又以此为底本，陆续编写、出版了《亚细亚言语集支那官话部》(1879)、《总译亚细亚言语集》(1880)，以及摘编本《新校语言自迩集散语之部》(1880)，通行一时，从而加快了日本的汉语教学从南京官话向北京官话的转变。1881年，日本正式废除南京官话教学，开始了北京话（日语称"中国语"）时期(《研究》，P. 86)。我们还注意到，《自迩集》似乎还直接影响了日本一些汉语教材的编写体例和内容。如六角恒广在其著作中曾设专节介绍的《急就篇》，它从1904年出版到1945年共印制170多版，1952年的时候还在使用。《急就篇》分"单语""问答""散语"等章；除中文本外，另有总译、发音、罗马字等册，这跟《自迩集》的章分"散语""问答""谈论"，卷有中、英如出一辙。更巧的是，《急就篇》和《自迩集》第一个单元都以数词开篇；《自迩集》最长的课文是故事"秀才求婚"，《急就篇》最长的课文也是一个故事，叫"桃郎征鬼"。另外如《燕京妇语》也用了以汉语本文为上册、口语译文为下册的方法。除日本外，俄罗斯著名汉学家波波大（1824—1913）1902年离华返国，在彼得堡大学任教时，也用过《自迩集》(《汇编》，P. 59)。在俄罗斯，它被认为是"迄今（1902）为止"最好的课本。在韩国，近年曾发现它的配套教材《文件自迩集》，证明它也在朝鲜半岛使用过(《自迩集》，译序)。

更加值得称道的是，威妥玛为学习北京官话口语制定了后来被称为"威妥玛式拼音"的汉语拼音法式。这个拼音法式在1958年新中国制定汉语拼音方案前，一直在国际上很多领域内被广泛采用。

六

对外国（族）人的汉语教学，从使用《三字经》、《千字文》、四书五经到编写供外国人学习汉语的专用教材，开始突破母语教学的模式，走出了现代意义上的汉语作为第二语言教学的第一步，经历了漫长的历史。在这一过程中，虽有时也有中国知识分子参与其间（如王征参与金尼阁《西儒耳目资》的编写，威妥玛在《自迩集》的序言中提到受中国文人的协助），但可以说，绝大多数都以西方人为首创和主力。这是为什么呢？我们认为，第一是需要。早期来华的西方人都肩负着传教、政治、外交和商业等迫切的特殊使命，这种使命不允许他们像中国儿童学母语一样接受费时甚多的教学。其次是可能。他们都有较高的母语能力和知识，其中不少人都有学习其他外语的经验，对汉语不同于西方语言的特殊性有独特的敏感和认识。需要是科学发展的动力，可能是取得成就的条件。这二者是以汉语为母语、在传统的母语教学环境中成长起来的当时的中国知识分子所不具备的，而早期来华的西方人恰恰是凭借着这些条件，开始了向汉语作为第二语言教学的过渡。为了说明这一点，我们可以举出日本的汉语教学做一比较。日本人学习汉语要比西方人接触汉语早一千年左右，他们为什么没有走出这"第一步"呢？日本汉学家六角恒广在他的《日本中国语教育史研究》中多处说到，日本的汉语教学"发音教学没有理论，靠硬记教师的发音……也没有语法教学，对文章没有语法上的说明，只用汉语训读法解释"（P. 296）；"（教材）既没有发音符号，也没有辞书、语法，完全靠教师"（P. 69）；"没有立足于音声学或音韵论的发音教育，也没有语法的解释，教师以此为满足，学习者亦未对其发生疑问。在这种情况下，科学地研究和学习中国语的态度，没有产生的基础"（P. 2）；"中国语的汉字，使他们（早已熟悉汉字的日本汉语学习者）把中国语作为外语看待的意识淡薄了"（P. 296）。习惯于这种"汉文训读主义"方法的日本汉语教学不可能产生前进的动力和成就的条件，它很难迈上现代第二语言教学的路子也就是可以理解的了。这种情况一直持续到来华留学生发现威妥玛的《语言自迩集》后，日本的汉语教材和汉语教学才出现了新的气象。

世界汉语教学作为第二语言教学的一个正式学科，它的形成和发展是在1949年以后的中国，中国的对外汉语教师为此做出了巨大的贡献，不过这已经是另一个话题了。

[说明：作者2004年曾在于澳门举行的"世界汉语教育史国际学术研讨会暨世界汉语教育史研究学会成立大会"上就对外国（族）人的汉语教学做过大会发言，本文即据此做较大修改而成。]

参考文献

①张西平等：2003，《西方人早期汉语学习调查》，中国大百科全书出版社。

②李逸津：2004.3，《俄罗斯汉语教学与汉学研究的发端》，《天津师范大学学报》。

③黄明光：1995.3，《明代外国官生在华留学及科考》，《历史研究》。

④六角恒广著，王顺洪译：1992，《日本中国语教育史研究》，北京语言学院出版社。

⑤张海英：《利玛窦对汉语的学习与认识》；张方：《从〈俄汉合璧字汇〉看俄国防大学9世纪汉语教育的词汇和语音教学》，见《世界汉语教育史国际学术研讨会论文汇编》，澳门，2004。

⑥史红宇：《从教材看历史上来华外国（族）人的汉语教学》，待刊。

⑦王利达编译：1959，《汉语研究小史》，商务印书馆。

⑧倪海曙：1950，《中国拼音文字运动史简编》，时代出版社。

⑨威妥玛著，张卫东译：2002，《语言自迩集》，北京大学出版社。

⑩鲁健骥译：《语言自迩集·序言》。

⑪（西夏）古勒茂才：1190，《番汉合时掌中珠》，该书复印本。

⑫刘坚、蒋绍愚主编：1993，《老乞大》《朴通事》，见《近代汉语语法资料汇编——元代明代卷》，商务印书馆。

⑬官导大八：《官话急就篇》（汉语本），（日）文求堂书店，1942年改订52版，另：总译本、罗马字本、发音本。

⑭1992，《燕京妇语》，（日）好文出版株式会社。

⑮1995，《中国大百科全书（简明版）》，中国大百科全书出版社。

⑯范文澜、蔡美彪等：《中国通史》，人民出版社。

⑰韩国磐：1979，《隋唐五代史纲》，人民出版社。

⑱施光亨：1994，《对外汉语教学是一门新型的学科》，北京语言学院出版社。

新中国对外汉语教学 40 年大事记 *

1950

1月　捷克斯洛伐克共和国和波兰人民共和国政府分别向我国提出交换留学生。

6月25日　我国政府召集会议，决定除与捷、波两国互换留学生5名外，另向罗马尼亚、匈牙利、保加利亚、朝鲜民主主义人民共和国等国提出各交换留学生5名。

7月　清华大学筹建东欧交换生中国语文专修班。这是我国第一个专门从事对外汉语教学的机构。该校教务长、著名物理学家周培源教授被任命为班主任，周先后聘请邓懿、吕叔湘、李广田等人协助负责该班工作。至1952年9月下旬该班调入北京大学止，陆续参加该班教学工作的教师有：邓懿、杜荣、冯忆罗、钟梫、陈承运、熊毅、傅惟慈、焦庞颙、王还、张维、郭良夫、许维翰、赵淑华、杨玉秀、吉文焘等。

12月1日　新中国第一批外国留学生——罗马尼亚学生5人抵达清华大学报到。此后，东欧其他国家的学生也陆续抵京。

1951

年初　清华大学东欧交换生中国语文专修班正式上课。该班共有东欧留学生33名。教材根据赵元任教授在美国使用的《国语入门》改编而成，采用威妥玛拼音字母。改编工作由邓懿担任。

---

* 本文发表于《世界汉语教学》1990年第2期至第4期。作者为施光亨、杨俊萱。

1952

9月25日　北京归国华侨学生中等补习学校开学。对海外华侨、华人、港澳台同胞进行汉语教学是它及以后成立的各侨校的重要教学内容。

9月28日　在全国高等学校院系调整工作中，清华大学东欧交换生中国语文专修班调整到北京大学，改名为北京大学外国留学生中国语文专修班。该班共有教师12人，有来自东欧各国、朝鲜、蒙古的学生77人。

12月　越南政府在我国广西南宁创办育才学校，下设一所中文学校。有近30名中国教师在该校担任汉语教学工作。

本年　根据政府间的协议，朱德熙等人分别赴保加利亚、朝鲜教授现代汉语。这一年是我国解放后向国外派遣教师教授汉语的开始。

1953

7月　《中国语文》刊载在北京大学外国留学生中国语文专修班任教的周祖谟教授的《教非汉族学生学习汉语的一些问题》一文。这是我国对外汉语教学的第一篇论文。

9月　为接待越南政府派遣的257名留学生来华学习，在广西桂林开办越南留学生中国语文专修班。

9月　北京大学外国留学生中国语文专修班制订了来华留学生汉语教学的第一个教学计划。计划指出：外国留学生汉语教学的要求是掌握汉语的基本知识，具备运用汉语听、说、读、写四方面的基本能力，为升入我国高等学校学习专业打下语言基础。计划规定，学习文史专业的学生学习汉语2年，其他专业学生学习汉语1年。

11月24日　高等教育部发出《关于派赴苏联、东欧各兄弟国家中国语文教员的规定》，对有关派出教师的条件、管理工作等事项做了规定。

本年　集美归国华侨学生中等补习学校创建。

本年　我国首次向苏联、德意志民主共和国、波兰派遣汉语教师。

* * *

50年代初，解放前即对驻京外交机构人员进行汉语教学的汉语教师继续以个人名义在驻京外交使团（主要是西方国家）进行教学工作。教师人数不少于8人。

1954

9月　桂林的越南留学生中国语文专修班改为桂林中国语文专修学校，同时接收了一批朝鲜留学生。

本年　广州归国华侨学生中等补习学校创建。

本年　我国首次向蒙古、捷克斯洛伐克派遣汉语教师。

1955

1月　《中国建设》杂志英文版开辟"中文月课"栏目，这是我国刊授汉语教学的开始。

10月25日—31日　中国科学院在北京召开现代汉语规范化问题学术会议。北京大学外国留学生中国语文专修班教师郭良夫、邓懿参加了会议，邓懿在会上发表了《外国留学生学习汉语遇到的困难问题》的论文。

本年　我国首次向匈牙利、越南派遣汉语教师。

1956

2月　本月1日《汉字简化方案》的《汉字简化第一表》开始推行。16日《汉语拼音方案（草案）》公布。北京大学外国留学生中国语文专修班即在汉语教学中推广、试用，取得了良好的效果。

4月8日　《人民日报》发表金德厚、张维的文章：《外国留学生看汉语拼音方案》。文章表明：在外国人汉语教学中使用拼音方案受到了他们的欢迎。

7月　设在南宁的越南育才学校所属中文学校停办，部分教师调入北京大学外国留学生中国语文专修班，另有一些教师调至桂林中国语文专修学校。从1952年底到1956年，该校共培养越南学生500人。

10月　厦门大学创办华侨函授部。1957年，该部开设中国语文专修科。1960年，增设中国语文进修班。1962年，该部更名为函授部。

本年　原来分散从事外交人员汉语教学工作的教师归口由本年成立的外交人员服务处统一管理。1962年4月，该服务处扩大为服务局，有汉语教师20人。

本年　我国首次向罗马尼亚派遣汉语教师。

1957

7月　桂林中国语文专修学校停办，部分教师调入北京大学外国留学生中国语文专修班。

12月15日　《光明日报》发表北京大学外国留学生中国语文专修班教师邓懿的文章：《用拼音字母对外国留学生进行汉语教学》。文章介绍了该班试用《汉语拼音方案（草案）》的情况和成功经验。

1958

1月10日　周恩来总理在中国人民政治协商会议全国委员会举行的报告会上做《当前文字改革的任务》的报告。报告在谈到汉语拼音方案的用处时指出："汉语拼音方案可以帮助外国人学习汉语，以促进国际文化交流。"报告说："北京大学的外国留学生专修班采用了汉语拼音方案的第一个草案进行教学，很有成效，说明汉语拼音方案在这方面有很大的优越性，汉字和注音字母是远不能跟它相比的。外国朋友学会了汉语之后，可以仍然依靠这套拼音字母作为注音工具，再进而学习汉字汉文，也一定可以比没有拼音字母容易得多。"

9月—10月　北京大学外国留学生中国语文专修班编写的《汉语教科书》（邓懿、钟梫、马欣华、许德楠等）俄语译释本由时代出版社出版。这是新中国第一部正式出版的供外国人使用的汉语教材。它的编写原则反映了当时对语言教学理论和方法的认识：重视语言知识的传授；语言技能上，听说读写全面要求，综合训练；教学内容上，语音部分以音素为纲，以后则以语法为纲；语法分析以句子为中心，重视结构形式。它对后来对外汉语教材的编写有着重要影响，尤其是它的语法部分，为对外汉语教学语法奠定了基础。此后，该书英、法、德、西、日、印度尼西亚、印地、缅甸等语言的译释本陆续出版。

本年　我国首次向埃及派遣汉语教师。

1959

本年　我国首次向伊拉克派遣汉语教师。

1960

9月　为接待大批来华的非洲留学生，北京外国语学院成立非洲留学生办公室，专门负责对非洲留学生的汉语教学工作。第一年共接收200人左右。

1961

7月25日　教育部决定北京大学外国留学生中国语文专修班调整到北京外国语学院，与该院的非洲留学生办公室合并，成立外国留学生办公室，并做独立建校的准备。此后北京大学的外国留学生汉语教学由留学生工作办公室下设的汉语教研室承担。

9月　从11所高等学校中文系选拔的35名应届毕业生，作为出国汉语教学储备师资，开始在北京外国语学院和北京大学进修英语、法语、西班牙语和阿拉伯语；学习期限3年。同时，还从外语专业的毕业生中选拔了若干名出国师资。此后，为适应我国对外文化交流活动进一步发展、越来越多的国家聘请我国教师任教的形势，高等教育部决定除继续选派在职教师外，同时要积极培养既有汉语专业知识，又有一定外语水平的教师，轮流出国任教；并对1962—1964年出国汉语教师的培养做了安排。

本年　我国在校外国留学生总数为471人。1961年以前，我国共接收外国留学生3150人。

1962

4月　北京广播电台（1978年5月1日改名为中国国际广播电台）在日语广播中开办《汉语讲座》。这是我国在对外广播中开设汉语教学节目的开始。

6月　国务院文教办公室批准，在北京外国语学院外国留学生办公室和出国留学生部的基础上，创建外国留学生高等预备学校。10月1日，该校正式成立，此后我国对外汉语教学有了独立发展的基地。

7月28日　北京广播电台在英语广播中开设汉语教学节目《学中国话》。

9月　从有关综合大学和师范院校中文系毕业生中选拔出来的第二批38名出国汉语师资在北京外国语学院进修英语、法语和西班牙语。

9月　外国留学生高等预备学校派出调查小组到北京大学了解汉语学习结业的外国留学生在理科各系学习的情况。该小组回校后写出了《我校1962年结业留学生在北京大学学习情况调查报告》。

本年　我国首次向尼泊尔派遣汉语教师。

1963

9月　第三批33名出国汉语师资在北京外国语学院进修英语、法语。

9月　外国留学生高等预备学校派出调查小组到清华大学调查外国留学生在工科各系学习的情况，写出了《我校1963年结业外国留学生在清华大学学习情况调查报告》。根据以上两个关于留学生在北大、清华学习情况的调查报告，针对他们入系学习所遇到的困难，外国留学生高等预备学校做出了加强听读训练和教学的针对性、编写专门教材和工具书等决定。

11月　越南民主共和国驻华使馆代表越南政府为在原南宁育才学校附属中文学校和桂林中国语文专修学校工作的教师和干部颁奖。陈亮、唐翰斌、姚庆震、程美珍、郑玉等获三级劳动勋章，胡炳忠、李景惠、陆世光、马欣华、田万香、贾守义、林筱安等获友谊徽章。

本年　苏联汉语教师代表团来外国留学生高等预备学校访问，并与部分教师座谈。

本年　我国首次向柬埔寨派遣汉语教师。

1964

6月5日　高等教育部向国务院呈送了《关于外国留学生高等预备学校的发展方向和校舍、校名问题的请示报告》。报告提出，外国留学生汉语教学分两种学制：进入专业学校前的汉语预备教育，学制1—2年；专门学习或进修汉语，学制3—4年。报告提出该校同时承担出国教师的外语培训任务。报告建议该校改名为北京语言学院。

8月　外国留学生高等预备学校成立以培养出国汉语师资为主要目标的出国师资系。该系除对从有关各校中文系应届毕业生中选拔的出国汉语教学师资进行外语培训外，同时招收四年制大学本科生，学习汉语和外语。1965年改名为外语系，外语培训对象和本科生培养目标改为出国理工师资和外语师资。

9月　开学以后，外国留学生高等预备学校的课堂教学不再借助翻译，全部直接用汉语进行教学。

9月　外国留学生高等预备学校接收学习翻译专业的巴基斯坦学生。此前，1962年—1964年，曾有索马里学生专门学习汉语。索、巴学生的学习均已突破汉语预备教育的范围。

9月　开学后，外国留学生高等预备学校着手编写专供准备学习理工专业的学生使用的汉语教材：《基础汉语》和《汉语读本》（李景蕙、吕必松、赵淑华等）；前者于1965年编就试用。

11月　《汉语教科书》的后续教材《汉语读本（英语解释本）》（朱祖延、陆世光、钟梫等）第一册由商务印书馆出版。全书6册，第二册于1965年11月出版，其余4册因"文化大革命"未能问世。该书课文均经缩写、改写或删节，篇幅和生词量都有严格控制。

12月　美国友好人士埃德加·斯诺至外国留学生高等预备学校访问，对该院的课堂教学表示了很大的兴趣。

本年　我国向古巴、法国首次派遣汉语教师。

1965

1月　国务院批准高等教育部1964年6月5日的请示报告，外国留学生高等预备学校正式更名为北京语言学院。迄今为止，它是我国唯一一所以教外国人汉语为主要任务的高等院校，也是我国对外汉语教学与研究的重要基地。

2月　中国科学院院长郭沫若应北京语言学院的请求为该院题写校名。

5月23日　高等教育部正式答复越南民主共和国政府，同意越方提出的于本年8月间派遣2000名高中毕业生到中国学习的要求。

5月　以藤堂明保为团长的日本中国语研究者教育者代表团访问北京语言学院。

6月　由北京语言学院院长王亦山提议，钟梫执笔，该院来华留学生部汉语教研室在广泛座谈的基础上，写出了《十五年汉语教学总结》(油印，1979年《语言教学与研究》试刊第四集发表)，从教学特点、要求、原则、教材编写和教学法等方面总结了1950年以来15年的教学经验。

7月11日　周恩来总理指示高等教育部：在中国毕业的外国留学生，都要由高等教育部直接授予证书，证明相当外国的相应学位。高等教育部为此起草了试行办法。后因"文化大革命"开始，未能实行。

7月　高等教育部委托北京语言学院为准备承担越南留学生汉语预备教育的学校举办师资培训班。该院教师总结了十多年的教学工作经验，为培训班提供了20多种资料。这个培训班对当时和以后的对外汉语教学的建设产生了重要的影响，参加培训班的教师中不少人成了各校对外汉语教学的最早的重要骨干。

9月　2000名越南留学生开始学习汉语。承担他们的汉语预备教育的有北京语言学院、北京大学、中国人民大学、北京师范大学、中央民族学院、北京师范学院、南开大学、河北大学、天津师范学院、吉林大学、辽宁大学、吉林师范大学（即东北师范大学）、南京大学、南京师范学院、复旦大学、华东师范大学、同济大学、上海师范学院、杭州大学、武汉大学、华中师范学院、西北大学、陕西师范大学等23所，我国从事对外汉语教学的高等学校由此而数量大增。在此以前，中国人民大学、南开大学、南京大学、武汉大学、吉林大学、西南师范学院、复旦大学、山东大学、北京钢铁学院、天津大学、东北师范大学、中山大学、西安公路学院、中山医科大学、北京体育学院、华东水利学院、华东纺织学院、无锡轻工业学院等校都先后招收过外国留学生，开设了汉语课。

9月　为交流各校教学情况和经验，高等教育部决定由北京语言学院创办《外国留学生基础汉语教学通讯》，内部发行。这是我国对外汉语教学的第一个专业刊物。该刊共出了12期，至1966年6月，因"文化大革命"开始而停刊。

本年　我国在校留学生共3312人。从1962年至1965年我国共接收外国留学生3944人。1957年至1965年由厦门大学函授部招收的汉语函授生共5879名，遍及25个国家及地区。

本年　我国向印度尼西亚派遣汉语教师。

1966

7月2日　因各高等学校正在进行"文化大革命",高等教育部通知我国各驻外使馆:将接收来华留学生的工作推迟半年或一年。

9月19日　高等教育部向各国驻华使馆发出《备忘录》:"从现在起,在华外国留学生、研究生、进修生,回国休学一年。""这些留学生返华学习的具体时间,届时将另行通知。"绝大多数外国留学生陆续回国,我国停止接收外国留学生达7年之久。

此后,侨校系统、广播系统、函授系统的汉语教学也先后中断。

1967

7月2日　国务院同意教育部停办出国师资班。

本年　我国向老挝、阿尔巴尼亚、巴基斯坦派遣汉语教师。

1968

3月6日　陈伯达、江青在北京红卫兵的集会上诬陷北京语言学院为"黑学校"。

6月　"文化大革命"开始后在北京语言学院继续学习的越南、哥伦比亚、伊拉克、美国、日本等国近40名留学生全部回国。我国外国留学生汉语教学工作完全中断。

1969

本年　我国首次向马里、刚果派遣汉语教师。

1970

7月26日　周恩来总理写信给外交部,信中说:"有文件报告和批示证明北京语言学院并非黑学校。"从而推倒了陈伯达、江青强加给北京语言学院的诬陷不实之词。

8月10日　北京市革命委员会文教组向北京语言学院传达周总理致外交部的信件。

本年　我国首次向阿拉伯也门共和国派遣汉语教师。

1971

4月—10月　4月，全国教育工作会议举行，会议决定了现有高等院校的调整方案。8月13日，中央同意该调整方案。10月，北京市革命委员会宣布撤销北京语言学院，教职员工并入北京第二外国语学院。

夏季　为应国外教学的急需，当时主管外国人汉语教学的对外经济联络部成立了由北京语言学院、北京大学和南开大学教师组成的编教组（吕必松、李忆民等），编写供国外使用的汉语教材。在周总理"速编速运"的指示下，《基础汉语》（赵淑华、王还等。上册，1971；下册，1972）和《汉语读本》（许德楠、张维等。上、下册，1972）迅速编成，并由商务印书馆出版。《基础汉语》的特点是突出语言教学的实践性原则，以典型句体现语法规则。

9月　外交人员服务局的汉语教师成立汉语教员组；时有教师28人，学生（来自27个国家、地区和国际组织的使团）150人。此后，1973年9月改名汉语教研组；是年有教师51人，学生（来自52个使团）240人。1981年9月扩建为汉语教研室，是年有教师54人，学生（来自149个使团）320人。机构和名称的变化，标志着外交人员汉语教学工作的发展和人们对这一工作重要性的进一步认识。

1972

年初　对外经济联络部主持招收的125名出国师资分别在北京大学、北京第二外国语学院、南京大学、山东大学和上海外国语学院进行外语培训，1973年8月，所有这些学员转到复校后的北京语言学院外语系学习。

6月　北京铁道学院（北京交通大学前身）接收坦桑尼亚和赞比亚200名学习铁路运输专业的留学生。为对这些学生进行汉语预备教育，该校成立了汉语培训班。

10月—11月　随着我国和世界各国外交关系的发展，先后有近40个国家通过外交途径正式要求向我国派遣留学生。许多因"文化大革命"中断学业回国的外国留学生纷纷要求复学。10月18日，周恩来总理批示，同意恢复北京语言学院。11月2日，国务院科教组和北京市委负责人宣布恢复北京语言学院的决定。复校后的任务为：负责来华留学生的汉语预备教育、出国师资的培训等。

  本年 北京大学、北京体育学院恢复招收外国留学生。

  本年 我国首次向意大利、斯里兰卡派遣汉语教师。

1973

  2月19日 1972年中日恢复邦交后，北京广播电台的日本听众强烈要求重开"文化大革命"期间停播的汉语教学节目。该台根据周恩来总理指示，本日重新开办《汉语讲座》。至1988年3月，已办初级讲座17期、中级讲座7期、微型讲座3期，出版教材7种，累计发行量40多万册。

  7月19日 国务院科教组转发国务院批准的《关于1972年接受来华留学生若干问题的报告》。《报告》提出：从本年起恢复接收外国留学生。留学生来华后，一般先学习一年左右汉语，然后视汉语能力，转入专业学习。

  9月 复校后的北京语言学院开学。这学期共接收了42个国家的383名留学生。其中，学习文科专业的日本和英、法、意、加、联邦德国、北欧国家等西方世界学生人数明显增加。这一情况标志着新形势下来华留学生专业方向和国别构成的新变化。

  9月 开学后，北京语言学院在阿尔巴尼亚学生班进行直接用汉字教语音和汉字教学提前的试验，获得满意的效果。

  本年 我国首次向芬兰、阿尔及利亚派遣汉语教师。

1974

  9月9日 毛泽东主席为北京语言学院题写校名，为在当时形势下发展对外汉语教学事业增添了新的动力。

  本年 复旦大学、天津大学、西安公路学院、华东纺织学院（中国纺织大学前身）、上海医科大学恢复招收外国留学生。

  本年 我国首次向墨西哥、丹麦派遣汉语教师。

1975

5月　北京语言学院就外国留学生四年制现代汉语专业的培养目标、教学内容、课程设置以及教学方法等进行了研究，拟定了教学计划，并于9月开始试办现代汉语专业。

5月—6月　全国辞书编纂规划会议在广州举行。北京语言学院承担了主要为外国人学习汉语使用的汉外词典的编写任务。此后，《简明汉英词典》（1982年9月）、《简明汉西词典》（1983年12月）、《简明汉日词典》（1985年1月）、《简明汉朝词典》（1986年4月）、《简明汉阿词典》（1988年1月）（以上均由商务印书馆出版）、《简明汉法词典》（1988年2月；知识出版社）陆续出版。《简明汉越词典》编就待出。这些词典的汉语编辑负责人为钟梫。

8月　上海市外国机构人员服务处开展对外汉语教学工作，为外国驻上海总领事馆和新闻机构的官员及家属开设汉语、艺术、英语等课程，时有教师10人、学生约20人。据统计，1975年至1990年5月共教授20多个外国机构的学员约400人；1990年有教师25人、学生50人。对外汉语教学机构名为对外汉语教研室。

9月　开学后，北京语言学院进行汉语教学分设听说和读写两种课型的试验，即从语言技能训练出发，组织教学内容。试验证明，实行这一方法，学生的听、读能力有了较大的提高。

10月　北京语言学院复校后继续编写的1972年版《汉语读本》的第三册出版。第四册1976年12月出版。

本年　华东水利学院（河海大学前身）恢复招收外国留学生。

本年　我国首次向澳大利亚、南斯拉夫、伊朗、瑞士派遣汉语教师。

1976

8月9日　北京广播电台英语广播恢复1966年7月25日停播的《学中国话》节目。至1988年4月，该节目共办12期，每期两三千人。

12月4日　国务院批准教育部、外交部《关于1977年接受和派遣留学生计划的报告》，提出1977年按1976年的数量，接收来华留学生500名。

本年　中国医科大学、吉林工业大学开始接收外国留学生。

本年　我国首次向英国派遣汉语教师。

1977

1月　北京语言学院复校后新编的《汉语课本》一、二册（李德津等）由商务印书馆出版（三、四册曾在校内铅印使用）。其特点是在语流中教语音，引进句型教学的方法，语法仅做必要的注释，不做系统的讲解。这些对后来的教材编写产生了影响。

2月　北京语言学院学报《语言教学与研究》试刊第一集问世。

12月17日　国务院批准教育部、外交部的报告，决定从1978年起，凡来我国大学学习的留学生，要缴高中毕业证书，提供高中学习成绩单。

本年　南京大学、无锡轻工业学院恢复接收外国留学生。

本年　我国在校留学生为1217人。1972至1977年共接收留学生2266名。

本年　我国首次向奥地利、突尼斯，重新向埃及派遣汉语教师。

1978

3月　北京语言学院来华留学生一系主任吕必松在北京地区语言学科规划座谈会上提出，应当把对外国人的汉语教学作为一个专门的学科，设立相应的专业，成立专门的研究机构。这一意见得到与会者的支持，写入座谈会纪要。

4月17日　国务院批准恢复暨南大学、华侨大学招收海外华侨、港澳台同胞和外籍华人学生。

6月1日　教育部、国务院侨务办公室决定恢复1968年撤销的广州华侨学生补习学校。12月28日该校举行开学典礼。鉴于华侨、华人青少年学习中国语言文化的愿望，1982年该校增办中国语言文化学校，开设汉语基础班、汉语专业班、短期汉语班；两校统一领导，分开教学。

暑期　北京语言学院接收法国28名短期学习汉语的留学生。这是我国举办短期汉语教学的开始。

9月　北京语言学院为外国留学生开设的以培养汉语教师、翻译和汉语研究人员为主要目标的现代汉语专业正式招生，学制为4年，毕业后授予学士学位。

9月　开学后，北京语言学院进行加强听力和阅读教学的试验，取得了令人鼓舞的效果，并为以后按语言技能划分课型的路子提供了依据。此次试验使用的教材即1986年正式出版的《初级汉语课本》。

10月　福建集美华侨学生补习学校复校。1980年开设对外汉语教学。1982年6月建立中国语言文化学校，设有各类汉语班。

本年　辽宁大学和南京工学院恢复或开始接收外国留学生。

本年　我国首次向毛里求斯派遣汉语教师。

1979

1月8日—19日　外国留学生工作会议在北京举行。会议指出今后接收外国留学生要把好接收关和汉语关，严格执行教学管理制度，建立学位制度，解决好以教学工作为中心的问题。

1月　北京语言学院来华留学生二系为现代汉语专业二、三、四年级编写的教材《文选》（一—六册）陆续印行、使用。

3月29日　教育部、外交部联合发出《关于1979年接受外国留学生的通知》。《通知》规定：自本年起，来华留学生原则上按照我国目前的高等学校招生考试水平进行考试，不合格者，一律不予录取。

9月　北京语言学院学报、对外汉语教学的学术性刊物——《语言教学与研究》（季刊）正式创刊，在国内外公开发行。该刊受到了对外汉语教学界和语言学界的普遍重视，被认为是"中国主要语言研究刊物"。

11月　北京市外国企业服务总公司及下属的为外企的外国人及其家属进行汉语教学的汉语部同时成立。至1989年底，有教师20人，兼职教师100人，学员450人。

本年　北京外国语学院、东北师范大学及北京对外经济贸易大学恢复或开始招收外国留学生。

本年　共有77个国家的1300多名外国留学生在我国40所高等学校学习。

本年　我国首次向加拿大、比利时派遣汉语教师。

1980

5月　我国主要的汉语函授机构——厦门大学函授部恢复。1981年更名为海外函授学院，并于年初开办对外汉语教学班。此后8年间，该院共招收中文科学生1947人，分布于36个国家和地区。

7月　北京语言学院李培元、任远、赵淑华等编写的《基础汉语课本》（英语译释本）由外文出版社出版（一——四册；《续编》于1982年出版）。这套教材努力汇集以往各套教材的主要优点，初步摆脱了"文化大革命"中"左"的影响，语法讲解系统简明，针对性强，练习量大，是按语言结构编写的最成熟的、进行多种语言技能训练的综合教材，为国内外广泛采用。此后，该书陆续出版了法、西、德语译释本，日本出版了日语译释本。

8月12日—20日　根据中美两国教育部协议，两国汉语教学界的20余名教师和专家在北京举行第一次中美汉语作为外语教学学术讨论会。中美双方共提交论文18篇。中国代表来自北京语言学院、北京大学、南京大学、复旦大学、中山大学等5所高等学校及有关科研机构，北京语言学院副院长张道一为首席代表。会上，有的代表建议我国成立对外汉语教学的专业学术团体。

8月　暨南大学成立汉语中心，1983年8月该中心为系一级机构，1984年4月更名为对外汉语教学系。

11月11日—15日　教育部外事局主持召开的外国人短期汉语学习班座谈会在南京大学举行。出席会议的有有关领导部门和24所高等院校的代表。外国人短期汉语教学自1978年北京语言学院首次开班以来，三年中有了很大发展，1980年已有12所学校举办这类学习班，学生700人，来自16个国家。会议总结了经验，并对今后的工作做了安排。会上，一些代表建议加强学术交流，成立全国性学术团体。会后不久，全国性学术团体的筹备工作开始进行。

本年　南京大学邱质朴编著的《说什么和怎么说？》在校内使用（1985年夏校内铅印），这是最早的纯功能方式的汉语教材，对开展汉语功能语法的研究进行了有益的探索。

本年　北京师范大学、南开大学、华东师范大学、山东大学、中山大学、北京钢铁学院（北京科技大学前身）及暨南大学、四川师范大学、安徽大学、天津外国语学院、华中理工大学、哈尔滨师范大学恢复或开始招收外国留学生。

本年　广东省外事办公室外国机构人员服务处开展对外汉语教学。学员为外国驻穗领事馆外交人员及家属，人数较少。教员均外聘。

本年　我国接收来自 53 个国家的留学生 569 名。至本年底，在华留学生共 1374 人，来自 76 个国家，分别在我国 42 所高等学校学习。

本年　我国首次向西柏林和联邦德国、日本，重新向民主德国派遣汉语教师。

1981

1 月　北京语言学院向北京大学、北京师范大学、南开大学、复旦大学、华东师范大学、南京大学、中山大学、暨南大学、厦门大学发出成立外国人汉语教学全国性学术团体的倡议，各校复信表示完全支持。

3 月 2 日—6 日　外国留学生文学、语言教学工作研讨会在南京大学举行。辽宁大学、北京语言学院、南开大学、南京大学等 7 所院校的教师 20 余人及有关方面负责人参加了研讨。会议明确了文选课不是文学课，而是语言实践课，并决定有关院校共同编写教材。与会代表希望北京语言学院抓紧成立全国性学术团体的各项具体准备工作，尽快召开筹备会。

5 月　1969 年 5 月停办的北京华侨学生补习学校恢复，并于 12 月 2 日举行开学典礼。1982 年 6 月，在该校基础上建立北京中国语言文化学校，开设各类中国语言专修班、短期汉语班和汉语夏令营。

5 月—7 月　主要供国外使用的《实用汉语课本》(刘珣、邓恩明、刘社会)一、二册由商务印书馆出版（三、四册于 1986、1987 年出版）。它吸收了功能法的优点，采用功能、句型、语法相结合的方法，课文、练习、语法讲解都有精心的设计。

6 月　北京语言学院为加强外国人短期汉语教学，成立外国人短期汉语进修部，接收外国人短期来华学习或进修汉语，并从事相应的理论研究和教材编写。

7 月　中山大学汉语培训中心成立。

10 月　以北京语言学院来华留学生一系新编《初级汉语课本》为蓝本、由北京语言学院电教中心录制的我国第一部对外汉语教学电视录像片《中国话》摄制完成。

本年　我国共接收60个国家和地区的留学生795人。至本年底，在华留学生近2000人，他们来自82个国家和地区。另外，全国有29所高等院校举办外国人汉语短训班，学生来自19个国家，1460人。

本年　中国人民大学、中央民族学院、北京师范学院（首都师范大学前身）、吉林大学、湖北大学和上海外国语学院、西安外国语学院、大连外国语学院、北京第二外国语学院、黑龙江大学、山西大学、广西师范大学、上海大学文学院恢复或开始招收外国留学生。华东师范大学成立对外汉语教研室。

本年　我国首次向菲律宾、泰国派遣汉语教师。

1982

2月5日—10日　教育部在南京召开文科、艺术、体育院校留学生教学经验交流会。出席会议的有全国19所文科、艺术、体育院校及10省市有关机构的代表59人。浦通修副部长出席了会议。会议就如何根据外国留学生的特点组织教学、搞好调查实习和图书资料供应、接收外国文科进修生以及建立稳定的教师队伍等问题进行了讨论；会议强调，汉语作为外语教学是一门专门的学科，要大力开展研究工作，建立稳定的师资队伍，编写适合外国人使用的汉语及中国文化教材，研制统一的汉语水平测试标准，改进教学方法，了解国外汉语教学情况。

3月9日　国务院批转教育部等《关于安排外国进修生和研究学者有关问题的请示》，并指出，接收外国留学生和研究学者，对促进我国对外文化教育交流、增进同各国人民的友谊、扩大留学生派遣、提高高等院校学术水平都是有利的，各单位应采取积极态度，认真做好这项工作。

3月—4月　应美国教育部和美中关系全国委员会邀请，中国汉语作为第二语言教学专家代表团于3月24日访美，并参加4月1日至3日美国中国语文教师协会在芝加哥召开的年会。代表团由北京大学、北京语言学院、南京大学、华东师范大学、南开大学、辽宁大学等校从事外国留学生汉语教学的专家和教师9人组成，北京语言学院副院长张道一为团长。

4月23日—26日　中国教育学会对外汉语教学研究会第一次筹备会在北京语言学院举行。出席会议的有发起单位北京语言学院、北京大学、北京师范大学、南开大学、南京大学、华东师范大学、复旦大学、中山大学、暨南大学、辽宁大学以及中国教育学会的代表，共21人。会上讨论了成立研究会的各项筹备工作，正式确定了"对外汉语教学"的名称。

4月　上海外国语学院赵贤州编写的《简明汉语课本》由上海外语教育出版社出版。该书注重语言功能和语言形式的结合，致力于培养语言实践能力，选材注意生活的实际需要和必要的文化知识。

9月　开学后，北京语言学院对汉语预备教育进行重大改革，针对不同专业学生的需要先后制定了理工汉语班、文科汉语班（一年级）、中医汉语班、西医汉语班的教学大纲和教学计划；改以精读课为主的综合教学为按语言技能分设课程，并确定了各课程之间的关系。此后，按这些原则组织编写了教材：《科技汉语教程》（杜厚文主编。1983年试用。1989年，华语教学出版社。一、二册合称《普通汉语教程》）、《现代汉语教程》（李德津、李更新主编。1984年试用。1988—1989年，北京语言学院出版社）、《中医汉语》（王砚农主编。1983年试用）、《医学汉语教程》（杨靖轩主编。1985年编写，1987年试用）。每套教材都包括读写、听力、说话、汉字等课本；采用结构、情境、功能相结合的编写方法。

本年　北京语言学院为外国留学生编写了中国现代文学名著简写本《家》《春》《秋》《青春之歌》《暴风骤雨》《红旗谱》《骆驼祥子》等，后分别由商务印书馆、华语教学出版社陆续出版。《神话传说故事》和《史记故事》《三国故事》《聊斋故事》《孙悟空》《水浒故事》等古典文学名著的改写本也陆续编就印行。

本年　上海师范大学（上海师范学院）、华中师范大学（华中师范学院）、南京师范大学（南京师范学院）、杭州大学和四川大学、陕西师范大学、北京外国语师范学院、苏州大学、同济医科大学等恢复或开始招收外国留学生。北京外国语师范学院成立中文培训中心；上海外国语学院成立外国留学生中文学习部，1984年12月该部扩建为对外汉语系。

1983

4月　第一部对外汉语教学的语法著作《实用现代汉语语法》（刘月华、潘文娱、故韡）由外语教学与研究出版社出版。此后出版的同类著作还有《现代汉语语法》（张维、许德楠。法文本，1984年，德文本，1985年；外文出版社）、《外国人实用现代汉语语法》（程美珍、李德津。1988年，华语教学出版社）。

5月　华东师范大学陈绥宁编著的《基础汉语25课》由该校出版社出版。这是供初学汉语的外国人，特别是短期学习的外国人使用的教材。

6月4日—5日　中国教育学会对外汉语教学研究会第二次筹备会在北京语言学院举行。

6月6日—11日　中国教育学会对外汉语教学研究会成立大会在北京语言学院举行。参加成立大会的有34所高等院校的67位代表。大会通过了研究会章程，选出了理事会组成人员。北京语言学院院长吕必松任理事长。大会期间，举行了第一次学术讨论会。讨论会共收到论文42篇，会后编印了《对外汉语教学论文选》。研究会的成立使我国对外汉语教学界有了自己的学术团体，在推动学科建设和对外交流上发挥了重大作用。

7月　厦门大学成立留学生科，1984年10月更名为国际教育中心。1987年3月同该校海外函授学院合并，成立统一领导机构。从1983年至1989年共招收外国留学生660人。

7月20日—28日　中美两国汉语教师代表团在北京语言学院举行第三次学术讨论会。中方代表团由来自山东大学、华东师范大学、吉林大学、辽宁大学、厦门大学、中山大学、暨南大学、南京大学、南开大学、中国人民大学、北京大学、北京师范大学、复旦大学、北京语言学院的教师和专家组成，中国教育学会对外汉语教学研究会理事长、北京语言学院院长吕必松任团长，对外汉语教学研究会常务理事、北京大学教授林焘任副团长。讨论会着重就应用语言学和语言教学法、教材编写、语言测试等问题交换了意见，并商定了13个合作研究项目。

9月　北京语言学院在外语系内设置以培养对外汉语教师为主要目标的对外汉语教学专业。

9月　美国俄亥俄州立大学教授、东亚语文系主任Timothy Light（黎天睦）在北京语言学院讲学。为汉语教师讲授的题目是"现代外语教学法——理论与实践"。讲课记录稿经整理后由北京语言学院出版社出版（1987年）。

12月1日—1984年6月　日本举行"中国语竞赛"，有600余人参加，45人获奖。这项活动是由日本对华赠书会、日本留学会和日中青年交流协会组织的。中国教育学会对外汉语教学研究会应竞赛执行委员会之邀负责评审和颁奖工作。

12月27日—30日　上海、南京、济南12所高等院校在南京大学举行华东地区对外汉语教学经验交流会。会上，各校代表就教材和教法问题广泛地交换了意见，交流了经验。

本年　武汉大学和山东师范大学、广州外国语学院、四川外国语学院、北京广播学院、西安交通大学、吉林师范学院等恢复或开始招收外国留学生。四川外国语学院成立中文部。

本年　我国首次向厄瓜多尔派遣汉语教师。

1984

年初　中国教育学会对外汉语教学研究会会刊《对外汉语教学》（内部印行）创刊；至1985年共出8期，因编辑力量不足停刊。

1月　向外国人系统介绍汉字知识的语言教学影片《汉字》（三集）英文版，由北京语言学院与沈阳市电化教育馆联合摄制完成。该片介绍了汉字源流、造字方法、汉字书写等方面的内容。

4月17日—20日　中国教育学会对外汉语教学研究会第二次理事会在北京大学举行，会议回顾了研究会一年来的工作，讨论了1984—1985年的工作安排。

6月1日　《语言教学与研究》举行创刊5周年座谈会。北京大学王力教授题词："对外汉语教学是一门科学"，代表了语言学界对这一学科的确切评价。

7月16日—8月17日　中国教育学会对外汉语教学研究会在北京语言学院举办首届暑期对外汉语教师培训班。学员来自全国23所高等院校，共50名。

7月　复旦大学在留学生办公室（1974年）的基础上成立留学生部。1989年3月，经国家教委批准，成立国际文化交流学院。

8月　在教育部召开的来华留学生工作会议上，何东昌部长报告指出"对外汉语教学是一门新型的学科"，表示了政府教育行政部门对这一学科的正式承认。

8月　四川师范大学对外汉语教研室成立。

9月15日　为推动国际汉语教学界的合作和交流，北京语言学院和中国教育学会对外汉语教学研究会倡议举行国际汉语教学讨论会。讨论会组织委员会本日举行第一次会议，决定讨论会于1985年8月举行。

9月　外交人员汉语教学中心在原外交人员服务局汉语教研室的基础上成立。至1989年底，该中心有专职教师76人、兼职教师40余人、学员700人左右。

9月　北京大学成立对外汉语教学中心。北京外国语学院外国留学生汉语进修部（1980年）和汉语教研室合并成立汉语系，1986年更名为中文系。山西大学成立对外汉语教研室。

秋　受教育部委托，北京语言学院成立汉语水平考试设计小组。在前三年研究和试测的基础上，开始汉语水平考试的设计、命题和测试工作。到1989年5月，共编制出4套试卷，参加测试的有来自85个国家和地区的5546名外国人和国内49个兄弟民族的1665名大学生。

11月10日—30日　中国汉语作为外语教学专家代表团一行10人访问美国，参加在芝加哥召开的美国中国语文教师协会年会，并就中美合作项目进展情况和问题交换了意见。代表团由中国教育学会对外汉语教学研究会的代表和北京语言学院、南京大学、暨南大学、华东师范大学、北京师范大学、复旦大学、山东大学等校的教师组成，中国教育学会对外汉语教学研究会常务理事、北京大学教授林焘任团长。

11月11日—23日　北京语言学院和中国教育学会对外汉语教学研究会代表应邀访问德意志联邦共和国，参加了11月18日至21日举行的联邦德国第三次现代汉语教学讨论会，参观、访问了有关高等学校，跟联邦德国的汉语和汉学工作者进行了广泛的接触。

11月21日　北京语言学院在原编辑研究部的基础上成立语言教学研究所。研究所的主要任务是从事语言和语言教学的理论和实践的研究，为对外汉语教学的理论建设和教学实践服务。著名语言学家吕叔湘、朱德熙教授为该所顾问。

12月20日—24日　华东地区第二次对外汉语教学研讨会在华东师范大学举行。出席会议的有16所高等院校从事对外汉语教学的教师40余人。会议收到论文10篇，就课堂教学、教材编写、师资培养三个专题进行了讨论。

12月25日—27日　中国教育学会对外汉语教学研究会在上海举行常务理事会，就教育部委托研究会及北京语言学院制定对外汉语教学师资合格标准一事进行了讨论，决定成立对外汉语教学师资合格标准和学衔标准工作小组，并就小组的工作做出了安排。

本年　辽宁省外事办公室外国机构人员服务处开展对外汉语教学，为驻沈阳各外国领事馆的外交人员及家属开设中国语言文化课程。至1990年春，共有学员30多人，教师都为兼职。

本年　我国首次向西萨摩亚、重新向波兰派遣汉语教师。

1985

2月　我国第一家对外汉语教学的专业出版社——北京语言学院出版社成立。该社的主要任务是出版对外汉语教学教材与读物，语言学、语言教学专著，工具书，同时出版外语教学用书。

3月　西安外国语学院中国语言文化培训中心成立。

4月　南开大学对外汉语教学中心在第二汉语教研室的基础上成立；第二汉语教研室成立于1979年10月，在这以前是中文系留学生教学小组。

5月　北京师范大学和北京广播学院分别成立对外汉语教学中心。天津师范大学成立留学生部；1988年9月更名为中国语言文化中心。

6月　南京大学对外汉语教研室（1982）扩建为外国学者留学生研修部。

7月1日　由北京语言学院、北京大学、南开大学、南京大学、华东师范大学、复旦大学等校的专家和有关人员组成的对外汉语教学师资合格标准和学衔标准工作小组成立，并开始工作。在调查研究和听取了各方面意见的基础上，工作小组起草了《对外汉语教学师资合格标准》《颁发对外汉语教学教师合格证书条例》《对外汉语教学教师学衔标准》等三个文件的初稿。10月，在杭州举行的中国高等教育学会对外汉语教学研究会常务理事会上通过了向国家教委的送审稿。后又根据国家教委外事局和教师管理办公室的意见进行了两次修改。

7月10日　由国家教委科学技术司主持，北京语言学院语言教学研究所"现代汉语词汇统计与分析"（王还、常宝儒等）通过鉴定。与会专家认为，该科研项目达到了国内外先进水平，其成果不仅将对语言教学的科学化产生深远影响，也为语言研究、中文信息处理、机器翻译、文字改革等提供了重要的基础资料。该项目自1979年11月开始，至1985年3月结束，对现代汉语各类语体的181万字语料进行了词语切分、统计与分析，测定了汉语各级词语的出现频率、使用度和覆盖率等方面的数据。主要成果是：《现代汉语频率词典》（北京语言学院出版社，1986 年 5 月）、《汉语词汇的统计与分析》（外语教学与研究出版社，1985年 4 月）、《常用字和常用词》（北京语言学院出版社，1985 年 4 月）。

8 月 13 日—17 日　由中国高等教育学会对外汉语教学研究会和北京语言学院联合主办的第一届国际汉语教学讨论会在北京举行。这是世界汉语教学界的第一次规模盛大的学术讨论会。出席讨论会的有来自澳大利亚、奥地利、保加利亚、朝鲜民主主义人民共和国、丹麦、法国、捷克斯洛伐克、联邦德国、美国、民主德国、墨西哥、日本、泰国、新加坡、新西兰、意大利、印度尼西亚、英国、中国和香港地区等 20 个国家和地区的代表 260 人，其中中国代表 130 人。会议收到论文 180 多篇，从不同的方面反映了各国在汉语教学和汉语研究上所取得的最新成果。

8 月　成都科技大学中国文化教育中心成立。

9 月　河南大学对外汉语教研室成立。

9 月　经国家教委批准，北京语言学院原设在外语系的对外汉语教学专业独立成立语言文学系。北京外国语学院中文系、上海外国语学院对外汉语系、华东师范大学中文系开设对外汉语教学专业，招收本科生，培养对外汉语教学师资。

10 月　深圳大学国际文化交流中心成立。

11 月　大连外国语学院国际汉语培训中心成立。

12 月—1986 年 5 月　日本举行第二次汉语竞赛。中国高等教育学会对外汉语教学研究会应邀承担评选和颁奖工作。

本年　中美合作编写的《话说中国》（杜荣、戴祝念等）上册由华语教学出版社出版（下册，1987 年）。这是主要供美国学生使用的口语教材。课文内容着重介绍中国的各方面情况。

本年　天津师范大学（天津师范学院）、西北大学和成都科技大学、湖南师范大学、河南大学、北京经济学院、辽宁师范大学等恢复或开始招收外国留学生。本年成立的对外汉语教学机构还有：湖南师范大学对外汉语教学组。

本年　我国首次向瑞典、印度，重新向苏联派遣汉语教师。

1986

1月6日　中国国际广播电台在泰语广播中开设汉语教学节目《每周一句中国话》。

1月14日　中国国际广播电台在对首都地区的英语广播中开设汉语教学节目《每日一句中国话》，至1987年12月共办6期，每期约5000人。

2月　第二家对外汉语教学专业出版社——华语教学出版社成立。它的前身外文出版社教材组从1980年起即已出版对外汉语教学专业图书。

4月16日　中国国际广播电台在波斯语广播中开设汉语教学节目《每周一句中国话》。

5月21日—24日　第一次对外科技汉语教学研讨会在北京语言学院举行。出席会议的有来自全国32所院校的43名代表。会议讨论了有关对外科技汉语教学体制和教材建设等问题，成立了科技汉语教学研究小组，并就科技汉语两段制问题（即专业教育前的集中强化汉语教学和跟专业教育平行的后续汉语教学）向国家教委提出了建议。国家教委同意这些建议，发出了《关于加强外国留学生科技汉语教学的通知》。

5月　广东省对外汉语教学研究会成立，该会隶属中国国际文化交流协会广东分会。

5月　南开大学对外汉语教学中心编辑的对外汉语教学论文集《汉语研究》第一辑出版。

5月　北京语言学院1979年开始编写、试用的《初级汉语课本》（鲁健骥等）由北京语言学院出版社、华语教学出版社联合陆续出版。该教材包括课本（一—三）及与之相配的《汉字读写练习》（一、二）、《阅读理解》、《听力练习》（一—三），是我国按语言技能编写的第一套系列教材，旨在加强语言技能训练，提高学生语言能力。

6月25日—7月25日　北京语言学院与美国俄亥俄州立大学合作，在北京举办中美汉语教师培训班。参加培训的有美国大中学的汉语教师13人，我国从事对外汉语教学的教师25人。

7月　辽宁师范大学成立留学生部。

8月12日—16日　中国高等教育学会对外汉语教学研究会第二次学术讨论会在西安举行。这次讨论会的中心议题是对外汉语教学的总体设计、教材编写和教学法研究。出席会议的有44所院校（对外汉语教学单位）的80名代表，收到论文50篇。会前举行了第二届理事会会议，吕必松连任理事长。据理事会秘书处统计，到本次讨论会前，该会有会员585人，分布在43所院校（对外汉语教学单位）。

8月　复旦大学编写的《今日汉语》（全书有课本四册，另有教师手册、汉字练习册、课外练习册等，胡裕树主编）开始由复旦大学出版社陆续出版。该教材以美洲地区的华侨和华人为对象，以语法和句型为核心，按交际情境编写课文和练习，注意纳入较多的文化知识材料。

8月—12月　北京地区若干院校举行多次会议，讨论对外汉语教学的有关问题：8月23日在北京师范大学讨论了对外汉语教学的总体设计问题，10月下旬在北京大学研讨了报刊课的性质、任务和教材编写等问题；12月13日在中国人民大学讨论了短期汉语教学的办学目的、课程设置和教学方法等问题。

9月　北京语言学院、北京大学开始招收以对外汉语教学为研究方向的硕士研究生。

9月　杭州大学成立中国语言文化交流中心，后扩建为国际文化交流学部。

9月　开学后，复旦大学对外汉语教学实行8段制，即每两个半月至3个月为一段，2年分为8段，完成基础汉语教学。

10月10日　中国高等教育学会对外汉语教学研究会受国家教委委托，成立对外汉语教材研究小组。小组由北京大学、北京师范大学、北京语言学院、南开大学、南京大学、华东师范大学、复旦大学、中山大学、上海外国语学院等9所院校的专家组成。1987年1月，该研究小组提出了建国以来对外汉语教材研究报告；从200多种教材中选出了33种向国内外推荐的教材，并提出了教材规划的建议。

10月27日—31日　中国高等教育学会对外汉语教学研究会和北京语言学院的代表应邀参加德意志联邦共和国第四次现代汉语教学讨论会和中外文化交流与促进汉语教学国际学术讨论会。

11月　中国人民大学对外汉语教研室（1983年）扩建为对外汉语教学中心。

12月3日—5日　对外科技汉语教学研究小组在广州举行工作会议。会议是根据国家教育委员会《关于加强外国留学生科技汉语教学的通知》精神召开的。会议研讨了制定第二阶段（专业院校的后续汉语教学）的对外科技汉语教学大纲和教材建设问题。北京语言学院、天津大学、中国纺织大学、西安公路学院和中山医科大学的有关人员参加了会议。

本年　南开大学提出二年制进修班课程设置和教材编写的设想，规定学生入学后经考试分别编入不同层次的教学班，课程分基础课、提高课和汉语理论课。

本年　北京外国语学院提出不同水平的普通汉语进修班的教学方案。

本年　扬州师范学院、广西民族学院、云南大学、汕头大学、浙江医科大学、深圳大学、延边大学、哈尔滨市教育学院开始招收外国留学生。本年成立的对外汉语教学机构还有：辽宁大学对外汉语教学中心、西北大学对外汉语培训部（原为对外汉语教研室）、哈尔滨市教育学院对外汉语教研室、安徽大学对外汉语教研室。

本年　我国首次向斐济派遣汉语教师。

1987

1月1日　中国国际广播电台在老挝语广播中开设汉语教学节目《学汉语》。

2月21日　第二届国际汉语教学讨论会组织委员会成立。

2月28日—3月19日　中国高等教育学会对外汉语教学研究会和北京大学对外汉语教学中心在北京大学联合举办对外汉语教学法师资培训班，全国有29所高等院校的近40名对外汉语教师参加了培训。

2月　上海市语文学会对外汉语教学研究组成立，并举行首次学术活动。4月11日又召开了短期对外汉语教学讨论会，参加会议的共30余人。两次会议分别就该地区各高等院校对外汉语教学及短期对外汉语教学中各个层次的关系、教学过程的交际化以及教材编写等问题进行了探讨。

3月　中国高等教育学会对外汉语教学研究会和北京语言学院共同创办的《世界汉语教学》（预刊）出版。

4月13日　中国国际广播电台在波兰语广播中开设汉语教学节目《学中国话》。

4月　国家教委教师职称评审委员会对外汉语教学学科评议组成立，5月4日开始工作。

5月5日—9日　中国高等教育学会对外汉语教学研究会在厦门大学召开短期对外汉语教学讨论会。有关各高等院校的80余名代表参加了会议。提交会议的论文共48篇，内容包括短期对外汉语教学的总体设计、教学特点、教学方法以及短期班教材的编写原则等。至本年，全国已有近80所高等院校举办短期汉语教学，接收了30多个国家的5000多名学员。讨论会期间，对外汉语教学研究会举行常务理事会，研究、部署了第二届国际汉语教学讨论会的筹备工作。

5月　天津外国语学院在对外汉语教研室（1982年）的基础上成立中国语言文化教学中心。

5月　王还教授的《门外偶得集》由北京语言学院出版社出版。本书收入作者有关对外汉语教学与研究的论文15篇，包括对外汉语教学语法、词汇研究、教材编写、词典编纂、汉外对比等多方面内容。

6月　南开大学与美国明尼苏达大学合作编写的《开明中级汉语》（孙晖、胡志德主编）由语文出版社出版，它是供学完大学一年级汉语课程的外国人使用的口语课本，课文从语言环境、句子结构和语言功能三方面进行设计。《开明初级汉语》（孙晖主编）1989年2月由天津教育出版社出版。

6月　北京语言学院成立语言信息处理研究所，其主要任务是开展语言信息处理技术方面的基础理论和应用研究，包括计算机辅助对外汉语教学研究。

6月　为使对外汉语教学进一步走向科学化、标准化、规范化，中国高等教育学会对外汉语教学研究会成立汉语水平等级标准研究小组，着手制定《汉语水平等级标准和等级大纲》。

6月—8月　对外科技汉语教学研究小组分别于6月23日至7月4日、7月29日至8月7日在上海医科大学、天津大学召开《大学医用汉语教程》《大学科技汉语教程》编写会，有关院校的教师参加了会议。

7月　为了加强对对外汉语教学工作的领导，国家对外汉语教学领导小组成立，由国家教育委员会副主任何东昌任组长，成员有国家教委、国务院侨务办公室、国务院外事办公室、外交部、广播电影电视部、文化部、新闻出版署、国家语言文字工作委员会及北京语言学院的领导人。领导小组统一规划、协调和领导全国的对外汉语教学工作。下设办公室，负责日常工作。领导小组第一次会议7月24日在北京举行。

8月9日　来自法国、联邦德国、美国、新加坡、英国、中国及香港地区等7个国家和地区的11位学者举行世界汉语教学学会发起人会议，就成立世界汉语教学学会进行了讨论，达成了一致的意见。8月12日，由16个国家和地区的20名学者组成的世界汉语教学学会筹备委员会举行会议，就发起人提出的学会章程草案进行讨论和修订，推举了第一届理事人选。

8月10日—14日　第二届国际汉语教学讨论会暨世界汉语教学学会成立大会在北京举行。中国国务院和中国人民政治协商会议全国委员会分别发来贺信、题词，对讨论会的举行和学会的成立表示祝贺。与会者有来自19个国家和地区的汉语与汉语教学专家、学者近300人；讨论会共收到论文260篇。8月14日举行的世界汉语教学学会成立大会上通过了世界汉语教学学会章程和学会第一届理事会的组成人员。理事会会议选举产生了由9人组成的常务理事会，并选举北京大学教授、著名语言学家朱德熙为学会会长，北京语言学院院长、中国高等教育学会对外汉语教学研究会理事长吕必松教授为副会长。至1989年6月，该会有会员367人，分属25个国家和地区。

8月　吕必松教授的《对外汉语教学探索》由华语教学出版社出版。本书是作者近十几年来有关对外汉语教学学科建设和汉语研究的论文集，对对外汉语教学的建设有重要意义。

8月　对外汉语教学的普及性刊物《学汉语》（月刊）创刊。该刊由北京语言学院主办，北京语言学院出版社出版。对象为各种不同程度的汉语学习者，汉语教师也可用以参考。

8月　外国留学生现代汉语专业二年级使用的《中级汉语教程》上册（陈田顺等）由北京语言学院出版社出版。下册（刘镰力等）于1988年1月出版。

8月　黑龙江商学院日本留学生汉语培训中心成立。

9月1日　中国国际广播电台在朝鲜语广播中开设汉语教学节目《中国话初级广播讲座》。

9月　南开大学招收以对外汉语教学为研究方向的硕士研究生。

9月　北京语言学院对新参加对外汉语教学工作的青年教师进行上岗前的培

训。培训内容有对外汉语教学的理论和实践两个方面，时间11周。此后，青年教师的岗前培训定为制度。

9月　兰州大学开始招收外国留学生，成立对外汉语教研室。

9月　《世界汉语教学》作为世界汉语教学学会会刊正式创刊（季刊），在世界各地公开发行。该刊旨在反映各国学者在汉语和汉语教学方面的研究成果，交流教学经验，及时为世界汉语教学界提供学术信息。

9月　暑期后，北京大学对外汉语教学中心对已具有中高级汉语水平的学生实行按水平考试成绩编班的办法，各班开设相应的必修和选修课程。

10月30日　中国国际广播电台在汉语普通话广播中开设汉语教学节目《现代汉语基础知识》。

10月　吉林大学成立对外汉语教学中心。

11月1日　中国国际广播电台在德语广播中开设汉语教学节目《学中国话》。

11月2日—7日　为了加强对外汉语教材建设，国家对外汉语教学领导小组办公室在广州召开全国对外汉语教材规划工作会议。出席这次会议的有来自全国56个教学、新闻、出版和图书发行单位的76位代表。国家教委专职委员、国家对外汉语教学领导小组常务副组长黄辛白做了《适应对外汉语教学蓬勃发展的新形势，加速对外汉语教材建设》的报告。会议制定了《对外汉语教材规划选题项目》，成立了对外汉语教材选题项目评议组。12月，评议组举行第一次会议，通过了163个项目，列入《1988至1990年对外汉语教材规划》。

11月8日　山东大学成立外国留学生汉语教学中心。

12月26日—27日　南开大学、天津师范大学和天津外国语学院联合主办的京津地区对外汉语教学讨论会在天津南开大学举行。会议结合教学实践，从理论上对报刊课和听力课进行了探讨和交流。

12月26日—28日　中国高等教育学会对外汉语教学研究会华东区协作组第三次学术研讨会在山东大学举行。参加会议的有来自本地区20余所高等院校的对外汉语教学专家和教师40多人。会议的中心议题是：对外汉语教材研究、教学法研究和师资队伍建设。

12月　东北师范大学和吉林师范学院分别成立对外汉语教学中心，1989年9月东北师范大学成立留学生部。

本年　北京语言学院一年制普通汉语进修班课程设置计划初步确定。该计划以精读课为主干，辅之以各语言技能的专设课程。

本年　新疆大学开始招收外国留学生。本年成立的对外汉语教学机构还有：汕头大学汉语培训中心、广西师范大学对外汉语教学中心、广州外国语学院对外汉语部、山东师范大学中文系对外汉语教研室。

本年　我国首次向美国、挪威、毛里塔尼亚，重新向蒙古、捷克斯洛伐克派遣汉语教师。

1988

1月6日　中国国际广播电台俄语广播中开设汉语教学节目《学说中国话》。

1月　《人民中国》1月号开辟"一分钟小说"栏目。

2月18日　中国国际广播电台意大利语广播中开设汉语教学节目《学中文》。

3月12日　对外汉语教学科研规划座谈会在北京举行。京津地区有关高等院校对外汉语教学科研工作的负责人40余人出席了会议。由国家对外汉语教学领导小组办公室召开的这次会议就制订"对外汉语科研三年规划"征求了与会者的意见。

3月28日—4月1日　西南西北地区对外汉语教学研讨会暨科研工作座谈会在成都四川师范大学举行。参加会议的有来自四川、云南、贵州、陕西、甘肃、新疆和宁夏各省、自治区22所高等院校的代表50余人。会议就我国西部地区对外汉语教学的教材、科研、教学管理等方面的问题广泛交换了意见。

3月　北京师范学院和陕西师范大学分别成立对外汉语教学中心；后者原为对外汉语教研室（1982年4月）。

4月9日—13日　国家对外汉语教学领导小组办公室在北京召开"对外汉语教学语法大纲"编写讨论会。出席讨论会的有参加"大纲"编写工作及从事对外汉语语法教学的教师和专家。会上就"大纲"初稿进行了讨论。

4月22日　北京经济学院成立对外汉语教研室。

4月　上海师范大学在对外汉语教研室（1985年）的基础上成立对外汉语教学中心。

春季　北京对外经济贸易大学成立对外汉语培训中心。

6月24日—26日　华南地区对外汉语教学讨论会暨广东省对外汉语教学研究会首届年会在广州中国语言文化学校举行。出席大会的有来自广东、湖北、广西、湖南各高等院校的近60名代表，以及香港地区、澳门地区和澳大利亚的特邀代表。与会代表共提交了36篇论文。

6月　国家对外汉语教学领导小组办公室公布《1988—1990年对外汉语教学科研课题指南》，并开始接受科研课题的申请。

7月—11月　我国在毛里求斯开设的中国文化中心举办两期汉语学习班，共招收学员50多名。这是我国在国外开设的第一个文化中心，也是第一个汉语教学点。

7月　吉林工业大学对外汉语教学中心成立。

7月18日—8月13日，9月5日—11月26日　筹建中的世界汉语教学交流中心教师研修部在北京语言学院举办两期汉语教师培训班，共招收了来自中国40多个单位以及日本、联邦德国、美国、意大利等国家和香港地区的汉语教师共70名。

8月25日—28日　东北地区对外汉语教学研讨会在沈阳辽宁大学举行。参加研讨会的代表来自辽宁、吉林、黑龙江三省的有关院校。会议的议题为管理体制问题、教学与学术研究问题等；会议决定成立东北地区对外汉语教学联络组，每年举行一次本地区的学术交流会议。

8月25日—28日　由北京语言学院语言教学研究所、语言信息处理研究所与航天部710所共同研制的《计算机辅助速成对外汉语教学系统》中的《汉语语音教学系统》在1988年新加坡国际电脑系统及科技大展上获"最杰出的专用软件奖"。

8月　南京师范大学成立留学生部；四川大学在对外汉语教研室（1984年9月）的基础上成立对外汉语教学中心。

9月22日—25日　中国国家教委、国家对外汉语教学领导小组在北京召开全国对外汉语教学工作会议。这是新中国成立以来第一次专门研究对外汉语教学工作的全国性会议。会议的任务是：讨论对外汉语教学工作的指导思想、方针政策和措施，以及进一步加强对对外汉语教学工作的领导等问题。国家教委副主任、国家对外汉语教学领导小组常务副组长滕藤做了《主动适应国际社会的需要，加快对外汉语教学事业的发展》的报告。出席大会的代表共 124 人，他们是国务院有关部门的负责人，11 个省市教委、教育厅局、侨办的有关负责人，40 余所高等学校的校、院长，7 个驻外使领馆和新华社香港分社的代表以及一些专家学者。

9 月　南京大学招收以对外汉语教学为研究方向的硕士研究生。

9 月　供已有一定汉语基础的外国人使用的系列教材《现代汉语进修教程》的《语法篇》（樊平等）、《口语篇》（张孝忠等）由北京语言学院出版社出版。

9 月　中国对外汉语教学学会汉语水平等级标准研究小组研制的《汉语水平等级标准和等级大纲（试行）》由北京语言学院出版社出版。该大纲包括《汉语水平等级标准》（1—3 级，缺 4、5 级）、《词汇等级大纲》（甲、乙、丙三级，缺丁级）、《语法等级大纲》（甲、乙、丙三级，缺丁级）等三部分，《功能、意念等级大纲》《文化等级大纲》还未及制定。

11 月 16 日—12 月 1 日　中国对外汉语教师代表团一行 7 人赴美国访问。世界汉语教学学会会长、北京大学教授朱德熙任团长。代表团此行目的是出席美国中文教师协会年会，并对美国汉语教学情况进行考察。

12 月　延边大学成立汉语教学研究中心。

本年　中国高等教育学会对外汉语教学研究会更名为中国对外汉语教学学会。

本年　全国在校的外国留学生 5245 人（不包括校际交流生和短期生）。1978—1988 年，我国共接收了 130 多个国家和地区的计划内长期留学生 13126 名，短期留学生 33812 人。通过校际交流等渠道接收的长期留学生，1986—1988 年为 4500 人，短期生人数更多。北京语言学院 1988 年 9 月的统计，从 1973 年复校以来，共培养了 127 个国家和地区的长、短期留学生 15000 多人。北京大学从 1950 年到 1988 年夏共接收了来自 98 个国家和地区的长期生 4183 人、短期生 2167 人。北京、广州、集美三所中国语言文化学校自"文化大革命"后复办至 1988 年共接收 6300 多名华人、华侨学生，其中长期生 2011 人、短期生 4366 人。到本年底，全国开展对外汉语教学的高等院校超过 100 所。在校长期留学生数（包括学习专业的人数）在 100 人以上者有：北京语言学院、北京大学、清华大学、北京外国语学院、北京师范大学、南开大学、山东大学、南京大学、复旦大学、华东师范大学、中山大学、厦门大学等。

本年　我国首次向智利、秘鲁，重新向匈牙利派遣汉语教师。

1989

1月8日—12日　中国对外汉语教学学会第三次学术讨论会在广州举行。来自全国49所高等院校和对外汉语教学单位的104名代表参加了会议。讨论会收到论文68篇。讨论会期间，召开了学会第三届理事会议，吕必松教授连任会长，饶秉才教授当选为副会长。据统计，至本次讨论会止，学会有会员910人，分布在84所院校（对外汉语教学单位）。

2月　河海大学（华东水利学院）在语文教研室（1983年）的基础上成立留学生部。

3月6日　北京语言学院成立汉语水平考试中心。它的任务是研究、设计汉语水平考试（HSK）试题，并经国家教委批准，国家对外汉语教学领导小组办公室委托，负责HSK在海内外的实施，以及《汉语水平证书》的颁发工作。

3月　北京语言学院句型研究小组《现代汉语基本句型》在《世界汉语教学》上开始连载。

3月　北京大学对外汉语教学中心编写的汉语教材《汉语初级教程》《汉语中级教程》《汉语高级教程》（林焘审定，邓懿、杜荣、姚殿芳分任主编）开始由该校出版社陆续出版。全书共8册。其特点是课文题材广泛，体裁多样，内容较好地反映了中国的现实情况，并适当介绍了中国的文化传统。

4月14日—19日　对外汉语教学科研课题专家评审会通过34个申报项目，列入《1988—1990年对外汉语教学科研规划》。

4月20日—25日　对外汉语教材规划第二批项目评审会通过19个项目，列入《1988—1990年教材规划》。

4月24日　上海广播电台汉语教学节目《交际汉语》开播。

4月14日—8月1日　国家对外汉语教学领导小组办公室和北京语言学院应邀派出专家访问澳大利亚、新西兰，为澳大利亚中小学汉语教学提供了有关文件，跟新西兰麦西大学签署了合作意向书，并对两国的汉语教学进行了考察。

5月6日　哈尔滨大专院校首次对外汉语教学研讨会在黑龙江大学举行。10所院校的近40名教师、干部参加了会议，提交了10多篇论文。会上就教学、师资、管理、教材等问题进行了交流和探讨。

5月　世界汉语教学交流中心在北京语言学院成立。该中心由国家对外汉语教学领导小组办公室和北京语言学院共同领导，下设教师研修部、汉语水平考试部、信息资料部、声像制作部、教材编印部和对外联络部。中心的宗旨是加强与世界各国汉语教学界的联系，促进国内外汉语教学的交流，推进汉语作为外语和第二语言教学事业的发展。

5月　北京外国语学院编写的《汉语视听说》（施宝义等）由外语教学与研究出版社出版。该书是使用电化教学手段，供来华的外国留学生使用的汉语进修教材。

6月　外国留学生现代汉语专业3—4年级使用的《高级汉语教程》（上）（姜德梧主编）由北京语言学院出版社出版。

9月　华东师范大学招收以对外汉语教学为研究方向的硕士研究生。

10月29日—11月3日　国家对外汉语教学领导小组办公室和国家教委高教一司在苏州召开对外汉语教学专业会议。参加会议的有开设对外汉语教学专业的北京语言学院、北京外国语学院、上海外国语学院、华东师范大学等4所院校的有关负责人。会议研究了对外汉语教学本科专业的课程设置和教学计划，确定了主干课程教学大纲的编写原则。

11月　国家对外汉语教学领导小组办公室汉语水平考试部编制的《汉语水平考试（HSK）大纲》由现代出版社出版。

12月1日—23日　以国家教委国际合作司副司长李顺兴为团长的中国教育代表团赴毛里求斯、埃及和毛里塔尼亚三国访问，对三国的汉语教学进行了考察，并同有关教育部门就发展当地的汉语教学问题进行了会商。

12月27日—29日　以北京大学朱德熙教授为团长、主要由对外汉语教师组成的中国语言学代表团一行23人参加由新加坡华文研究会举办的世界华文教学研讨会。出席研讨会的有来自亚洲、大洋洲、美洲和欧洲的专家和教师500余人，发表论文80多篇，就华文理论研究及华文教学的教学法、课程设计、教材编写、测量和评估、辅助器材与资料等问题进行了研讨。我国代表在会上宣读了论文。

本年　中国纺织大学成立对外汉语培训中心。

本年　我国首次向土耳其派遣汉语教师。

至本年底，成立对外汉语教学机构的高等院校还有：上海大学文学院（对外文化交流部）、上海医科大学（对外汉语教学中心）、同济大学（对外汉语教育部）、西南师范大学（对外汉语教学中心）、东北财经大学（国际汉语培训中心）、天津大学（人文与社会科学系中文教研室）、武汉大学（对外汉语教学中心）、中山医科大学（对外汉语教研室）、华中师范大学（对外汉语教研室）、广西大学（中国语言文化班）、云南大学（对外汉语教研室）、西安公路学院（社科部中文教研室）、北京科技大学（社科系语言文学教研室）、黑龙江大学（对外汉语教研室）、扬州师范学院（对外汉语教学小组）、广西民族学院（外国留学生汉语教学小组）、上海交通大学（对外汉语教学组）。

对阿拉伯学生进行汉语语音
教学的几个问题[*]

在中国人民同阿拉伯各国人民日益密切的友好交往中，每年有一定数量的阿拉伯学生来我院学习汉语。为了探索对阿拉伯学生进行汉语语音教学的规律，1978—1979学年我们对六个国家和地区的四十名学生进行了一些调查，记录了不同阶段的有关语音资料。对这些资料的分析表明，对阿拉伯学生的语音教学有着不同于其他地区学生的某些特点。现就其中的几个问题整理如下，供同志们参考、研究。

一、阿拉伯学生学习汉语语音的困难在哪里？

阿拉伯学生比起其他外国学生来，在学习汉语语音上有些什么"共性"和"个性"？关于"共性"问题历来看法比较一致，那就是声调。声调是汉藏语系的特点，多数外国学生学习汉语声调都比较困难，阿拉伯学生也不例外。他们在声调方面的错误在声、韵、调错误的总数中，几乎占百分之七十左右。随着他们学习的进步，声母、韵母方面难点逐渐克服，这个比例甚至上升到百分之八十以上。为了帮助学生较好地掌握汉语声调，在语音教学作为一个阶段的任务完成以后，必须十分重视生词和课文的朗读训练。

就声母、韵母而言，"说英语的学生在辅音方面的问题比较集中"（《谈对说英语的学生进行汉语语音教学的问题》，《语言教学与研究》试刊第三集50页，1978年）。"由于汉法语元音体系的丰富，两种语言中有很多发音相同或近似的元音。所以，除个别难音外，学生掌握汉语的元音并不困难。"（《浅谈汉法语音对

---

[*] 本文发表于《语言教学与研究》1980年第2期；又见《对外汉语教学论集（1979—1984）》，北京语言学院出版社，1985年。

比》，《语言教学与研究》试刊第二集 78 页，1977 年）以上两种意见，说法不同，但都肯定了说英语、法语的学生学习声母的困难要比学习韵母的困难大。那么，阿拉伯学生在学习汉语语音时有没有特殊性呢？曾经有两种意见。一种意见认为同说英语、法语的学生一样，困难在于声母，也就是说没有特殊性。另一种意见从长期的实践经验出发，认为是韵母。这次调查的统计数字是与后一种意见一致的。四十个学生的语音记录表明，他们在声母上的错误占声、韵母错误总数的百分之三十左右，韵母的错误则占百分之七十左右。在经过一定的努力以后，声母方面的错误逐渐得到纠正，最后集中到少数几个难音如 sh、x 上，而韵母在相当长的时间内都是他们学习汉语语音的难点。

为什么阿拉伯学生学习汉语韵母要比声母的困难大一些呢？这从汉语阿拉伯语两种语言的语音差别中可以找到其原因。在汉语普通话中，声母二十四个（辅音二十二个，半元音两个），韵母三十四个（单元音韵母六个，二合复元音韵母九个，三合复元音韵母四个，由元音和鼻辅音组成的鼻韵母十五个）。汉语的韵母除少数外，都可以独立构成音节，而声母则必须与韵母相拼才能构成音节。在阿拉伯语中，辅音共有二十六个，半元音两个，元音三个，由这三个元音组成短元音三个、长元音三个、二合复元音两个。因此我们可以说，阿拉伯语元音比较简单。阿拉伯语的元音必须同辅音在一起才能构成音节，辅音却可以没有元音独立构成音节。这一点恰恰与汉语相反。由于阿拉伯语语音的这些特殊性，说阿拉伯语的学生在学习汉语韵母时有一定困难，就是可以想见的了。

二、阿拉伯学生学习汉语声母的困难是什么？

在汉语的二十四个声母中，m、f、s、t、n、l、w、y 阿拉伯学生在学习上没有困难，因为阿拉伯语中有相近的音素。值得注意的是：

（一）吐气不吐气的对立，也就是 b[p]—p[pʻ]、d[t]—t[tʻ]、g[k]—k[kʻ] 三组音的问题（关于 z[ts]—c[tsʻ]、zh[tʂ]—ch[tʂʻ]、j[tɕ]—q[tɕʻ] 三组音，见后）。

阿拉伯学生在初学这三组音时，困难较大，教师一般都比较重视，因此，在经过相当的努力之后，情况都有所好转。尤其在分辨单音时，教师做适当的夸张演示后，学生可以基本上不会发生混淆。但在语流中仍需时时提醒，否则，还会出现把 ta[tʻa]（他）发成 da[ta] 之类的错误。

在阿拉伯语中有不吐气浊音与轻微吐气清音的对立，如 [d]—[t']、[G]—[q']、[b]—[p']（[p'] 专门用来音译外来语）。因为清音的吐气比较轻，音位的区别主要在于清浊，所以，学生对吐气不吐气的对立不十分敏感，需做适当的夸张，使他们体会二者的差别；同时，要注意避免学生把汉语的不吐气清音 [p]、[t]、[k] 发成浊声 [b]、[d]、[g]。

（二）关于 z[ts]—c[ts']—s[s]、zh[tʂ]—ch[tʂ']—sh[ʂ] 和 j[tɕ]—q[tɕ']—x[ɕ] 三组音的问题。

s[s] 在阿拉伯语中有大体上相同的音素，学生学习时没有困难。z[ts]、c[ts'] 与 s[s] 的发音部位相同，都是舌尖前音，所不同的是：z、c 是塞擦音，s 是擦音。如果我们能让学生体会发塞擦音的一般方法，他们掌握 z、c 二音不是十分困难的。调查表明，学生在这方面的错误相对来说比较少。

zh—ch—sh、j—q—x 两组音是阿拉伯学生学习汉语声母的难点，他们常常发不好这两组音，并在二者之间发生混淆：zh—j、ch—q、sh—x 不分。究其原因，是因为阿拉伯语中有舌叶音 [ʃ]，学生有时把汉语的舌尖后音 sh[ʂ] 类比成 [ʃ]，有时把汉语的舌面音 x[ɕ] 发成 [ʃ]。汉语的 sh 和 x 由于阿拉伯语 [ʃ] 的干扰，成了阿拉伯学生学习汉语声母中最难攻克的顽固"堡垒"。在学生学完《基础汉语课本》第一册以后的测验中，四十个学生的全部声母错误中，sh、x 的错误占了百分之八十。阿拉伯语中还有一个舌叶音 [dz]，它同舌叶音 [ʃ] 一样，是干扰学生正确掌握 zh、j 的因素。至于 ch—q，由于发音部位与其相同的 zh—j、sh—x 有上述的问题，学生很容易依此类推，遇到同样的困难。

阿拉伯学生在学习上述三组辅音时容易发生的第二个错误是吐气不吐气，即 z—c、zh—ch、j—q 相混，这同前面提到的 d—t 等三组音的情况差不多。历来的汉语语音教学中，b—p、d—t、g—k 三组音都先于 z—c、zh—ch、j—q 而出，如果在前三组音的教学时，学生能较好地体会吐气不吐气的对立，在学习后三组音时可以把重点放在发音部位上。

三、阿拉伯学生学习汉语韵母的困难是什么？

如前所述，阿拉伯学生学习汉语韵母时的困难更大一些，因此，如何使他们很好地掌握韵母就成了对阿拉伯学生进行汉语语音教学的极为重要的问题。

（一）关于单韵母

开口度大小：阿拉伯学生常常容易把汉语的高元音发得低、把低元音发得高，也就是把 a[a] 发成 [æ] 或 [e]，把 i[i] 发成 [I]，有时也把 e[ə] 发成 [I]。从阿拉伯语语音来看，阿拉伯语开口音这个音位有多种变体，在通常情况下是 [æ]，在发音部位稍后的辅音或滑音后读长音时为 [ɑ]。阿拉伯语中有 [i] 的音位，它与多数辅音相拼读时常常读成 [I]。他们在学习汉语语音时，以母语的情况类推，开口度把握不准。至于 e[ə]，阿拉伯语中没有这个音素，学生学起来困难自然大一些。阿拉伯学生学习单韵母的第二个困难是不能保持开口度的稳定，在发音过程中常常有一个动程，如把 [ɑ] 发成 [ao] 或 [ou]，把 [i] 发成 [ie]，等等。

为了使学生正确掌握单韵母的发音，教师在示范时务必使学生注意开口度的大小和稳定，并进行反复的操练，在正音时应紧紧地把握住开口度的问题。

圆唇问题：唇型圆不圆，形象具体，极易控制，只要引导学生对口型稍加注意，发圆唇音本来不是很困难的。汉语的后、高、圆唇元音 u[u]，阿拉伯语中有相近的音素，但比较松。不过，松一些紧一些在汉语语音中没有音位学上的意义，只要对学生稍加提醒即可。问题在于前、高、圆唇元音 ü[y]，阿拉伯学生常常把它发成复合元音 [iu]。ü 在汉语韵母中就像 sh、x 在汉语声母中一样，对阿拉伯学生都是"老大难"问题。他们在学习了相当长时间的汉语以后，仍常常把 qu[tɕ'y]（去）发成 [tɕ'iu]。问题在于他们的母语中有后、高、圆唇音 [u]，也有前、高、不圆唇音 [I]，因而习惯于把后元音发成圆唇音，把前元音发成不圆唇音，而不善于把舌位靠前与唇部拢圆统一起来，因此便把前、高、圆唇音 [y] 发成前、高、不圆唇音 [i] 与后、高、圆唇音 [u] 的二合音：[iu]。长期以来，我们在教 ü 这个元音时，常常采用由 i 引入 ü 的方法，即先发前、高、不圆唇音 [i]，再将唇部拢圆，发 [y]。这本来是一种教学方法，而不是发 [y] 的口型，但是有的学生从已有的习惯出发，误以为唇形的变化是发 [y] 的要领和全过程。因此，我们必须用适当的方法使学生知道，[y] 的发音要领在于舌位在前、高部位（这当然不是说圆唇不重要，而是因为圆唇是显而易见、不难掌握的）；如果采用由 i 引入 ü 的方法，舌位不能后缩。

（二）关于复合韵母

阿拉伯语中复合元音只有两个，十分简单，因此，阿拉伯学生学习汉语的复合韵母有不少困难。如果单韵母掌握得不好，困难就更大一些。因此，我们一定要在单韵母教学时，力争使学生过关。此外，还需要注意下列几个问题：

复合韵母中主要元音开口度的大小：阿拉伯学生常常把 ai—ei、ia—ie、ao—ou、ua—uo、an—en、ang—eng、en—in、eng—ing 相混。其原因还是在于单韵母的开口度没有掌握好，或不巩固。因此，我们在进行这些韵母的教学时，要尽量让学生注意发主要元音的开口度的大小，还可以做些辨音练习，让他们多加体会。这里还要说明一点：e 作为单韵母读作 [ə]，在复合韵母 ei 中读作 [e]，在 ie 及 üe 中读作 [ɛ]。因此，使学生明确 e 在不同情况下不同的实际音值十分重要。有的教师使用十分醒目的板书：

$$ie \rightarrow i + e[\varepsilon]$$
$$\not\downarrow$$
$$e[ə]$$

效果比较好，既排除了 e[ə] 对 ie、ei 等的干扰，又有利于把 ie、ei 同 ia、ai 区别开来。

复合韵母中韵腹（主要元音）与韵头、韵尾的轻重长短问题：无论是二合复韵母，还是三合复韵母，它们的两个或三个元音在发音的轻重长短上都不是等量的，其主要元音发得重一些、长一些，韵头、韵尾要发得轻一些、短一些。这一点不少外国学生是不太注意的。

关于鼻韵母的问题：阿拉伯语的元音可以和前鼻音[-n]相拼，不和后鼻音[-ŋ]相拼。学生在学习汉语 ang、eng、ing、ong 时，或者把 -ng[-ŋ] 发成 -n[n]，或者发成[-ŋ]、[-nʁ]。因此，在进行鼻韵母教学时，要特别注意使学生正确掌握[-ŋ]的发音，注意 [-n]—[-ŋ] 的辨音训练，要让学生知道 -ng 不是 [n]+[g]，不能发成[-ng]。

关于撮口呼复合韵母 üe、üan、ün 的问题：阿拉伯学生发不好撮口呼复合韵母的原因在于单韵母 ü[y] 没有掌握好。因此，应该在单韵母上多花功夫。

四、为了使阿拉伯学生学好汉语语音，必须注意汉语拼音方案中拉丁字母的认读、书写

汉语拼音方案是我们进行汉语语音教学的工具。语音阶段的教学除了使学生正确掌握声、韵、调以外，还必须使学生能正确认读新音节，能根据拼音注音预习、自学生词，提高学生的自学能力。因此，必须十分注意汉语拼音方案的教学。

汉语拼音方案采用的是拉丁字母，阿拉伯语的字母是阿拉米亚字母。阿拉伯学生比起其他使用拉丁字母的学生来，增加了熟悉字母的任务。有的学生在面对面的语音教学中克服了的困难，在认读和记录时常常出现一些错误。因此，我们必须注意让阿拉伯学生熟悉汉语拼音字母，多认读，多听写，努力做到见字能发音，听音能记录。

有的学生学过一些使用拉丁字母的外语，他们在学习汉语拼音字母时，常常受这些外语字母的影响。如：英语 e 的字母名称是 [i:]，o 的字母名称是 [ou]，有的学生就把汉语的 i[i] 这个音写成 e，把 ou[ou] 写成 o，把 ɑi[ai] 写成 ɑe，把 iou[iou] 写成 io 或 eo；或者把汉语拼音字母 e[ə] 读成 i[i]，把 o[o] 读成 ou[ou]。

要注意拼写规则的训练。有的学生由于不熟悉汉语拼音的拼写规则，产生了一些错误，如把 you[jou] 写成 yu[y]。究其原因是，他们把独立做音节的 iou 写成了与声母相拼写的形式 iu，再改 i 为 y，就成了 yu。由于同样的原因，wen 有时被写成 wn，wei 被写成 wi。因此，应该告诉学生 iou、uen、uei 等韵母在独立做音节时，主要元音在书写上不能省略。又如上文提到的有些学生把 [tɕ'y]（"去"）读成 [tɕ'iu] 的问题，除了发音上的原因外，应该注意提醒学生，按汉语拼音方案规定，"qu"中的 u 为 ü 的省写，不读作 [u]。如果不熟悉汉语拼音方案，不但会发生书写上的错误，也会干扰发音。

关于基础汉语教学中的课堂操练[*]

从根本上说，语言学习是一种技能学习，语言教学是一种技能训练。小孩子学母语，成年人学外语，都是这样。婴儿的啼哭，从发音学的观点来看，就是一种胸腔共鸣器的养成运动。老奶奶逗引孩子的单向会话，实际上是人们的早期语言训练，老奶奶的话就是孩子学话的最早听力教材。一个经常跟其他孩子一起嬉耍的孩子，其语言能力的发展往往优于独处的孩子，因为他有更多的语言实践机会。成年人学习外语的过程，从强调实践这一点来说，与孩子学话大体相似。所不同的是，成年人已经具有了语言—思维能力，掌握了一种语言，有了一定的文化基础和语言知识。对他们来说，外语学习是一种自觉的行为。从时间上说，成年人学习外语由于职业等方面的种种原因，常常要求速成。简而言之，成年人学习外语的特点可以归纳为：实践、自觉、速成。于是，外语教学的各种问题，其中主要是教学环境、教学方法、教学内容等等就被提到了一定的高度，成为人们研究的对象。这种研究的最终目的是为了创造良好的语言学习环境，选择切合交际需要的、典型的学习内容，最大限度地增加语言实践的机会，在较短的时间内获得工作、学业或志趣所要求的语言能力。是不是可以这样说？各种语言教学法理论所关心的正是这样一些问题。人们注意到，尽管研究的重点不同，角度不同，但是，它们都十分重视实践，十分重视课堂操练。从实际情况来考察，在同一个语言学习的环境里，来自同一个国家、操同一种母语，仅仅是出于人数的考虑而分在两个班里的学生，他们的语言能力的发展常常会出现差别，究其原因，从总体来说，往往与语言操练的多少、优劣有关。

那么，如何评价课堂教学中的语言操练呢？我以为，这可以从以下几个方面来研究：

---

[*] 本文发表于《语言教学与研究》1981年第4期；又见盛炎、沙砾编《对外汉语教学论文选评（第一集）1949—1990》，北京语言学院出版社，1993年。1979年9月中旬至12月中旬听了各种类型的课70多节，并和一些同志交换了意见，本文就是在这样的基础上整理写成的，文章吸收了他们不少有益的经验和意见。

一、关于数量

吸收知识主要靠理解、记忆，掌握技能除了理解、记忆之外，更重要的是要靠实践，而且这种实践需要一定的数量。这是人们所容易理解的。语言技能同样需要一定数量的实践才能获得。可以说，没有数量就没有熟练，就没有语言习惯。比如说，每一种语言都有一些比较特殊的音素。从发音学的生理角度讲，不同的音素有发音器官的不同运动，准确地掌握某种语言的特殊音素，也就是要使发音器官的有关部位做相应的运动。语言习惯的形成就包括这种运动的熟练，这需要大量的操练。当然，句型的选择，词的选择和搭配，语调的得体、流畅，等等，远比这种生理运动复杂得多，它尤其需要大量的操练。教学大纲规定的各个阶段的听力速度、阅读速度、口语表达速度、笔语表达速度，这些指标既是语言训练在某一阶段内所应达到的要求，又是为了保证语言训练能有一定的数量，它体现了语言教学自身的要求和规律，是完全必要的。多数教师非常重视这些规定，想方设法，"搭梯子"，除障碍，根据实际情况，努力达到这些"数量"规定。听课记录表明，有的教师在教授新的句型时，两节课内学生开口达 200 人次句以上，平均一节课 130 人次句。我们现在每节课为 50 分钟，也就是每一分钟内学生开口为 2.6 人次句。如果一班有 10 个学生，那么一节课内每个学生开口 13 次，说 13 句话，每隔 3 分钟多一点的时间开口一次。除去教师的讲解、组织教学、纠正错误等时间，学生开口的实际频率还要高一些。应该说，这样的操练量是很大的。我们之所以不厌其烦地开列这些枯燥的数字，是因为这是一个至关重要的问题。我们试想，假定一个学生在一个学时内多操练 10 句，或少操练 10 句，在一个学年几百个学时内就是多操练或少操练几百句，甚至上千句。对短期速成的基础语言教学来说，这实在是一个十分可观的数量。教学大纲规定的各种数量指标正是通过一定数量的练习才能达到的。学生最终语言实践能力的高低，也正是在这日常的、容易被人忽视的"细小"差别中逐渐形成的。

为了保证操练有一定的数量，很多教师十分注意从每一个学生的实际出发，操练时区别对待：接受能力强一些、水平高一些的学生，操练的难度大一些；相反，则难度小一些。这就使绝大多数学生都有机会参加难度不同的操练，在各自的水平上有所提高。整个操练节奏十分紧凑。如果操练难度不当，不注意每个学生的具体情况，就必然会影响整个操练的进行。

"学生懂了",人们常常因此而不再坚持操练的数量,或者学生的错误一经改正,"懂了",就不再继续操练,以至于学生在操练中,对于某一教学内容,他的错误的东西多于正确的东西,正确的东西在课堂上既然没有得到反复操练、强化和巩固,课下必然回生,更谈不上正确地用之于交际实践了。这里必须明确的是,实践语言教学的终点不是"懂",而是准确、熟练。从不懂到懂,需要数量,从懂到准确、熟练,更需要数量。没有第二个数量,就不可能有语言技能的准确、熟练,从掌握语言的技能说,只是"懂"是没有意义的,也是不巩固的。

二、关于质量

课堂操练要有一定的数量,绝不意味着只是盲目的多和快,而可以忽视质量。没有质量标准的数量是没有意义的,甚至是有害的。

所谓有质量的操练,首先体现在它的明确的目的性上。大而言之,基础语言教学的目的、要求不同于本国人的一般语文教学,更不同于文学欣赏。就教学的不同阶段来说,其目的、要求也是有区别的。不同课型的操练也各应有所衡量。小而言之,操练的每一种方式都要有明确的目的,切忌形式过多,无目的地、过于频繁地变换。像舞台上的某种台步一样,步姿固然多彩,惜乎所进不多,甚至仍在原地。我们提倡运动场上"三级跳式"的操练,步子不在多,一步是一步,步步踩在关键处,每步都有前进。也就是说,每一种形式的操练,要达到什么目的,解决什么问题,都应该在总体设计的指导下,十分明确。学生在操练后,确实有所收获。

有质量的操练必须全面体现本课的教学内容,突出重点和难点。既不能漏掉应该操练的内容,也不要平均使用力量。不少教师在操练时十分注意重点和难点,操练的数量也比较大。此外,在语调上有暗示性的提示,必要时还辅之以醒目的板书。如有的教师在操练复合韵母时,为了使学生注意其中的韵腹在音长、音强上同韵头、韵尾的不同,利用板书,把韵腹写得大一些。有的教师针对学生操练定语时常常忽视"的"的错误,板书一个斗大的"的"字。总之,对重点和难点,可以像电影的特写镜头一样加以强调,使学生在操练时特别注意,留下深刻的印象。如果操练不能体现本课教材的内容,或者对重点把握错了,或者对学生的难点心中无数,或者对重点、难点没有加以突出、强调,这样的操练就必然是例行公事，隔靴搔痒，没有质量。

有质量的操练还应体现在准确性上。操练前，教师对学生的难点、可能出现的错误，要有一定的预见性，使操练更有针对性，从而降低学生在操练中的错误率，使操练从一开始就尽可能准确地进行。这既可以排除错误印象对语言学习的干扰，从心理上说，也有利于激发学生的学习兴趣，保护学习积极性。在操练中，对学生要严格要求，不要轻易放过学生的错误，更不要听任学生不断地重复错误。教师在课堂上对学生有很大的权威性，教师的评定和指导往往被认为是判断正确与错误的准绳。放过错误会被认为是默认。重复错误的操练非但无益，反而有害。但是，这里所说的"不要轻易放过""不能听任"，必须十分讲究方法，注意适度。如果错误太多，可区分轻重缓急，有重点、有计划地逐步解决。这里，照顾学生的自尊心，保护学生的积极性，让学生有时间琢磨、体会，教师要有耐心，这些无论从语言学习的规律，还是从心理学上来说，仍然是必要的。总之，正确的做法是：要求严格，处理适度。

有质量的操练善于把新旧知识联系起来，既操练了新的教学内容，又有助于旧内容的巩固。这就要求教师善于把握新旧知识的内在联系，善于以旧引新，善于在进行新内容的操练时把旧内容包括进去，使以前学过的词语、句型不断地得到重现，使学生在原有的语言水平上不断提高，而不是把新的语言现象孤立起来操练。

"学生对重复没有兴趣"，组织操练时常常会遇到这样的问题，其原因也许是多方面的，不过，如果我们的操练能注意在重复中有所变化、提高，如在速度上可以由慢逐渐加快，句子由简单到复杂，音节由少到多，使学生在每次重复中都有所收获，也就是说，以提高操练的质量增加学生对大量操练的兴趣。有的教师也安排一些"游戏"，但是，这种游戏的目的是为了教学，是经过教师精心设计的。我们不赞成对提高学生语言水平毫无意义的"游戏"。

另外，教师要十分注意课堂语言，排除课堂语言的任意性。因为教师的课堂语言不仅是为了组织课堂教学，同时也是学生学习的实际语言材料，又是一种听力训练。课堂语言要完整、准确，要及时吸收新学的语言成分；节奏、语速要有利于锻炼学生的听力。

最后应该说明的是，语言操练的最终目标是掌握、运用。学生是不是会用、用得是不是准确，是检验操练质量的标准。

三、关于理论指导

语言是一种复杂的现象，是有其内部规律可循的。语言学、语言教学、外语教学都各是专门的科学。强调基础语言教学的实践性，强调操练，不是排斥理论指导。前面说过，成年人学习外语有别于儿童学话的重要之点是他们的自觉性。所谓自觉性，除了明确的目的和积极的态度之外，更多的是说他们在文化、语言知识上有一定的基础和理解力。必须充分利用这些有利条件，在大量操练的同时，给以必要的理论指导，使他们明确重点，抓住要害，掌握规律，融会贯通，举一反三。如果把成年人的外语学习与孩子学话等同起来，只要求他们盲目地、机械地模仿，学生往往会感到受了"智力上的嘲弄"，厌倦于语言操练。从实际情况来看，如果没有必要的理论指导，学生不懂得"所以然"，大量的操练很可能是"顺竿爬"。曾经有这样的现象，在教学汉语某一特有的常用虚词时，学生在课上做了不少操练，但是，临下课时，学生问老师，这个虚词是什么意思。显然，缺乏必要的理论指导，不仅违背了成年人学习语言的特点，也达不到操练的真正目的。

当然，这种理论指导并不等于"满堂灌"，不是把操练作为长篇理论讲授的例句。这种理论指导是以大量的实际操练为前提的，是为培养学生的语言实践能力服务的。因此，必须抓住要害，有高度的概括力。有一个教师在教授连动句时，首先做了大量的操练，并把典型的句子板书在黑板上。然后问学生："这些句子有几个动词？"学生回答："有两个"。教师接着说明这些句子或者表示目的，或者表示方式，或者表示工具，在汉语里叫作连动句。然后让学生看墙上挂着的语法术语表（有外语译释），带领学生朗读"连动句"（liándòngjù）；最后又问学生，连动句有几个动词、表示什么意义。短短几分钟，有教师的讲解，有师生的对话，把语法点讲得十分清楚。

强调语言操练不是贬低理论指导的作用，而是对理论讲授提出了更高的要求。教师必须对有关的语言现象有比较透彻的了解，有一定的理论素养，并能结合教学实际，灵活运用，做到综观全局，突出重点，抓住要害，以简明的讲授画龙点睛，收到事半功倍的效果。举例来说吧，一个语音教师从实践角度上说，必须掌握普通话，熟悉北京话语音系统和汉语拼音方案，此外，必须具备普通语音学的知识，了解决定各音素的要素，这样才能在实际操练时抓住要领，敏锐地发现错误，准确地分析产生错音的原因，有针对性地纠正错误。否认必要的理论修养，以为只要会说普通话就可以教好外国人说汉语的观点是错误的。人们强调语言环境，但哪所学校也不会到十字街头随便找个人来就做课堂上的语言教师。但是，"身在此山中，不识真面目"，有意无意之间忽视、贬低语言教师条件的事仍然是常常发生的。作为语言教师，无论在认识上还是实践上都决不能轻视语言理论的指导作用。一个严肃对待语言教学的教师，一定是在教学实践上用心的人，同时也是对语言理论刻苦钻研、努力在实践中加以灵活运用的人。

四、关于外语的作用

为了使学生在大量操练中逐渐养成语言习惯，养成用目的语思维的能力，有些教学法理论不提倡，甚至禁止使用学生的母语或媒介语。在汉语作为外语教学的历史上，50年代和60年代初，曾采用语法翻译法，这时，外语的使用是大量的。后来，在国外直接法、听说法等方法的影响下，我们改用汉语直接进行教学。那么，我们现在对外语的态度是什么呢？从使用上说是有所控制，即既不绝对禁止，又反对大量使用。所谓不绝对禁止，是说在教学初期的某些课堂用语和理论指导的必要词语可以使用外语，如上面提到的连动句表示目的、工具、方式中的"目的""工具""方式"这三个词，教师就是使用了外语的。使用外语简明地说明问题，可以免除学生探索之苦，缩短从感性认识到理性认识的过程。这里，不绝对禁止使用外语同操练中不排斥理论指导的作用，是相为表里的。所谓不大量使用外语，是因为只有大量的理论讲解才需要大量地使用外语，而大量的理论讲解和使用外语就必然削弱语言的实际操练。这个主张又是同反对理论讲解"满堂灌"相一致的。

有一种意见认为，如果在操练中不直接使用外语，教师掌握外语就失去了意义。这种把操练中直接使用外语与外语在操练中的作用等同起来的意见实在是一种误解。我们认为教师懂得外语——学生的母语的重要意义在于，它有助于进行汉外对比研究，了解学生母语与汉语的异同，知己知彼，从而更准确地确定操练乃至整个教学的重点，科学地预见学生在操练中可能出现的错误，使整个操练更有针对性、目的性。如汉外语音对比可以告诉我们，汉语中哪些音素在学生的母语中是没有的，哪些音素与学生母语中的有关音素相似而又有所不同，其不同又在哪里，哪些音素学生学起来是没有困难的，使我们心中有数，减少操练的盲目性。学生在操练中出现错误的时候，汉外对比可以帮助教师了解这些错误产生的原因是受母语的影响，还是偶然的因素，分别情况进行处理。如有的说英语的学生在操练时说出这样的句子："离学校到商店有五公里。"如果教师懂得英语，就可以知道这是受英语"from"的影响，"from"的意义固然相当于汉语的"离、从"，但汉语"离、从"在用法上是不同的。又如，阿拉伯学生常说："可以我们去。"如果教师懂得阿拉伯语，就可以知道这是受阿拉伯语的影响。当然，这只是一些最简单的例子。从深度和广度两个方面进一步开展汉外对比，是摆在我们面前一项十分艰巨的任务，它对提高包括课堂操练在内的整个教学的质量具有重大的意义；比起在课堂操练中直接使用外语来，这是一个更高的要求。从这个意义上来说，教师的外语知识不是无用武之地，而是大有作为，而且亟须进一步提高。

　　课堂操练是汉语作为外语教学中一个很重要的环节，涉及的问题也不止这些。如各种教学法理论都强调操练，但在如何进行操练上，其方法、要求又有所不同。又如教材，它是教学的依据，又是操练的依据，教材的适用性直接影响着操练的质量。这些都需做专门的讨论。本文所谈的意见也很不成熟，聊充一说，仅做识者议论之话题。正确的答案只能来自实践，在这里，实事求是的态度是至关重要的。

外语在对外汉语教学中的作用 *

首先，本文所说的外语是对外汉语教学的对象——外国学生的母语（或媒介语）。这里用"外语"二字是就从事这一工作的以汉语为母语的中国教师说的。其次，本文讨论的重点是说汉语的中国教师掌握学生母语（或媒介语）在对外汉语教学中有些什么作用；其他问题，如外国学生在学习汉语时，他们的母语会起什么作用、影响，等等，不做详细讨论。用现在这个题目有点儿以偏概全，但比较简明，还不算太文不对题。这是"释题"，下归正传。

在汉语作为外语教学的历史上，人们对外语在教学中的作用，以及对教师掌握外语的要求及其必要性和迫切性的认识是有变化的。

在六十年代初以前，汉语作为外语教学普遍采用语法翻译法，形式多为"唱双簧"，即懂汉语的教师用汉语主讲有关的语言知识，会外语的教师即席翻译。这种方法当然离不开外语，但是，外语在这里仅仅是起传达讲授内容的作用。六十年代初以后，国外语言教学中的直接法和听说法在不同程度上逐渐在我国外语教学中试用。这两种方法，或者反对在外语教学中使用学生母语，或者把母语的使用限制在一个适当的范围之中。在这两种教学法的影响下，我们在对外汉语教学中以直接使用汉语进行教学取代了语法翻译法；在课堂教学中，在最初阶段的若干课堂用语以及在进行语法归纳中的某些重要概念使用一些外语词语。在课下，教师使用外语了解学生的学习情况，加强思想交流，密切师生关系。在这以后，直到现在，尽管在教材编写、教学法原则上不断有所变化，如强调句子的结构——句型，强调语言的交际作用——功能，或者把二者结合起来，但是，外语在教学中的作用大体上维持在这一状态上。以上这些是就整体而论。具体的教学活动中，情况要复杂一些，比如，要是对教学的实践性原则认识不深，掌握不好，理论讲解过多，就必然会过多地使用外语，课堂教学组织有时也不得不借助

---

* 本文发表于《语言教学与研究》1983年第2期；又见《对外汉语教学论集（1979—1984）》，北京语言学院出版社，1985年。

外语来协调，如此等等。有些似属偏颇，不在所论之列。

六十年代初，培养了一批高等学校中文系毕业、又进修了外语的出国教师。但是，让他们学习外语更多的是从出国进行教学时工作、生活的需要考虑的。

在教材中，我们一直停留在生词释义、语法讲解、作业要求等方面使用外语的水平上。

概括起来说，在相当的时间内，外语在对外汉语教学中，只在语言是交际工具这一普遍意义上发挥着作用：语法讲解（口头的、书面的）、课堂用语、师生交流思想、国外教学的方便等等方面，外语都只是起着交际工具的作用。但是，外国学生到中国来学习汉语，就本质来讲，是学习一种技能，他们希望的是尽早地、尽多地直接使用汉语来吸收知识，进行交际活动，即使以汉语为专业的学生，他们也决不会忽视中国这样一个学习汉语的有利条件，放弃熟练掌握汉语的机会，去做一个不会使用汉语、从书本上讨生活的"汉学家"的。从提高教学效果讲，少使用外语，多使用汉语，使我们的课堂既是学习汉语的场所，又是运用汉语的实际语言环境，把学习和运用结合起来，有利于提高语言水平，这是符合汉语教学的要求的。就发展来看，学生随着汉语水平的提高，直接使用汉语的可能性和积极性越来越大，外语的交际价值随之而逐渐减小。正由于此，近代教学法理论主张严格控制学生母语的使用，不少教师在使用外语上十分谨慎而有节制。

因此而产生了一种疑虑：为什么我们强调从事对外汉语教学的教师要学习外语呢？为什么要从外语专业毕业生中吸收对外汉语教学的师资呢？这些问题应该得到正确的回答。否则，或者是，在课堂教学中，在与学生的接触中，不适当地、大量地使用外语，影响学生汉语水平的提高；或者是，外语学习不能同教学结合起来，所学的外语知识不能发挥更大的作用。

那么，外语在对外汉语教学中应该发挥什么作用呢？外语在对外汉语教学中除了是交际工具（如上所说，这一点应该是有限度的）外，更重要的是，每一个从事这一工作的教师应该把它列为自己的研究对象，并把它看作是自己教学活动的重要组成部分。也就是说，教师利用自己的外语知识，开展汉外对比研究，在对比中加深对汉语规律的认识；了解汉、外语的异同，加强课堂教学的针对性，提高教学的自觉性和主动性，提高教学质量和教学效果，根据汉外对比研究的成果，为不同母语的学生编写不同的教材，加强教材的适用性。

开展汉外对比研究，可以帮助我们进一步认识、掌握汉语的规律，提高教学质量。有比较，才有鉴别。任何事物只有在与相关事物的比较中才能显示出其特点来。就语言这一社会现象来说，斯大林正是在把它与经济基础、上层建筑的比较之中，指出了语言的本质的。在近现代汉语语法研究的历史上有一个并非偶然的现象，即，有较大影响的专家们，几乎都精通一种或几种外语，这不但使他们便于接受近代西方语言学理论并运用于汉语研究，而且有利于他们进行汉外对比，发现汉语的特点和规律，如汉语缺乏严格意义上的形态变化，虚词与词序在汉语语法上有特殊的意义等，都是在比较中得出的结论。吕叔湘先生在《通过对比研究语法》一文（见《语言教学与研究》1977年试刊第二集）中指出："要认识汉语的特点，就要跟非汉语比较。"这是从汉外对比在语言研究中的一般意义上说的。特殊地说，对外汉语教学在某种意义上是对汉语研究的最好促进和最好检验。对于以汉语为母语的人来说，学习汉语是在实践中不断模仿、逐渐积累的过程。他们学习、掌握汉语的主要途径是自然实践。汉语研究的深度与结论正确与否并不影响他们的语言交际活动。在对外汉语教学中，汉语研究的状况却关系到什么是最能说明汉语特点的规律，如何选取最能体现这些规律的语言材料对学生进行训练，如何给以中肯、简明的理论指导，这些都直接影响着学生的学习质量：能否在较短的时间内正确地掌握汉语。直接担负教学第一线工作的教师都有这样的体会：某种语言现象如果研究得比较深透，教学中就比较顺利，反之，如果我们的研究还没有得出规律性的说明，就很难使学生明白、掌握。有时还有这样的现象，对汉语语言现象的某种分析，在理论上也许不失为一家之言，但是，外国学生按这种说法说出来的话却不符合汉语的习惯。这说明我们的理论研究还有漏洞，还不严密。如果抓住这些现象，对汉语和外语进行比较研究，常常能帮助我们找到汉语独有的特点，从而克服"身在此山中，不识真面目"的局限性，使我们的研究工作进入新的境界。因此可以说，对外汉语教学工作是汉语研究的滤色镜，它对一切现有的汉语研究成果做出检验，使我们明白哪些成果是适用于我们的教学工作的，哪些是需要补充、修正的，哪些是需要进一步研究的，从而提出新的研究课题。而解决这些课题，开展汉外对比常常是有效的途径。

在教学工作中，开展汉外对比，对提高教学质量有着重要的意义。对外汉语教学的对象是成年人。他们学习汉语多数出于职业上的迫切需要，不能像儿童学习母语一样通过漫长的自然模仿过程，而具有短期突击的性质。这就要求教师不但把握汉语最基本的语法、最常用的句型和词语，而且要求教师了解学生的母语，把握汉外语言的相同、相似之点和不同之点。相同之点，例如，语音方面，汉语和某些外语共有的若干音素，不少语言都有的 S+V+O 的句型，汉外语的等价同义词，等等，这些可以利用正确的类比作用（也就是人们常说的"正迁移"），帮助学生理解掌握，可以少花些力气。对不同之点，如：在非音质音位中，汉语的声调有区别词的作用，非汉语（如印欧语系中的英语等）则有重音系统和时态、范畴的不同。又如日语的动词常位于宾语之后，阿拉伯语中，动词句的主语位于动词之后，形容词位于被修饰词之后等，则需要"重点突破"，多加操练和说明，以严格划清汉外语的界线，努力防止学生母语的干扰（也就是"负迁移"）。所谓教学重点突出，针对性强，要做到这一点，除了教师的汉语素养外，还有赖于教师对外语的了解和汉外对比的研究。我们现在使用的都是通用教材（这一点后面还要谈到），还没有能照顾使用对象的不同母语。教师在使用教材时，就有一个义不容辞的任务，即根据具体教学对象的母语情况，活用教材。人们常说要搞好课堂教学，"功夫在课外"。这"功夫"应该是包括教师的外语知识及汉外对比研究在内的，这比起课堂上直接使用外语来，要求要高得多。人们可以在课堂上不说一个外语单词，但教学内容的取舍、详略，却往往与教师对学生母语（亦即外语）的了解有关。这就如艺术表演中的导演，舞台上看不到他的存在，但他的思想、艺术水平却影响着演出的艺术效果。

  在教学工作中，教师的外语知识有利于教师分析学生在语言实践活动中的错误。这些错误通常可以分为两类：一类是偶然性错误。这类错误常常是个体性的，也就是说，某些学生出现的错误，别的学生不一定出现；某处出现的错误不一定处处出现。它可以用及时提醒或个别辅导来解决。另一类是规律性错误，也就是说，这类错误的出现常常是因为受母语的影响，如上面所举的可能产生的"负迁移"的例子，它具有普遍性特征。应该说明的是，学生的母语不同，他们出现的错误的性质是不同的。如"可以我们去"对阿拉伯学生来说是规律性错误，对英语和其他一些语言为母语的学生来说，也许是偶然性的错误。如果教师掌握学生的母语，就能准确区别学生出现的错误的性质，及时捕捉住规律性的东西，或加以纠正，或进一步研究，而不致眉毛胡子一把抓，该纠正的不深不透，无须花大力气的又纠缠不清。不少教师在教学中注意搜集病句，积累资料，作为提高教学质量的突破口或科学研究的课题。但是，从见到的这类资料来看，一是往往没有严格区分偶然性错误和规律性错误的界线，二是没有说明某一病句出自操何种母语的学生之口（之笔）。这就降低了这些资料的参考价值。在对病句进行分析的时候，有时还停留在"批改作文"的水平上，以做到"词从句通"为满足，没能从汉外比较上做出说明，找出规律性的东西来。这不能不说是理论研究上的损失。在这方面，教师凭借自己的外语知识，开展汉外对比研究，就可大有用武之地。

开展汉外对比，有利于编写更适用的教材。多年来，我们的教材编写工作在内容的思想性和语言的科学性的关系上，在例句、课文的题材和交际需要的关系上进行了不断的探索，总结了不少有益的经验和教训。我们在教材编写中不断克服"左"的思想的干扰，在科学性、规范性方面取得了很大的成绩，我们已经有了比较稳定的教材。我们又注意克服教材题材偏于课堂、学校生活的局限性，着眼于语言材料在社会交际中的实用性，努力把语言的内部结构与交际功能结合起来，并同样取得了不少成绩。近年来，不少教师进行了汉外语音对比、语法对比的研究，发表了一些研究成果，但汉外对比研究还有待于深入和普遍，并进而进入教材编写者的视野之中。就现状而论，一、现有教材根据历年教学经验，注意了外国学生学习汉语的难点，如若干汉语特有的音素，某些外国学生较难掌握的语法现象、句型，以及词语中的虚词等等。但是就整体（除了个别例外）来说，我们似乎可以这样评价，即：我们还仅仅考虑了一般的外国学生的学习特点，据此对中国人使用的汉语教学语法体系（语音和词汇也与此类似）做了调整，学生的母语状况及汉外对比的研究成果还没有在教材中较好地体现，或者说没有普遍体现，使用时有待于教师在备课时补充。二、最近几年来，我们注意了教材的配套工作，编写了听、说、读、写各种技能训练的相应教材，以及教师手册、工具书、文化背景材料，等等。但是，从另一方面说，我们的教材仍停留在操各种语言的学生共同使用的通用教材上（只有在生词释义、语法注释等方面的少数几种外语译文上表示了不同使用对象的区别），针对不同母语的学生运用汉外对比研究成果编写的教材还没有出现。这比起某些国家在全世界范围内推广其语言，在针对不同母语的学习对象编写各种教材方面所花的力量来还有一定的距离。我们应该赶上世界潮流。我们应该也有条件充分发挥教师的外语的作用，大力开展汉外对比，做出规划，逐步编写出供操英语、法语、日语、西班牙语、阿拉伯语，以及其他外语的学生使用的教材来。

　　我们已经有了三十多年对外汉语教学的经验，我们的师资队伍汇集了汉语、外语两方面的人才，教师掌握的外语有包括目前国际上通用的英、法、俄、西班牙、阿拉伯、日等语言在内的二十多个语种，不少教师正在努力地学习外语，我们的汉外对比研究工作并不是从"零点起飞"。这些都是有利条件，只要大力提倡，埋头苦干，我们一定能在较短的时间内使我们的科研工作显示出自己的特色，教学工作更加自觉、主动，教材能适应不同母语的学生的需要，从而开创对外汉语教学的新局面。

对外汉字教学要从形体入手[*]

一、对外汉字教学的规定性

任何课程的教学都有其特殊的规定性。

"对外汉字教学"的规定性有三点：1.教学内容：汉字；2.教学对象：外国人；3.教学要求：正确地、熟练地使用汉字。这就在三个方面提出了要求：要注意研究汉字不同于拼音文字的特殊性；要注意研究外国人学习汉字不同于中国人学习汉字的特殊性；要注意技能训练不同于理论传授的特殊性。如果忽视了汉字的特殊性，或把外国人当中国人来教，或把技能训练当作理论传授，当然学生也会从课堂上吸取其所需要的东西，然而相对教师的主观努力而言，效果就差多了。

包括教学方法、教学内容和教学要求在内的对外汉语教学的全部特点都来源于其对象是不会或很少会使用汉语的外国人。而对外汉语教学中最常见的偏向是把对外国人的语言技能训练变成对中国人的语文教学或理论知识的教学。其原因是我们都在中国的小学、中学、大学学习过，都从老师那儿接受了一套教学模式，学到了不少理论知识，如果不充分地注意对外汉语教学的对象和要求的特殊性，就很容易把对中国人适用的模式搬用到自己的教学中来，把中国人需要的理论知识灌输给外国人。对外汉字教学可能发生的偏差及其原因大体上也是这样。

那么，在对外国人进行汉字教学时，应注意什么问题呢？

（1）在学校里进行第二语言教学一般都包含了语言文字两个方面。但是很多语言作为第二语言教学时，文字问题没有汉字那样突出。原因在于汉语以外的多数语言的文字是拼音文字，汉语不是。语言是声音和意义的结合，文字是记录语

---

[*] 本文发表于《世界汉语教学》1987年第2期。

言的。拼音文字用表音的办法来记录语言，听其音而记其字，见其字而发其音，文字本身不表意，形音义的关系用图来表示是一条直线：形—音—义。语言这一套代表一定意义的声音符号系统跟文字这一套记录一定语音的形体符号系统基本上是一致的，学起来比较方便。汉字没有提供这种方便。汉字一直在建立形义的直接联系上下功夫，如象形、会意、指事、形声字的义符都是这种关系的体现；补之不足，也有表音的字和符号，如假借、形声字的声符，但总的说来，汉字始终没突破表意的大框框。汉字形音义的关系用图表示不是一条直线，而是一个三角形：

$$形\begin{matrix}音\\ |\\ 义\end{matrix}$$

汉字记录汉语，这是它们的一致性，是基本点。同时，汉字作为形体的符号系统跟音义结合的语言的声音系统又有相对的独立性。有人说，汉语的方言分歧之所以没有发展为不同的独立的语言，除了社会历史这一基本条件外，汉字也起到了重要的作用。这也是这种相对独立性的旁证。

以汉语为母语的中国人上学以前学习语言，为日后继续学习语言打下了坚实的基础。上学以后学文字，大体上说这两套符号系统的学习是在不同阶段里进行的，这就分散了难点。外国人学汉语，在短时期内既学语言的符号系统，又学文字的符号系统，这就增加了难度。外国人说汉语难学，其中，声调是一难，汉字是另一难。为了减少困难就要寻求适当的方法。

（2）汉字这套符号系统本身有什么特点呢？一是数量大，现在通用的中型辞书《现代汉语词典》共收了13000字以上，《新华字典》收了8000多，有人统计通用字为6000，常用字也有3000。这比起二三十个字母来不啻天壤之别。二是形体复杂。笔画多的有二十多画，简化后平均还有10.3画。形体差别又很细微：才和木，礻和衤，纟和幺，已己巳，戊戌戎戍，舀臽，勺匀……实在难为外国人。在他们看来，汉字就是一幅画，是站在近处看的一幅油画。看起来莫名其妙，写起来无从下手。我们的任务就是在复杂中找规律、找条理，一方面让学生了解形体复杂、面貌跟拼音文字迥异的汉字也是有条理的、有规律的，克服对汉字的神秘感和畏难情绪；另一方面要在教学中利用这些规律，帮助学生尽快地掌握汉字。

（3）从教学要求来看，帮助学生学会写汉字，是一种技能的训练。技能训练不能离开理论知识的指导，但毕竟不是理论知识的传授。对于汉字，人们可以从起源、变迁、形体、音义等等不同方面去研究，可以从不同的角度建立理论体系。通常被引进汉字教学的是六书理论。一些讨论对外汉字教学的文章认为六书理论可以用来帮助、指导对外汉字教学。

首先，六书理论适用不适用于汉字教学，尤其是对外汉字教学呢？其适用的范围、程度有多大呢？

主张把六书引进对外汉字教学的最大理由是汉字的有理性。如说"日"是像太阳之形，意义有关太阳的都从"日"；"休"表示人靠在树旁休息；等等。但是，我们知道，用六书理论来全面分析一个个汉字的许慎，他分析的对象是篆书。汉字经过隶变、楷化到简化字，形体发生了很大的变异；由于几千年语言的发展，相当一部分字的意义和读音也有了变化，不少汉字的理据已经只存在于初文、本义和古音中了。所以说，今天我们教给学生的汉字的理据已经大大削弱了。

其次，是怎样利用汉字的有理性的问题。关于这一点，殷焕先生在《汉字三论》中说："说汉字有理性，就想出识字教学讲讲'六书'，但也应考虑到用得上用不上。对象是特定的，不能由自己想象。"殷先生说汉字教学可以利用六书是基于汉字有理性的"深入人心"。这两段话非常中肯，非常谨慎。"对象""人"正是我们特别予以注意的。这个"对象""人"对中国人说来有长幼之分，有语言文化素养高低不同之别。殷先生在上书的不同地方举了两个例子。其一，"章"可有两种教法：立早→章，音十→章。"音十→章"尽管比"立早→章"更能与"章"的字义挂上钩，"但幼儿的客观、主观都没有做好这个接受的准备，听不懂'音十→章'的道理"。这是长幼问题。其二，表示颜色的"红、绿、紫"与古代的染丝有关，"由、笛、轴、袖"都有音旁"由"，表现了汉字的有理性，但是殷先生断然说，这"同我们识字教学无关"。这是语言文化素养问题（参见《汉字三论》72、76、77、87、91 页）。对外汉语教学的特殊对象是外国人，他们对汉语、汉字和中国的历史文化或者一无所知，或者知之甚少。他们于汉字所要求的是怎么写：先写哪一笔，后写哪一笔，怎么使布局匀称。至于造字时是象形还是会意，那是学会了写字，有了一定的汉语水平以后文字学专业课上的事情。譬如，如果不会写"日"字，告诉他"日"像太阳之形有什么意义呢？如果不会写"春""暴"，懂了"春"是草生日边、"暴"是从日暴晒又有什么用呢？当然，形声字的义符可作为概念类别的标志，如金字旁表金属固体，石字旁表非金属固体，三点水（氵）表液体，气字头表气体，以及木字旁、草字头、火字旁等等；某些声旁可以提示字的读音，如"攻"读"工"声，"旗"读"其"声，"园"读"元"声等等。但是，这种作用是有限度的。有些汉字在会写、会念、懂得意义的人面前，它体现了某种理性，对初学汉字的人却无补于事，如："呼""吸"从"口"不从"鼻（自）"；同是温度，"热"从"火（灬）"，"温"从"水（氵）"，"冷、凉"又从"冫"；"灬"跟"火"有关，但"燕""羔"下的四点跟"火"毫不相干；"沙"固然同"少水"有关，"炒"却少不了火；"辉"同"光"有关，"煌"却同"火"意义相连，"辉煌"同义构词，"光、火"不同又是为了什么呢？又如"衷"的声符"中"在中间，形体相近的"哀"的声符"衣"却分在上下；"莫"是会意字："日"在草中，"草"却是从"艹""早"声的形声字，中间的"日"是声符的一部分，与"草"无直接关系，等等。要一个初学者据此来学习汉字不是太难了吗？同样，要一个对汉语历史知识知之甚少的外国人明白"迤（yí）、驰（chí）、施（shī）、地（dì）、他（tā）、拖（tuō）"都从"也（yě）"得声，"江（jiāng）、红（hóng）"的声符是"工（gōng）"，"成（chéng）"是"丁（dīng）"声，"书（shū）"是"者（zhě）"声；要一个对中国文化史知之甚少的外国人从颜色跟染丝有关，从而明白"红、绿、紫"都从"纟"，要他们理解"监"表人低头用水照脸，"鉴"又表使用铜镜照脸，等等，不是强人所难吗？这里要分清的是，从文字上研究古人造字的方法，探究或印证文化发展的线索，跟利用这些成果来学汉字毕竟是不同的两码事。我们不能把认识的次序和知识积累的过程颠倒过来；我们不能忽视多数初学汉语的外国人并没有这方面知识的准备，以及他们在短短的学习期间沉重的学习负担；也不能忘记在一段时间内的课堂教学中几乎没有足够的语言条件来让学生明白这些道理。

所以，对初学汉语的外国人的汉字教学还得从形体入手。

二、怎样教外国人写汉字

我认为教外国人写汉字要抓住四个环节：

1. 从教笔画开始

汉字是由笔画组成的。笔画是构成汉字的最小单位，有一些汉字（偏旁）的差别就体现在笔画的多少（如"一、二、三""冫、氵"）、形体（如"才、扌"）和位置（如"大、太、犬"）上。拼音文字笔形简单，手写体一笔相连。对习惯于拼音文字的外国人一开始要重视笔画的基本训练。

汉字的笔画一般分为八种，有的笔画有若干变体：

横	竖	点	撇	捺	挑	钩	折
一	丨	丶	丿	八	㇀	飞	马
于				尺	艮	飞	断
					也	买	厶
						了	巡
							乃

这些笔画中没有拼音文字中很普遍的弧形、圆形笔画（除"〇"以外），有些外国学生把"口"一笔写成"〇"是不对的。

每一个笔画都有自己的书写方向——笔顺，拼音文字一气相连，什么方向都有。汉字的笔顺是从上到下，由左而右。这与汉字的直行下书、横行右书有关。笔序和字素的次序基本上也与此一致，所以一开始就要培养学生的笔顺习惯，这一点对习惯于横行左书的阿拉伯学生和使用阿米比亚文字的其他国家的学生尤其重要。

在教学中我们可以做如下的设想：在语音阶段开始时，用几天时间专门练习笔画，从描写到临摹。同时可以加练一些笔画简单的汉字和常用的字素，如数字"一"到"十"，"人、口、百、千、万"和"亻、氵、扌、刂、阝、纟、辶"等。

在开始阶段进行这种简单的练习，在实践上是帮助学生打下书写汉字的最初步的基础，同时也可以由此而建立汉字是可以分析的这种概念，减轻他们对汉字的神秘感和畏惧心，在心理上是可以接受的，不会感到简单、枯燥。

2. 抓字素的环节

简单的汉字是由笔画直接构成的，多数汉字先由笔画构成字素，再由字素组成汉字。一个字能不能分析为几个字素，并不是传统的独体字和合体字的区别。六书中的象形字被认为是独体字，但"泉""虎""燕""眉""果"都可分析出字素来。

汉字有多少字素？陈明远同志分析了1000汉字，字素为500。殷焕先先生也分析了1000汉字，字素为700；他折中为600。无论500、600、700，10比5、比6、比7，对汉字教学的实用意义都不很大。有些字素如"象""越""蹲"中的"免""戉""酋"等，出现的频率都不高，可以和有关的汉字一起学，不必单独练习。我们分析了北京语言学院语言教学研究所编选的1000个常用字，得出字素300多，我们又从中挑出119个组字力比较强的字素（见"主要字素表"）。

关于字素要注意交代清楚：在一个字素内部，笔画的顺序是先上后下，从左而右。教写字素可以跟教写汉字一起进行：先把整体的汉字分析为若干字素，再以字素为单位，演示笔画、笔顺、笔序，让学生练习，然后再把字素组合起来，构成汉字。同一课中字素相同的汉字可以一起教写，并把学过的包含同一字素的汉字引入复习。在单元复习时，可以把不同的字素加以归类。这样从教写开始到复习，都注意以字素为书写的最小单位，在反复中帮助学生建立字素的概念，直到见了新的汉字就能分析出其组成的各个部件，而不再是模糊一片，无从入手。

3. 抓汉字的基本结构

一个汉字中各个字素的相对位置叫结构。外国人写汉字不好看的原因还在结构不匀称。

由笔画直接组成的汉字，其结构是单一式，如"二、人、日、火、牛"等。由若干字素组成的汉字，其结构有上下重叠式、左右并列式、内外包孕式，以及以上各式相杂的混合式。上下、左右两式中又有上下相等、上大下小、上小下大、上下三分，左右相等、左大右小、左小右大、左右三分等各种情况。列表可如下：

比例	单一式	上下式	左右式	内外式	混合式
相等	一	早	群	问	众简
2∶1	大	兵	到	句	路翻
1∶2	身	第	们	回	擦激
三分式		意	谢		

有的字素可以出现在汉字的任何部位，如"口"，单作"口"，在上有"只"，在下有"占"，上下作"吕"，内外作"回"，三合一作"品"，在四角有"器"。又如"十"，单作"十"，在上有"古"，在下有"早"，在右有"什"，在角有"朝"。又如"人"，单作"人"，在上有"会"，左右作"从"，三合一作"众"。

有的字素在汉字中的相对位置常常是固定的，如"亻、讠、氵（除'衍'）、扌、纟"等，一般在左；"宁、刂、攵、卜、殳"等，一般在右；"阝"则可在左或右，不能在上或下；"艹、竹、广、宀、罒、覀"等一般在上；"灬、心"等一般在下；"辶、廴"等则在左下；等等。

有的字素在不同的部位有不同的变体，为的是使整个汉字的结构匀称、美观。有的字素的变体，如"火→灬""人→亻"等，形体差异较大，宜看作不同的字素。字素的变体有：

    卜—⺊（外—占）   几—几（几—风）

    卩—㔾（即—危）   小—⺌（少—光）

    爪—爫（爬—受）   疋—⺪（蛋—疏）

    足—⻊（足—跟）   八—丷（分—弟）

    又—乂（友—对）   刀—⺈（分—危）

    牛—牜（牛—告）   艮—⻊（跟—即）

    羊—䒑、𦍌（羊—差、美）

有的字素为了结构的需要，其末笔常有改变，如：

    土—圡（地）   东—车（轻）

    火—火（烧）   禾—禾（和）

    己—己（改）

不同部位的字素的书写顺序还是从上到下，由左而右，先外后内。外国人写汉字常见的毛病是字素间的距离太大，看起来像两个汉字。有些拼音文字在行末写不下一个词时，可以音节为单位回行，但一个汉字的两个字素不能写在两行。有的学生把"翻"的"番""羽"分别写在两行，应该予以纠正。

4. 基本汉字——常用字

笔画、字素和结构训练的目的是为了写好汉字。但是，写好汉字并不是汉字教学的最终目的，汉字教学应使学生熟练地掌握一定数量的汉字，能把听到的话写下来，把想说的话写出来，发挥汉字在社会交际中辅助手段的作用。

在教学中有一种方法：教师先在黑板上演示一遍，再让学生照着写，写对即止，整个汉字教学没超出临摹。有些教师对书写要求也不严格，发现学生把"口"写成"○"时，并没有引起像发现学生发错某个音素那样的重视。另一种方法是：先临摹，再默写（如给拼音写汉字）；在此过程中反复地朗读、释义；再用常用字组词；等等。这种方法使学生在形体书写时把形音义三者结合起来，强化练习；把汉字教学与汉语教学结合起来，做到能说会写。我们认为第二种方法算是完成了汉字教学的任务。

外国人学汉字的时间有限，对他们应掌握的汉字数量的要求应该合理。国内现在发表、出版的常用字有很多种，但外国人生活圈子跟一般中国人不同，语言交际涉及的范围也不一样，所以不能搬用适合中国人使用的常用字。如果考虑到他们专业学习、专业活动的需要，可以加上适量的专业常用汉字。这些有待于进一步的调查研究。

最后，谈谈关于汉字练习本的设想。这本汉字练习本应包括：

1. 第一部分是全部笔画的练习（从描红、临摹到独立书写。除了笔画外，还可包括一些简单的汉字）。

2. 常用字素练习：常用字素（以及不同部位的变体）和包含这些字素的汉字，注意由简到繁，并有利于形体相似的字素的比较。

3. 汉字的书写练习：从临摹到默写（给出拼音）。如能像旧时的启蒙读物一般，有意义相贯于其中，则更好。

4. 组词，给一个汉字，写出相应的汉字，组成常用词。

5. 用拼音给出包括常用汉字的句子、语段、小故事，由学生写出汉字。

为了学生易于掌握汉字的结构，练习本应印有九成宫的底格，在初期尤应如此。

6. 最后附有常用汉字表以备查。

如果一本汉字练习本的常用字选得好，它应能跟同样精心编写的汉语课本相配合，做其课外练习之用。

主要字素表

二	二些元〇	𝘄	学觉〇〇
亠	市交京夜	𝘄	党常掌躺
十	十古支早	几	朵没沿船
丁	打顶停可	几	几机沉亮
刂	刚别到烈	儿	儿元先兄
厂	厂历危原	冫	决次况冷
广	广应底度	夂	冬尽寒图
ナ	右灰布有	氵	江没法范
卜(⺊)	外处占桌	讠	认让论设
亻	什你花袋	卩	节即命却
彳	行往很得	阝	都那队啊
人	人坐论创	刀(⺈)	刀分招解
钅	钟铁钱错		〇急确鱼
金	险验检脸	力	力办努别
八(丷)	八分只究	乂	区风刚希
	〇关着单	又(㇇)	双对努慢
勹	句包跑构	子	字好孩游
勺	的约药〇	匕(𠤎)	比老它化
勿	勿忽易物	厶	公始法参
冂	内肉周同	辶	过这近随
冖	写农沉军	廴	建挺〇〇
宀	它字安完	工	功江红试

干	汗赶岸舒	户	房护遍篇
千	乱话重插	也	也他地拖
土	去社起基	王	弄现理程
艹	花宽模荣	圭	责青情害
扌	打把势热	耂	老都教著
寸	对过夺将	云	运会层动
大	大因美模	云	充育统流
戈	划找战我	木（朩）	荣休困〇
戋	线钱践〇		村样根〇
门	门问闹们	禾	利种透除
口	只名跑始	车	车连较挥
囗	因回国困	不	不还怀坏
巾	帮市希帽	止	此肯跟路
山	出岁密端	正	正改证整
忄	快怕情慢	足	定是题提
小	尖京系原	贝	负则贴圆
亡	忘忙茫慌	见	见觉观现
彡	参须形修	廾	共黄散错
夂	各处修夏	日	易春时草
夕	名岁外将	曰	最意厚慢
犭	狗狼猛猎	月（月）	月明服〇
饣	饥饭饿〇		有青前〇
女	好安努数	牛（牜）	件解〇物特
纟	红纸给续	生	告先造制
彐	寻当妇急	反	反板饭〇
马	妈吗驼验	欠	欢吹歌资
己	己改记起	斤	听新近渐
巴	吧把爬爸	爫	采受浮摇
尸	展呢据握	方	旁纺放激

夂	放教数做	白	白的怕激
火	灭秋谈烧	自	自息咱道
灬	点热然默	生	生星姓胜
礻（示）	社视神〇	矢	知短医候
	示际察	皮	皮破被婆
心	态忽总您	艮	艰很跟腿
石	石研确硬	立	音站位部
田	思留细翻	页	须顺领题
且	且助组姐	虫	虫虽蛇强
皿	盖益猛温	竹	笑等答第
目	看眼相冒	米	类迷料精

中高级汉语教学呼唤"航标"*

议论现实，有时需要讲点过去，本文就从历史开始。

一、历史的追忆

人们可以把中高级汉语教学体制的创建定在 1975—1978 年间。1975 年，北京语言学院试办外国留学生现代汉语专业。1978 年，该专业正式建立。这个专业学制四年。第一学年跟学习文科专业的学生在一起。到了二年级转入现代汉语专业。有些学生在国外学习过汉语，其水平经测试后，也可插入现代汉语专业相应的年级。第一学年，人们可按传统的说法，列入基础汉语教学，二年级以后叫作中高级汉语教学。1987 年以后，原二至四年级三年一贯的教材《文选》六册中，供二年级使用的一、二册，经修订后更名为《中级汉语教程》，以后各册为《高级汉语教程》，并正式出版。相应地，人们把现代汉语专业二年级叫作中级汉语教学，三、四年级叫作高级汉语教学。

此外，公开出版、内部印行的教材也有冠以"中级""高级"字样的，都是就其大体而言，学制上并没有明确的界分，语言水平上也没有严格的标准。

中高级汉语教学虽然创建于 70 年代，其滥觞时期却可远溯至 50 年代。——也许更准确地说，是中级汉语教学滥觞于 50 年代，但是，迄今为止，高级汉语教学在很多方面还缺乏区别于中级汉语教学的阶段性标志，所以我们还是"中高级"一起说。——50 年代，在外国人汉语教学开始后不久，即对学习不同专业的学生的汉语教学规定了不同的学制：学习理工专业的学生学制一年，学习文科专业的学生学制两年。其中，又分成不同的阶段：语音阶段、语法阶段；至第一学年下学期春夏之交，语法阶段结束，短文阶段开始。文科专业学生的二年级就

---

* 本文发表于《语言教学与研究》1990 年第 4 期；另见《中高级对外汉语教学论文选》，北京语言学院出版社，1991 年；又见刘珣等主编《对外汉语教学论文选评·第二集（1991—2004）·中册）》，北京语言大学出版社，2008 年。

进入现在所说的中级汉语教学了。课文开始选用原文，篇幅加长，生词量猛增，生词和语法点的出现也不如第一学年所用的由编者自行编写的短文那样，有精心的安排，而是视选文而定，有很大的随机性。因此，一进入二年级，教学上就出现了一个陡坡。为了消除这个陡坡，人们在二年级开始时增设了经改编的课文，希望用这个办法来搭一座"桥"，但两岸之中，只有基础汉语教学比较明确、固定，二年级的选文常常变动，难度又较大，这座"桥"始终架不到彼岸。初、中级之间的陡坡和中、高级之间的缺乏明显界线成为鲜明的对比。

滥觞时期二年级使用的教材都是油印的。先选课文，接着挑生词，做注解，译外语，设计练习。课堂教学的环节是：领读、朗读生词，讲解重点词语，分段串讲课文，领读、朗读课文，做练习；练习有造句、填空、词义辨析、课文理解的问答，等等。这些环节的顺序并不固定，如词语讲解有时在课文串讲之前，有时在后，有时边串讲课文边讲解词语。

"文革"前，1964 年 11 月和 1965 年 11 月曾分别出版过基础汉语的后续教材——《汉语读本》一、二册，是当时的高教部组织编写的。全书原定六册，上接《汉语教科书》，下可供四年级使用。第一、二册问世后不久就爆发了"十年动乱"，未能流传，后四册书稿散佚。从现存的第一、二册可以看到，它每一课由四部分组成：课文、生词、注释和练习。课文大部分都经缩写、改写或删节（根据"编者的话"透露，一、二册后选用部分原著），生词和课文篇幅都有严格控制。注释包括词语和语法，而以前者为主。练习项目有背诵、复述课文，会话，词组、句子的汉英互译，造句，用学过的词和指定的话题说话，给汉字注音等。因为编者中多数都是有丰富经验的教师，所以这套教材很有特色：一、它的生词和语法点跟《汉语教科书》衔接得很好，以后由易到难，循序渐进；二、课文语言规范、简练、流畅，堪称对外汉语教材的典范；三、注释条目选择精当，注文科学、准确，要不是没有出齐的话，我们本来似乎可以指望它为二年级以后的汉语教学构建一个重点词语和语法点的间架的。

这大致上就是中高级汉语教学在滥觞时期的概貌。

二、并不丰裕的遗产

上面说的这段历史留给我们什么样的遗产呢？中高级汉语教学是在什么样的基础上创建起来的呢？

这里，我们想对基础汉语教学的历史遗产做一概要的叙述，以便两相对照。

历史上的基础汉语教学可以从不同的角度来总结，如果简单地说，可以说三句话：一批学生，一支队伍，一本书。"一批学生"是指"文化大革命"前作为对外汉语教学主体的基础汉语教学，它履行了中外文化交流的光荣任务，为数千名来华学习专业的留学生打下了语言基础。"一支队伍"是指历史上的基础汉语教学培养、锻炼了一支很好的队伍，其基本特征是事业心强，对语言教学的性质、特征、规律有较好的理解和把握，积累了丰富的经验，对教学法理论探索和开拓新的教学路子有浓厚的兴趣。"一本书"是象征的说法，指当时的对外汉语教师利用、吸收了汉语研究成果，结合自身的教学规律和特点，构筑了汉语内部规律的教学体系，其代表作就是《汉语教科书》。近几十年来，人们对汉语自身的研究，尤其在对语言同社会的关系进行的宏观语言学研究上，取得了不少成果，对外汉语教学法理论、原则和方法有了很大的发展。这是 70 年代以来，特别是进入 80 年代以后，对外汉语教学发展的重要特征之一。但是，语言教学离不开对语言内部规律的研究，事实表明，正是有了对汉语内部规律基本认识的前提，我们才能比较顺利地引进并施行各种教学法。因此，以《汉语教科书》为代表的汉语内部规律体系的创建是 50 年代基础汉语教学留下的丰硕遗产。

比起基础汉语教学来，后续阶段的教学留下的遗产显得并不那么丰裕。二年级教学虽然开始得比较早，但一直到"文化大革命"前夕，在北京语言学院也只有三个班，学生不到 40 人，教师仅 10 人左右。这是因为当时的来华留学生中，学习文科专业的比较少，以学习汉语为专业的更是凤毛麟角，比起同时期的基础汉语教学的规模来，真是小巫见大巫。历史没有提出更高的要求。历史没有为积累更多的经验提供更多的实践机会。不过，在当时的教学管理上，二年级的相对独立性不大，基础汉语教学的教师和二年级教学的教师经常在一起交流，基础汉语教学的一些指导性原则，如精讲多练、实践性等等，也是二年级教学的教学原则。至于反映它自身特点的经验，留下的并不多。

比如：教学要求是什么？上面谈到的编得相当不错的《汉语课本》，其"编者的话"中说："这一次我们根据几年来的教学经验，想在《汉语教科书》的基础上进一步解决阅读教学的教材问题，选编了《汉语读本》六册。"基础汉语教学后的教学要求似乎是提高阅读水平。可是它又说，使学生"基本上具备从事汉语工作的基础"，又似乎是语言技能的综合训练。

又如：教学任务是什么？应该抓什么？有说是词汇教学，应该抓词汇；有说应该抓成段表达能力的提高；有说二者应该一起抓。事实上也确实抓出了一些成绩，积累了一些经验。有一些教师在词汇教学上很有办法，词语例解和同义词辨析编写得也很精彩。有的教师在课堂上尽量让学生多说多练，辅之以汉语节目表演、参观访问等语言实践活动（一个较大型节目的排练有时需要一个月），学生水平也确有明显的提高。

然而，问题不在于诸如词汇教学、提高学生成段表达能力等提法是否准确、充分，也不止于某些教学环节已积累了一定的经验，人们首先要问：词汇教学应该包括多少词汇量？它们都是什么？在各阶段如何分布？"成段"的"段"包含什么内容？儿童对话和大学问家讲专题都是"段"；基础汉语教学阶段几十字、一二百字，生词比较少，语法比较简单的话语也是"段"，那么，中高级汉语教学阶段与它有什么区别呢？再说表达能力，有的人讲话用词丰富，句子完整，句子和句子之间的语义联系、语法手段的使用都很恰当，有的人讲话则需要听话人理解力的帮助才能明白。可见，问题不在提法上，而在实质上、内容上。而恰恰是这一点，历史并没有为后人留下量和质的指标。中高级汉语教学的内容在很大程度上取决于教材。教材选取了什么样的语言材料，提供了什么语言现象（词汇、语法等），就教什么；其中仁者见仁，智者见智，又各有差异。

那么，教材在选用课文时又是什么标准呢？大体有三个方面。

1. 作品的长短：作品的长短合适；字数少的放在前，多的放在后。

2. 作品的思想深度：易于理解者在前，比较困难者在后。

3. 编者的教学经验：编者根据自身的教学经验，选用语言水平、生词量、句子结构等比较合适的作品作为教材，并视使用情况逐步删汰、调整。

考虑了上述三个方面的因素，编选出来的教材大体上是可用的。可惜的是人们没有来得及予以科学的总结和说明，缺乏必要的质和量的指标。早期的航海者靠着他们的勇敢和探索精神，曾经胜利地到达了彼岸，现代航海事业的发展却要求精确的海图和航标。进入七八十年代以后，中高级汉语教学的规模大大地发展了，科学化、规范化、标准化的要求更高了，在我们面前的是一个总结历史、开辟未来的艰巨任务。

三、面临的任务

　　70年代中期，特别是"文化大革命"结束，我国实行改革开放以来，世界各国对中国表现出了浓厚的兴趣，在大批第三世界国家留学生继续来华学习理工专业的同时，许多第一、二世界国家以学习文科专业和语言专业为主的学生也来到中国。北京语言学院外国留学生现代汉语专业在这种形势下"应运而生"。十多年来，现代汉语专业建设取得了可喜的成绩，其中最主要也是最突出的是从总体上改变了以一门精读课承担全部语言技能训练任务的"独步天下"的格局，按知识结构和技能结构，开设了多种课程，经过几次试验，形成了比较合理的课程设置，满足了学生多方面的需要；有些课程积累了很好的经验，编写、出版了有关教材、讲义。

　　在这期间，作为现代汉语专业主干课的"中高级汉语"课的教学和教材也很快发展起来，比如在教学中努力贯彻交际性原则，在一些教学环节上多让学生有实践的机会，迅速编出了教材，开始定名为《文选》，多次修改后，分别取名为《中级汉语教程》《高级汉语教程》，正式出版。

　　但是，中高级汉语教学以选文决定教学内容的格局没有改变。滥觞时期只有一个二年级，这种方法的缺陷没有暴露出来。现在从二年级延伸到了四年级，课文怎么选？人们可以看到：有一些课文原来编入了某一册，修订时又编入了另一册，再次修订时，顺序位置又发生了变化。又如：某一篇作品，某册的编者认为应该归他们选用，另一册的编者认为适合他们的水平，但最后却为层次更低的另一套教材的编者选了进去。诸如此类的问题，在只有二年级一个教学层次时是不大可能发生的。它说明根据教学经验来选编教材已经远远不够了。教材的问题反映了教学要求问题。对外汉语教学的发展要求中高级汉语教学有更完善、更科学的规范，学科建设要在原来的基础上有新的突破，中高级汉语教学呼唤科学的"航标"。

　　从哪些方面着手呢？中高级汉语教学目前迫切需要解决哪些问题呢？我们认为至少有如下一些方面：

1. 关于语料

　　中高级汉语教学必须以现代汉语口语为基础。关于这一点，张清常先生有一段精彩的叙述，尽管稍微长了一些，还是很有摘引的必要。他说，在20世纪前半期以前,"汉语教学不论对内对外,一律是以古汉语、文言文为中心,首先重视中国古代文献的阅读,也训练文言文的写作和古风律诗的吟咏"。"就是到了 20 世纪中期,这种对外汉语教学也并不重视口语而提倡'之乎者也'的背诵。""第二次世界大战之前,许多有识之士反对这种旧式教学。突出的代表人物之一便是赵元任。他在 20 世纪二三十年代就极力提倡口语,……他所写的文章照念出来就是彻底而又纯粹的口语。""后来赵元任去美国,为美国训练培养汉语人才,做法就是完全从现代汉语口语基础入手。这在当时是一件划时代的事,影响极大。""新中国成立,不论是中国方面、外国方面,都认识到过去千百年来那种以古汉语、文言文为中心,重视中国古代文献的阅读,训练文言文写作的老一套方向、方式、方法,实在是再也不能继续下去的了。大势所趋,水到渠成,国内国外不约而同地扭转汉语教学的大方向,一齐走我们今天所走的汉语教学的新路。"(张清常:《〈对外汉语教学发展概要〉序》)可见,对外汉语教学以现代汉语口语为基础是历史发展的必然。50 年代新中国对外汉语教学创建伊始,曾在美国跟赵元任共同执教的邓懿先生受命负责教学业务工作,并以赵元任使用的汉语教材为蓝本,改编而作为新中国第一套对外汉语教材,并不纯粹是历史的巧合。当然,我们现在强调要以现代汉语口语为基础,并不是以古汉语、文言文为对立面的。但是,或多或少地、有意无意地忽视现代汉语口语的倾向还是存在的。这在中高级汉语教学中尤为明显。比如,我们的教材中还有一定数量的代表近代汉语的近代白话小说,还有一些早已落后于现代汉语发展步伐的二三十年代的作品,还有不少连作者自己口头都不说、只能供阅读欣赏的描写性抒情性的文字。而且越到后期,这三类作品的比重越大,甚至在最后都一律以近代汉语的小说收尾。是以现代汉语口语为基础的作品在中高级汉语教学阶段越来越压不住阵,非得借助于上述三类作品,尤其是近代汉语作品呢,还是潜意识中认为中高级汉语教学的最高水平就是读懂近代汉语小说呢?这不能不说是中高级汉语教学进入了——用个时髦的词——"误区"。

　　现代汉语的标准是什么?那就是典范的普通话。现代汉语普通话是汉语发展的新阶段,是中国使用人口最多的、法定的语言规范。用现代汉语普通话进行汉语教学是新中国的优势,也是我们对外汉语教学工作者的责任所在。

　　我们承认汉语方言分歧纷杂,普通话还不十分普及。外国人在中国,为了交际的需要，要懂得一些方言。这种愿望是可以理解的，也可以开设适当的课程予以满足。但是，对外汉语教学始终要把握现代汉语普通话这个大方向，努力避免把方言色彩浓重的作品当作普通话语料来教。

说到典范，更要在语料的选择上花一番功夫。应该承认，这些年来，在语言的使用上出现了一些混乱现象，一些颇有些知名度的作家的作品中也屡有语言不规范的情况。我们在选用教材时要十分谨慎，对基本上可用而在语言上有些不足的要适当给予处理。据了解，在这方面不少作家是采取合作的态度的。

2. 关于教学重点

现代汉语专业学制四年，其中中高级汉语教学为三年，比起基础汉语教学来要长得多，但是，作为第二语言学习来说仍然是打基础，教学的重点仍然应该放在语言技能的训练上。鉴于目前中高级的学生在某些语言技能上有所退步的情况，强调这一点有重要的意义。在确保语言技能提高的前提下，要有计划地安排语言知识的讲授。这一方面是用以指导语言实践，另一方面也是为了他们毕业后当教师、搞科研的需要。其三是相关知识的讲授。我们设想中高级汉语教学要按语言技能、语言知识、相关知识的顺序来安排，而以语言技能训练为重点。

为了确保中高级汉语教学的重点，不能赋予它太多的任务，以至模糊了它的基本面貌，如不要让它承担近代白话小说阅读、现当代文学作品选读的任务。当前，语言教学中引进文化因素是我国对外汉语教学界的热门话题。语言教学中引进文化因素的目的在于让学生更准确地掌握、得体地运用语言，而不要企求把他们培养成"中国通"或"东方学专家"。至于有些学生对中国的某一方面、某一课题有学习、研究的兴趣，我们如有条件，应该予以满足，不必囿于中高级汉语教学的任务而加以拒绝，也不必因有了这样的学生而扩大中高级汉语教学的任务。

语言技能训练应该有自己的数量/速度指标和质量指标。这在基础汉语教学阶段比较明确，并且有了比较科学的规定。中高级汉语教学阶段还没有，但这是不能缺少的。没有数量、质量指标的任务常常容易落空。

3. 关于语音

人们很容易认为语音教学是基础汉语教学语音阶段的任务，或者说是基础汉语教学阶段的任务。就语言教学的整体而言，不同的阶段应该有不同的重点。但是，我们也应该看到，语音阶段只是完成了汉语音素、声母、韵母、声调、音节的基本发音训练，即使是整个基础汉语教学阶段，也还没有完成全部语音训练。中高级汉语教学要巩固基础汉语教学阶段语音训练的成绩，继续解决遗留下来的若干难音；在此基础上，要特别加强语调的训练。关于语调，国内语言学界还没有提供必要的实验报告。这对于研究工作来说是一个缺项，对于语言教学界来说是一个刻不容缓的亟待解决的课题。我们建议有关方面要把它作为一个特别项目来对待，组织人力，着手研究，并把研究成果运用到语言教学中来。

4. 关于语法

首先要摸清"家底"，弄清楚基础汉语教学阶段已经学了哪些项目，还有哪些项目没有学；已经学的项目的深度和广度如何，需做哪些补充。在此基础上，在中高级汉语教学的第一阶段——或者说中级阶段，把基础汉语教学阶段没有学完的语法项目填平补齐，扩大深化。我们知道，现行的基础汉语语法教学体系是以句子内部结构为核心筑构起来的，对于语言学习者来说，尤其是对一个现代汉语专业毕业的学生来说，这些是远远不够的。中高级汉语教学既然提出了培养学生成段表达能力，语法教学就必须相应地进入大于句子的语言片段中去，把重点放在话语分析上。五六十年代，关于大于句子的语言片段的研究还没有受到普遍重视，近十年来，这方面已经有了不少成果，我们要根据对外汉语教学的规律，加以吸收、利用，使语言表达能力的培养具有语法方面的坚实基础。

5. 关于词汇

首先还是要弄清"家底"：基础汉语教学阶段学了些什么？数量是多少？多义词中学了哪些义项？然后，根据教学要求，确定中高级汉语教学阶段要学多少词、哪些词，在各个年级如何分布。

基础阶段的词汇教学，一般说来，着重于词的基本意义和基本的语法功能。在中高级阶段，不但词汇的数量应该有所增加，还要注意词义的扩展、使用的灵活、感情色彩和语体的差别，等等，也就是说，中高级阶段的词汇教学比起基础阶段来视野应该更加开阔。

如果说各种不同语言的语法规则反映了不同语言社会的思维方式的话，那么语言中的词更多地反映语言社会的文化色彩，因此，词汇的典故、成语、惯用语、歇后语等等也要注意列入中高级词汇教学的范围，以丰富学生的语言表达手段。

任何语言的语法规则在数量上都是有定的，其发展变化也比较缓慢，而词汇对于某一学习者来说几乎是无穷的，其发展比起语法来也快得多。就使用来说，不同社会层面、不同文化素养、不同经历的人，在词汇使用上也常常呈现出不同的特色。有人说，外国人学汉语常闹笑话的地方，不在语法，而往往在用词不当上。因此，过去把中高级汉语教学叫作词汇教学，也不无道理。正因为如此，确定中高级汉语教学的词汇指标就显得十分重要。

几十年来，语言教学法的理论和方法在不断的发展之中，就总体而言，它们多数比较适用于初级阶段。中高级汉语教学如何吸取这些理论、方法中有用的东西，总结自身的经验，逐步形成自己的教学法，有待我们去探索。但无论如何，研究汉语的内部规律，确定相应的指标，应该是我们的当务之急。

对外汉语教材编写的若干问题 *

对外汉语教材建设是对外汉语教学学科建设的重要方面。

新中国开展对外汉语教学 40 年中，众多的教师和研究人员为对外汉语教材建设做出了不懈的努力。1958 年出版的《汉语教科书》是这个领域的先行者们奉献的第一枝"报春花"。60 年代人们对课堂教学的路子进行了有益的探索，但是没有来得及编写出定型的教材。"文革"后期，随着对外汉语教学的恢复和重建，编写并出版了《基础汉语》《汉语课本》《汉语读本》，体现了当时人们对语言教学法的认识和经验。综合了这些教材的编写经验并自具特色的是后来曾被广泛采用的《基础汉语课本》和供国外使用的《实用汉语读本》。80 年代是中国对外汉语教学蓬勃发展的时期，教材建设进入了空前繁荣的局面。1987 年国家对外汉语教学领导小组办公室召开的对外汉语教材规划会议使教材建设更有计划、更为广泛。现在，我们既有了基础阶段的教材，又有了中、高级阶段的教材；我们已不再是各种不同专业的学生、不同的语言技能训练共用一套综合教材的格局，而是为不同专业的学生和不同的语言技能训练编写了各种专用教材；不少教材不但在中国国内使用，而且受到国外同行的普遍欢迎，并开始编写、出版专门供应国外使用的教材；除了书面教材外，声像读物、计算机软件也受到了人们的重视；更可喜的是，编写教材的不再是一个或少数几个院校，众多的院校、教学中心都在加入教材编写者的行列，他们以各具特色的教材为教材建设增添了光彩。其中北京语言学院出版社出版的就有《初级汉语课本》《现代汉语教程》《现代汉语进修教程》《中级汉语教程》《高级汉语教程》《桥——外国人汉语教材》《短期汉语教材》等七套系列教材和若干单行课本。我们可以欣喜地说，中国的对外汉语教材已经从早期的一枝独秀进入了 80 年代百花齐放、争妍斗艳的新阶段。

在众多的教材相继问世的同时，也积累了丰富的编教经验，提出了新的需要进一步探讨的课题。

---

* 本文原载于《第三届国际汉语教学讨论会论文选》，北京语言学院出版社，1991 年。

一、关于教材编写的前期工程问题

教材是本学科理论研究成果以及教学经验的总的体现，因此，科研是教材编写的基础。但是教材编写又不是科研成果的直接使用，它必须根据课程的任务和要求，按照教学规律，对已有的科研成果加以吸收、利用和组织，对某些教学中必须解决而无现成成果可以利用的问题开展独立的研究。我们管这些叫作教材编写的前期工程。

编写教材的动因无疑是教学的需要。要让需要成为现实，必须具备一定的条件。做好前期工程就是编写教材的重要条件之一。我们认为前期工程至少应该包括如下三个方面：

1. 词汇控制

词汇是掌握和提高语言技能必不可少的材料，掌握多少词汇历来被语言教学界公认为语言水平的重要标志。因此，教材的词汇量就成了某一教学阶段、某一语言训练项目、某一课型的教学要求的具体体现，教材的编写者也都十分重视词汇的控制。北京语言学院"现代汉语词汇统计与分析"项目的完成及其成果《现代汉语频率词典》的出版，为教材的词汇控制提供了科学的依据。不过，因为它统计的语料都是以汉语为母语的中国人使用的，编写第二语言教学的汉语教材时，还须做一番研究消化的功夫，以确定自己的词汇量。

甲、不同阶段汉语教材词汇量的确定。

初、中、高三个教学阶段各应掌握多少词汇？是哪些？初级汉语教学因历史较久，这方面的基础较好，中、高级阶段则因教材采用文选式，历年教材中，词汇的随机性较大，至今缺乏公认的稳定的规范。除了各阶段必须掌握的词汇量以外，还应规定机动的比例，以方便教材课文的编写，而又不致完全失控。

乙、特定对象汉语教材词汇量的确定。

这些年来，传统的初级汉语教学被认为只适用于学习文科专业的学生，从而分化出了理工汉语和医学汉语两大分支。那么，它们的教材又应有多大的词汇量？是哪些？一部专业汉语教材不可能包罗该专业中所有学科的常用词，而且相当数量的专业词必须也只能跟相应的专业知识同步出现，因此，这些常用词必须是有关专业所共有的，为一般专业知识所能容纳的。其次，一部专业汉语教材不是专业术语词典，专业词汇必须跟一般常用词和语法规则结合起来才能形成语言交际，因此，还必须从语言教学的一般规律出发，使专业常用词跟一般常用词的比例相协调，专业常用词教学与一般常用词教学和语法教学相协调，与语言技能的提高相协调。

除了外国留学生外，汉语学习者还有包括外交人员在内的各类外籍在职人员，华侨华人子弟，参加广播、函授教学者，他们在学习要求、内容、时间等方面都各有自己的特殊性。为他们编写的教材中词汇量应是多少？是哪些？也须通过调查做出分析、规范，以作为编写教材的根据。

此外，有些特定的课程，如外贸课（口语、公文）等也应单独进行词汇统计。

丙、特定语言技能训练的教材词汇量的确定。

传统的汉语教学是听、说、读、写诸技能的综合训练，使用的是综合教材。这些年来，为了加强语言技能训练，采取分技能设课的方法，这样各教学阶段的有关课程形成了自己的纵向体系，出现了相应教材的纵向系列，如初、中、高不同层次的口语教材、阅读教材等。这些语言技能训练教材除了体现不同阶段的教学要求和特定的教学方法外，对语言材料——词汇也有各自不同的要求，如说话教材要求包括常用口语词，阅读教材要求包括体现书面语特点的常用词。那么，这些常用词是什么呢？在初、中、高不同阶段又如何分布呢？这都是编写教材前应该解决的。如果口语技能训练教材没有包括足够的口语常用词，阅读技能训练教材的词汇不能体现书面语的特点，那么，这些语言技能的训练就不能达到应有的要求。

有的课程，如报刊课，本身就是因文体特点而单设的课型。体现其文体特点的重要方面——词语的确定更是教材建设的"题中应有之义"。

2. 语法项目的确定

语法教学是语言教学的重要方面，语法项目的确定是教材编写的重要前期工程。下面我们分两个方面来谈。

甲、不同阶段汉语教材中语法项目的确定。

这方面，初级阶段的汉语教材基础较好。多年的实践经验表明，现有的教学语法框架对培养学生初步的语言技能是合适的。但是，在语法项目的切分、数量的多少、讲解的详略和编排的次序等方面，各套教材又都各有所异，我们应该进行一番比较的工作，取各家之长，制定出一个初级阶段更为科学、更符合实际需要的语法规范来。现有的对外汉语教学的语法体系是1958年的《汉语教科书》开始形成的，当时汉语语素研究还没有受到普遍的注意，因而没有语素的内容。现在我们应该把"语素"一项列入教学语法体系。因为汉语是语素语言，如果学生有了"语素"的概念，将能更好地理解汉语词语的构成，提高词汇教学的质量，特别是有利于学生在自学中扩大词汇量。

应该引起重视的是中、高级阶段的语法教学。一个十分普遍的意见认为，语法教学是初级汉语教学的任务。这当然是一种误解。初级汉语阶段不可能完成全部语法教学的任务，有些语法项目还没有接触，有些项目只讲了基本要点，有的项目在实际语言活动中表现出了复杂的形式，这些都需要在后续阶段中扩展和深化。就以常说的中、高级汉语教学的重要任务——训练成段表达能力来说吧。成段表达不是句子的叠加，除了语义上的联系外，还有一定的语法手段。我们必须根据教学的实际需要，吸收这些年关于汉语语段、篇章的研究成果，把它补充到中、高级汉语的语法教学中来，以使成段表达能力的训练落在实处。我们设想，中、高级汉语教材如果能建立在科学的词汇规范和语法规范的基础之上，必将大大有助于这一阶段的汉语教学进一步摆脱语文教学的影响，并同其他语言知识、语言技能指标一起，为突出语言教学的特点建立必要的"航标"。

乙、不同课型的教材中语法项目的确定和对语法项目的处理。

我们说为不同阶段汉语教材确定各自的语法项目，并不是说同一阶段为特定的目的编写的所有教材都要对本阶段的语法项目做同样的处理。恰恰相反，除了主体教材要比较系统、全面地包括这些语法项目外，各种相应的专项技能训练的教材一定要根据自身的特殊性来确定自己应该包括的语法项目，如口语教材应该着重于口语语法，阅读教材要把书面语中常见的句型作为自己的语法重点，报刊课程则要突出新闻报道中常见的格式和句型，以使学生语言技能的提高同相关的语言知识的增长结合起来，使语言技能训练有坚实的基础。

不同教学对象的教材在语法项目的处理上也应该有所不同，学习汉语专业或文科专业的学生，语法的讲解可以详细一些，其他专业的学生可以只讲规则，少讲理论，而有些只是为了应付日常口语交际的学生，则可以把语法讲解降到最低点，学生以其母语知识可以理解的汉语语法现象甚至完全不做讲解。不管学生学习汉语的目的如何，不加分析地在课文后面都加一个沉重的长尾巴的做法是不足取的。

3. 注释和练习方式的设计

教材的注释和练习是教学重点和教学要求的体现。

如果我们确定了词汇规范和语法规范，教材中注释的范围也大体上有了界定。值得重视的是练习方式的设计。

语言交际活动无非是"接受—理解"和"表达—被理解"两大方面。表现在语言技能上，前者是听和读，后者是说和写（写作）；对翻译来说，从目的语（汉语）译成母语属前者，从母语译成目的语是后者。为了提高不同的语言技能需要不同的练习方式。如完成句子、造句等练习方式是为了训练说和写的表达能力，根据文意判断是非、选择答案是为测验听、读的理解能力。如果不顾本课型的教学要求，不深究不同练习方式的目的，在教材中任意套用，如在听、读理解教材中大做造句练习等等，就背离了自己的任务，模糊了教学要求，也就达不到应有的效果。

前期工程是教材编写的基础，犹如房屋建筑，它的基础虽不表现为高楼大厦的雄伟壮观，却直接影响着整个建筑的质量，万万不可轻视。没有一定的词汇规范、语法规范，没有相应的练习方式的设计，编写工作就仓促上马，就必然会像船在"没有航标的河流"中行进一样！

二、语言教学材料反映社会生活的问题

学习语言离不开语言教学材料，这在教材中就是课文、例句等，它们是教材的主体部分。选取什么样的语言教学材料在很大程度上决定着教材的面貌。我们先谈一下语言教学材料反映社会生活的问题。

语言学习者不管其直接的动机、目的有什么差异，都必须跟该语言社会交往，这就要求教材内容尽可能地接近真实的社会生活；从学习语言本身来说，只有了解语言社会才能真正地掌握、恰当地运用语言。回顾我们早期的教材，这方面的不足之处有二：一是视野窄，课文局限于校园生活；二是受"左"的干扰，政治色彩太浓。这些年来，人们的思想解放了，视野开阔了，教材编写者把视线投向社会生活的各个方面。打开教材，各种各样的生活场景、故事、话题纷至

沓来，琳琅满目；走出校门，这些场景、话题在生活里碰得到，有关的词、语、句子听得见、用得上，大大提高了学生学习的兴趣和效果。

在语言材料反映社会生活方面，有如下几个问题需加以重视。

1. 关于热门话题和教材的稳定性

热门话题和有轰动效应的文学作品常常反映社会生活中最为人们关心的敏感问题，因此，也就常常受到教材编写者的注意。可是，所谓轰动效应一般都有较强的时效性。文学自有它迅速反映社会生活的任务，作为语言教材却十分注意保持自身的相对稳定性。事实上，前些年不少曾引起轰动效应的题材时过境迁，人们对之已失去了当日的兴趣，更何况一般国外语言学习者对此也未必像中国人那么关心呢。

2. 关于课文内容与语言学习者生活的结合

社会生活面无限宽广，反映哪些生活层面的语言材料更适合语言学习者的需要呢？当然是与他们现在和将来的生活、工作有关的材料。正是基于这样的认识，我们为满足不同专业的学生日后学习的需要编写了专门的教材，口语教材中根据日常生活的需要设计了相应的场景和功能项目，为外交人员等驻京在职人员和为从事外贸工作的学生编写的教材就更充分反映了他们生活和职业活动的特点。相反地，有些课文的内容跟现代社会生活距离较远，一般教师也并不熟悉，学生学起来十分困难，在以后的生活和工作中很少接触，不但影响教学效果，也减弱了这些课文的交际价值。

3. 关于课文内容要反映社会生活的正常秩序和主流的问题

社会生活是复杂的。任何社会的生活中都有主流和支流，积极健康的东西代表了绝大多数人的正常的生活秩序和风貌。语言教材的主要任务是培养和提高学习者的语言交际能力，参与正常的人际交流和社会生活。我们必须紧紧把握这一原则来编写、选用课文，比如说，要让学生学会如何在银行兑换外币，而无须选用非法的偷汇活动的场景；要提高学生正常办事的语言能力，而不要去渲染"走后门"，等等，就像任何语言教材都不会教学生吵架和骂人一样。

很多学生是怀着对中国人民的友好感情，怀着了解中国的愿望来学习汉语的，教材自然也成了他们认识中国社会的重要途径。那么，怎样把握当代中国社会的主流和脉搏呢？怎样认识现实的人际关系和人们的道德情操呢？这有赖于编写者认识社会的能力和水平。我们不赞成70年代的教材中"左"的宣传式的面孔，也不赞成罗陈社会的种种弊端。因为这既无助于学生全面地了解中国，也有伤他们对中国人民的友好感情。人们愿意与朋友交往总是因为朋友身上有美好的东西，作为朋友更应该自尊自爱。这是人们的常识所能理解的。

4. 关于教材反映文化的问题

任何教材都反映一定的文化。这些年来，语言教学中的文化因素进一步受到了人们的重视，教材的编写者更有意识地增大了教材中文化知识的容量。这不仅是语言教学的需要，也是符合绝大多数学生仰慕和了解中国古老而富有特色的东方文化的心理和愿望的。这就提出了一个问题：教材应该反映中国文化的哪些方面，编写哪些文化背景知识，才能反映中国文化的优秀传统和特色，才有助于语言学习？要回答好这个问题就要求编写者本身有较高的文化素养和较广的文化知识，努力避免任意性、片面性，并力戒对陈规陋俗的好古猎奇的态度。我们要描绘现代装束的中国人，而不要像50年代某本国外的语文词典那样，把中国人画成留辫子、戴瓜皮帽的样子。因为前者符合事实，后者不符合当代中国的事实。

三、关于教材语言的规范化问题

语言教学材料的另一个重要问题是语言的规范化。

自不待言，对外汉语教材应该使用规范的现代汉语。我们的多数教材都是这样做的，尤其是初级汉语教材做得更好。在教材语言规范化问题上要处理好几个关系。

1. 语言的生动活泼与规范化的关系

教材的语言应该生动活泼。但是，有的教材，尤其是口语教材中，为了追求语言的生动活泼，较多地引入了一些俚语俗词，如"哥儿们""傻冒""嗑（吃）""砍大山""颠儿""盖了帽"，甚至有音无字的非常土俗的词语。其实，这些词语并不是现代汉语中规范的、健康的成分，有的更只是在一部分文化层次较低的青年人中通行。外国人在文艺演出的节目中使用一些这类词语，有一定的活跃气氛的娱乐作用，但语言教材应该区别于文艺演出的材料，语言教师评判学生的语言水平的标准应该是科学的，而不是娱乐的。教材的生动性、口语化不是语言的土俗化。我们应该在口语调查的基础上，选用真正代表口语语体的生动活泼的规范化成分。这就是前面说的教材编写的前期工程的任务了。

下面谈一下视听教材直接选用现成的电影、录像的问题。视听材料进入教学是语言教学手段现代化的重要发展。但是，我们不难发现，现成的电影、录像并不能完全适应教学的需要，比如，有些电影、录像中的对白并不是规范的语言，仅听录音或记录成文字，简直无法理解。而且，电影、录像追求的是艺术效果，视听教材需要的是教学效果。能看懂原文电影、录像是语言教学的结果，它本身不一定是语言教学的好材料。作为语言教学的视听材料还必须按教学规律和特点，另外精心设计、精心制作。

2. 传统的文学名著与现代汉语的关系

这里所谓传统文学名著指的是近代白话小说和二三十年代的文学作品，它们常常是人们选取教材的兴趣所在。传统文学名著经过时代的考验，流传至今，在文学上确有其审美价值和认识价值，但是，从语言上说，近代白话小说使用的是近代汉语，它不适用于现代汉语教学，这是显而易见的。即使是二三十年代的作品，它的语言面貌也已与今天有了不少的差异，就说"终于"一词吧，在有些选作教材的作品中是这样用的：

但他终于不放心，怕茶房不妥帖，颇踌躇了一会。（朱自清:《背影》，1925）
而陈七成在榜上终于没看见自己的名字。（鲁迅:《红光》，1922）

查现代汉语的几本词典，"终于"表示经过种种变化和等待之后最后出现的情况。上二例的"终于"今天已被"还是"所取代。如果我们的教材还要把它用来做练习，学生用了岂非要被人目为"食古不化"吗？

传统文学名著的作者很多是被推崇为语言大师的，这指的是他们运用、锤炼语言的能力，是塑造人物形象、增强文学表现力的文学技巧。这些名著是进行语文教学的好材料，但其语言已相隔至少半个多世纪了，语言教材应该有更好的选择。

3. 方言和普通话的关系

方言，主要是它的词语，进入对外汉语教材有两种情况。一是一部分方言词语，因为有极强的口语性而进入了口语教材。这在前面已经说过了；还有一些方言词语通过文学作品进入了中高级汉语教材。适当地运用方言词语可以增强文学作品的地方色彩，有利于塑造特定环境中的人物形象，可是这还是文学范畴里的问题，而无助于语言学习；除非我们有意地要开设方言课，或有地方色彩的普通话课。这里我们又遇到了人们常说的语文教学还是语言教学的问题，看来，这个根本的指导思想不解决，对外汉语教材编写中的许多具体问题就得不到正确的处理。

四、关于教材的外语译释和汉外对比研究

我们的对外汉语教材都是先编好中文，然后再译成外语。外语译释一直被认为是一个技术性的工作。译释如何完全取决于翻译者个人的外语水平、汉语知识和翻译技巧，很少有组织地进行专门研讨。事实上，不少担任此项工作的人会不时地提出工作上的困难，学生和外籍教师反映教材的外文译释看不懂，我们的教师也发现学生学习中出现的某些偏误，其根子在外语翻译上。我们认为，外语译释是一个非常值得研究的问题，应该列为对外汉语教材建设的重要课题。

就说生词的翻译吧。曾经有人靠一本汉英词典进行过生词翻译，结果是牛头不对马嘴，别人不得不推倒重来。事实上，除了少数名物的名称可以汉外一一对译外，多数词的翻译是很费周章的，有词义，有功能，有使用场合，有感情色彩，等等，各个方面的问题都需要考虑；其中的虚词更涉及语法。词义之中有一词多义，某一个基本义又有自己的派生义、比喻义。不同语言的相应词义彼此交叉，互相包孕，错综复杂。只有全面、准确地把握两种语义—词汇系统，才能做好生词的译释工作。又如，在教材中，一个词以某一义项第一次出现是生词，给予译释，以后以另外的义项出现时就不再以生词对待，翻译时怎样既照顾课文的语境，又考虑到其他义项呢？这些看起来是具体问题，要是从学生学习来考虑，又非妥善解决不可。

语法翻译需要研究之处更多。首先，各种语言各有自己的体系、自己的术语。有的术语可以借用，可是它们的外延和内涵又常常有所区别，更有一些语法现象是汉语特有的，其术语无法简单地比附。这是术语使用上的困难。其次，中国人给中国人讲语法，目的是提高语文水平，问题只在于语法规则是否符合汉语事实，描述是否准确。给外国人讲语法，目的是教他们说汉语，可是外国人都有

自己母语的语法习惯、语法概念，我们必须帮助他们跳出母语的框框。这就不是将汉语的语法翻译成外语所能解决的了。

这样，问题就进入了本节标题的第二部分：汉外对比研究。语言学界的名言说：不懂得外语，就不可能真正地认识自己的母语。我们也可以比照着说：不从汉外对比的角度上讲解，汉语的语法就讲不清楚。说一个具体的"们"吧：们，后缀，表示人的多数，对于学语法的中国人来说，这就足够了。可是，汉语表人的多数常常不加"们"，这才是外国人学汉语的困难。因为他们的语言，比如说英语里，表示多数的"s"是不能没有的。有的书上说，在数量（多数）明确的时候，可以不加"们"。那么，"老师在办公室呢"，"老师"是几个？明确吗？

汉语研究是对外汉语教学的基础，不可能设想我们自己都说不清楚的问题能在教学中让学生明白。而一些有真知灼见的汉语研究成果大多都包含着汉外对比研究的劳动在内。作为对外汉语教学的教材来说，如何根据自身的特殊需要，吸收这些成果，扩展、补充这些成果，尚有待于我们去努力。当今世界上汉语教学蓬勃发展，操不同语言的人都在学习汉语，我们有责任根据不同对象的母语情况，开展汉外对比研究，编写出相应的教材来，这就绝不是目前一个中文本加以不同外语的译释所能代替的了。

对外汉语教学也要转变观念[*]
——且说汉外比较

（一）

事情从一位日本教师的话说起。

数年前访问大阪时，一位研究汉语语法的日本教师跟我说起我国国内编写的对外汉语教材。他说其中的语法规则有三分之二对日本学生是不需要讲的，要讲的三分之一又太简单。二一之比是否确切，在谈话中，难以苛求，但意思是很清楚的，即在我们教材的语法规则中存在着两种情况：不需要讲的和需要讲而讲得过于简单的。我一直记着他的话，因为他是研究汉语语法很有成就的汉语教师，懂得语法，也懂得第二语言教学。这种意见从正在学习汉语的学生那里是听不到的，从学了汉语后从事其他工作或不从事语法研究的外国人那里也不大可能听到。对外汉语教学讲究针对性，追求高质量、高效率。要做到这一点，必须解决教什么、怎么教两大问题。教什么，取决于如何编写或选用教材。一旦教材编好、选定，则大局已定。如果真如那位日本教师所说的那样，无论是对兢兢业业、辛勤舌耕的教师，还是对殚精竭虑、力求在教材中编出新意的编者来说，实在是难以言表的苦涩和遗憾。

但是，如果我们从理性上思考，他的这个意见简单说来，就是我们的教材中的语法规则对日本学生缺乏针对性。这样，我们就面临着三个需要回答的问题。问题一：我们教材中的语法规则对母语为日语以外的其他语言的学生又如何呢？除了语法规则外，语音、词汇教学是否有同类的问题呢？问题二：所谓"需要讲"和"不需要讲"的界线在哪里呢？所谓"过于简单"，那么"适度"的"度"

---

[*] 本文原载于《汉日语言研究文集（三）》，北京出版社、文津出版社，2000年。

又在哪里呢？问题三：这些问题的产生是什么原因呢？今后编写教材能否避免？又从何处入手呢？

（二）

为了做进一步的探讨，我们首先要弄清楚，这位日本教师说的汉语语法规则指的是什么，无疑是基础汉语教学语法，因为在当时还说不上有成型的中高级汉语教学的语法。

基础汉语教学语法体系构建于1958年出版的由北京大学编写的《汉语教科书》，70年代北京语言学院在编写《汉语课本》时开始对它进行修订，最终完成于北京语言学院编写的、于1980年出版的《基础汉语课本》。修订后的这个语法体系对语言规则的选择上更为简明扼要，编排上更科学合理，解释上要言不烦、抓住要领。它随着《基础汉语课本》的被广泛采用，为对外汉语教学界所认同。在此以后编写的汉语教材，不论其采用何种教学法理论作为指导原则，也不论其为综合教材还是某一技能训练的专用教材，如果稍微成系统地讲解或揭示语法规则，那么就其框架来说，无不脱胎于《基础汉语课本》。

从《汉语教科书》到《基础汉语课本》所构建的基础汉语教学语法规则体系，有些什么特点呢？为了回答这个问题，我们把《基础汉语课本》的语法规则系统（采用的是第三册后的《语法复习提纲》，以下简称《提纲》）和同是教学语法系统但却针对中国中学生的《中学教学语法系统提要（试用）》（1984年制定，以下简称《提要》）做了一番比较，发现它们有不少相似之处。如介绍词类，《提纲》分为13类，《提要》把能愿动词归入动词类，为12类。句子都分单句和复句，单句按结构分为主谓句和非主谓句，主谓句中又分名词谓语句、形容词谓语句、动词谓语句、主谓谓语句。单句按用途分为陈述句、疑问句、祈使句、感叹句，疑问句中又分四种。关于复句，《提纲》分联合复句和偏正复句，偏正复句分表转折、因果、假设、条件共四类；《提要》直接分为七类（即把联合复句分为并列、承接、选择三类，加偏正复句的四类）。句子成分二者都是主、谓、宾、定、状、补六大部分，不过，《提要》把它们列在词类和短语中，如定语在名词短语中，宾语、状语和补语列在动词短语中。补语部分《提纲》着重在语法功能上，由此而分为七类，《提要》则讲解哪些词可以充当补语。特殊句式，

《提要》有"把"字句、"被"字句、连动句、兼语句，《提纲》另有"是"字句、"有"字句、"是……的"句、存现句四类。除了二者共有的以外，《提纲》还有动词的态和比较的方法，《提要》则有语素、短语、句群等，复句部分还讲了紧缩句和多重复句。

为了获得关于对外汉语教材的整体认识，我们再来看看语音、词汇的教学内容。

先看语音部分。对外汉语教材一般都把汉语语音的基本构成单位音节分为声母和韵母。声母按发音部位分为六组，韵母分为单韵母、复韵母和鼻韵母三类，各按类说明发音要领，同时配以口腔图。中学语文教学没有像语法那样的语音规则体系，我们翻阅了几部国内高等学校使用的《现代汉语》，它们在介绍汉语音节构成和发音要领时，也是类似的编排和内容。

词汇的规律性比起语法、语音来要差些。其教学内容体现在生词表——生词的选取和注释上。生词来自教材。选用什么样的语料做课文除了考虑其内容外，还要注意同语法点的协调，而出现哪些生词则几乎完全取决于课文。生词的注释采用语义对译，中高年级教材直接用汉语释义，一般都参考国内权威性较高的工具书。有的翻译的母本或汉语行文都直接采自这些工具书。这些工具书都在"前言"中说明适合何种文化程度的读者使用，不言而喻，指的是以汉语为母语的读者。

从以上比较可以看出，无论是语法、语音还是词汇，就语言规则的教学内容的大框架来说，对外汉语教材跟我们给中国学生使用的教材、工具书大体上是一致的。在指出这一点的同时要特别指出：对外汉语教学在讲授这些语言规则时，是很注意自身特点的，尤其在语言规则的处理上。比如，根据课时量的均衡性、从易到难的认识规律以及这些规则内部联系的科学性，进行了精心的切分和编排，适度分散难点；像"把"字句这样的句式安排在"了"和程度补语之后；把汉语特有的舌尖音 zh、ch、sh、r 音中的 sh 同外国学生较易掌握的舌面音 j、q、x 编在一课，以便让学生在比较中掌握 sh 的发音，进而掌握 zh、ch、r 等音。还有一些，此处不再一一列举。这都需要用心仔细地阅读、体会、对比各课的语言项目及其注释才能发现，在为复习需要而做的总结性的《提纲》中是难以表现出来的。但是，这些并不妨碍上面"大框架近似"的结论。

适用于不同对象的两个汉语语言规则系统为什么如此近似呢？归根结底，是因为二者都是语言规则的教学系统。它们都是为了教学的需要，从理论研究的众多成果中为初学者探求、转化、构建出来的语言教学系统——内容相同：汉语规则；需要相同：教学，因此，它们的近似就是可以理解的。我们还应该补充的是，对外汉语教学语法系统从1958年《汉语教科书》的创建，到1980年《基础汉语课本》的修订、完善，一脉相承，而1984年的《中学教学语法系统提要（试用）》在对其前身1954年的《暂拟汉语教学语法系统》修订的过程中，更加趋同、近似于对外汉语教学语法系统，这更说明了这个系统的创建者们功不可没。据《汉语教科书》的一位编者说，当年制定对外汉语教学语法规则时，主要参考了丁声树等先生的《现代汉语语法讲话》（50年代在刊物上发表时名为《语法讲话》）。丁先生他们归纳（他们不愿说总结）了各家之说，编写了这部《讲话》，概括地介绍了理论语法学界研究的一般成果。对外汉语教学系统的构建，标志着从理论语法到教学语法的过渡；它为中学教学语法系统所认同，说明这一过渡是成功的。

（三）

完成了把理论研究的成果转化为教学规则的过程是否就"到此为止"了呢？以前我认为是的，认为基础汉语语法系统已经很成熟了，语音阶段中声母、韵母、音节以至轻声、儿化、变调的教学也很有章法，语言规则的研究应该转向中高级阶段教学的需要。就语法来说，应以句子的两端——语素和句群为重心，而语音教学则应转向句中的停顿和整个句子的语气、语调的训练。我曾把中高级汉语教学比作驶出内陆水道、进入大海的船只，并呼唤在教材中为它设置"航标"，在探索新的研究领域的同时，误把基础汉语教学中汉语语言规则系统构建的已有成果当作探索的终点。上面提到的那位日本教师的话提醒了我们，在探索其缘由、回顾对外汉语教学语言规则系统的来龙去脉中发现并注意到了两类汉语教学的语言规则系统的趋同、近似的情况。这就给我们一个启发：这种趋同、近似是否合理呢？两类汉语教学系统有什么不同呢？我们的语言规则教学系统应该如何体现对外汉语教学的特点呢？

两个语言规则系统尽管其内容和需要相同，却有教学对象不同的重大区别。

对外汉语教学的对象是不懂汉语的外国人。对本族人的语文教学和对外族人的语言教学的区别在很多论著中做了多方面的分析，人们差不多耳熟能详了。这里，我们还是想重复或强调下面两点：

一、对本族人的语文教学中对语言规则的讲授是解释性的，学习者不会因为语言规则解释是否准确而影响其语言能力，而对外族人的语言教学中的语言规则是生成性的，它不仅是知识，更是学习者语言应用的规范，而最终表现为学习者的语言能力：教了什么，学习者就可能会说什么；教得不对、不准确，他就说得不对、不准确。对外汉语教学和中学语文教学虽然都是教学，性质却是不同的；虽然教的都是汉语，却有母语和目的语之别。可是，在不同性质的汉语教学中使用的却是近似的语言规则，这显然不符合我们在理论上反复论述的原则，也忽视了教学实践中每天面对外国人这一特殊对象的事实。

二、对外汉语教学的对象又是掌握了母语、有一定语言知识和能力的成年人。语言学习过程中，学习者多半会在目的语的语言规则和母语的语言规则之间进行比较，在比较中逐步完成从母语语言规则向目的语语言规则的转移和过渡。任何一个外语学习者在学习过程中都会有进行这种语言比较的经验，在达到用目的语思维以前都存在语言比较的阶段。这里还要特别提醒的是，不同母语学习者的转移、过渡、生成的过程和结果是不会完全相同的。在这一过程中，他们要求得到有效的指导，因为有无指导直接影响着语言学习的质量和效果。

从以上两点来审视现有多数对外汉语教材的语言规则部分，我们不得不说它们还有两点不足。一是虽然教学对象是外国人，但是教材没有或没有充分体现对外汉语教学的特点。我们对对外汉语教学作为第二语言教学的特点的认识，很多时候还停留在理论的探讨和阐述上，或者说，注意力多半在教学法方面，而没有注意到成年人的母语在第二语言学习中的影响和作用，以及如何加以正确引导。而这对学习汉语也许尤为重要，因为汉语在语言类型上属分析语，学习者的母语绝大多数属于另外的一些类型，这与现代西方第二语言教学理论产生的实践基础有所不同，他们学生的母语和目的语，亦即教师的母语多半同属一个语言类型。对外汉语教学马上就要 50 年了，我们还在沿用初期的创业者从理论研究转化为教学规则的成果，没有进一步体现两类不同语言教学的差别。二、因此，也就不大可能注意到学习者不同母语之间的区别。迄今为止，我们的多数教材还是以不同的外语译释供不同母语的学生使用，或供某国使用的教材还仅仅以用其语言译释为主要标志。教的方面缺乏有针对性的指导，学生就会产生"不需要"和"不足"的感觉，"冗余"和"饥渴"并存。敏感的日本教师觉察到了这一点，以其他语言为母语的学生和教师也会面临同样的问题，这是可以想见的。

  对外汉语教学作为一种学校教学，其过程包括教和学两个方面：一方面是学习者的习得过程，另一方面是教师的指导作用和教材的示范作用。作为教师，不仅要研究学生从母语向目的语转移、过渡的过程，也要重视和研究在这个过程中如何主动地发挥教师和教材的作用。而首先就是要研究教学内容——汉语的语言规则，不仅要使其更准确、更完备，更要使其易于为不同母语的众多学生所理解、接受，使他们在转移、过渡的过程中有所依循。这就要求教师，或者准确地说，教材的编者，不仅要谙熟汉语的语言规则，还要熟知学生的母语，从教学的需要出发，进行汉外比较研究，找出二者明显的不同之处，以及形近实异、初学者容易产生混淆的差异，给予有针对性的切实指导。这方面，我国国内用来推广普通话的辅导材料是一个很好的借鉴。这些辅导材料并不以全面说明普通话语音系统为终极目标，而是在掌握普通话语音系统的基础上，把它分别跟不同方言的语音系统进行比较，找出二者的异同，有去有留，分别主次，从发音原理上有针对性地予以说明，为学习者的练习和语言交际确立正确的规范。对外汉语教学语言规则系统如果既能反映汉语自身的规律，又能体现汉外比较研究的成果，它就不应该近似于语文教学的语言规则系统，而且，不同母语的学生使用的语言规则系统也不可能完全相同，从根本上说，也必然使我们的教学更有针对性。

  如果用简单的语言来归纳，就是要把我们已经习惯了的"对外汉语教学＝汉语语言规则＋第二语言教学法"转变到"对外汉语教学＝（汉语语言规则＋汉外比较）＋第二语言教学法"上来。这里一个重要的问题是要转变观念，就像经济领域中从"卖方市场"转变到"买方市场"一样，要改变自觉或不自觉地"以我为主"的观念，不以汉语自身规则的正确、周密、完善为满足，或仅仅以使其更周密、更完善为追求的终极目标，而要从学生的需要出发，以高质量、高效率的教学效果为目标，在已有的语言规则研究的基础上，积极开展汉外比较研究，把二者的成果结合起来。

（四）

对外汉语教学语言规则系统要体现汉外比较成果并不是否定或轻视现有的已经比较成熟的语言规则系统，以及为其更加完善而进行的进一步研究。恰恰相反，我们把它看作是比较研究的基础。比如渡河，没有此岸的出发点，是永远无法到达彼岸的。汉外比较的成果介入对外汉语教学语言规则系统是为了更有区别地、更有针对性地帮助不同母语的学生掌握这些语言规则，并从比较中发现那些语焉不详或需要指导而被忽视的部分，把它们补充到语言规则系统中来，而那些学生易于掌握的则可适当简化。

我们还要强调的是，在汉外比较介入对外汉语教学规则系统的过程中，我们要十分重视语言习得研究中偏误分析（包括早期的病句分析）的成果。因为它具体地向我们显现了学生在从母语向汉语转移、过渡的过程中，在汉语语言规则的生成过程中，可能发生的各种错误。

偏误理论把学生的错误分为两类：母语的影响和不完整的目的语知识的泛化。如果把视野放得宽一些，把偏误分析看作是一种方法，那么无"偏"而"误"的"乱码"和无"误"可寻的"回避"，也可以看作是另一类"偏误"，或者说是其特殊形式。就如为运动队挑选高个子，选中了是成绩，认定并不予入选的矮个子也是成绩，选男队员而来了一伙女应征者，判定为"无"也是成绩。

要判定学生的错误属于哪一类，是什么原因，懂得他们的母语能给我们很大的帮助。如母语为西班牙语和阿拉伯语的学生说汉语时常常会把修饰语放在中心语后面，阿拉伯学生把能愿动词放在主语前面，日本学生发韵母 u 时常常圆唇不够是"顽症"，这些都是来自母语的习惯；有时学生造的句子仅以汉语语言规则来看是一堆"乱码"，如果由懂得其母语的教师来观察，却可以发现"乱码"产生的蛛丝马迹。我还曾就"把"字句在两个平时成绩有差距的平行班上进行过测试，但结果却相差无几，原因是平时成绩差的学生回避了"把"字句，成绩掩盖了不足。有时学生的错误还能启发我们对汉语规则本身做一番思考。马箭飞副教授曾在一篇关于意大利学生学习汉语补语的偏误分析的文章中指出学生丢失补语（把"梦见"说成"梦"，把"传开"说成"传"）、丢失动词（把"叫醒"说成"醒"）等现象，那么，从教学效果出发，把这类动补结构看作是句法现象好呢，还是径直作为词来处理好呢？我看起码在生词译释的时候，不应该照抄词典。学生出现的错误是教学效果的反馈。偏误分析可以帮助我们从形形色色的错误中获得理性的认识，启发我们对诸如语言规则系统本身，不同母语的学生的教学重点、教学方法等等进行反思，并把其成果反映到教材中去。在这里，汉语规则是衡量正误的标准和尺子，偏误分析是发现错误原因的手段和工具，汉外比较是分析的基础，提高教学效果是目标。这不仅是学生的需要，也是经常变换教学对象的教师的需要。

（五）

时至世纪之交，中国正以传统文化和建设成就展现着大国的风采。国际上汉语正在升温，来华学习汉语的学生从以前的几百人增至数以万计。国外很多国家大学中文系甚至一部分中学开设了中文课程，若干周边国家华裔子弟的汉语教学近年来得到了恢复、发展。从见到的资料看，他们普遍希望在教师、教材，尤其是适合他们国情的教材方面得到我们的支持，一些国家要求和我们合作编写教材。编写适用于以特定语言为母语的学生的教材已经成为现实的要求，以一部教材的不同外语译释供各国学生使用的情况到了应该改变的时候了。

把汉外比较的成果介入汉语语言规则系统，编写相应的教材，我们已具备了很好的条件。对外汉语教学师资队伍中的外语人才不仅在数量和学识上已非昔日可比，而且表现出了进行汉外比较研究的积极性，出现了不少质量很好的汉外比较研究成果，北京外国语大学和北京师范大学的对外汉语机构分别成立了对日汉语研究组织就是明证。语言习得研究，尤其是偏误分析也有了不少成果。成批量的同一母语的学生来到中国，为我们的研究和编教提供了宽广的实践基础。如果我们有计划地就学生的母语确定一批汉外比较项目，组织人力，把汉外比较研究的个人行为变为集体的攻关，使沿用了差不多50年的语言规则系统焕发新的生气，这也许是改变人们经常议论的、众多的对外汉语教材"在同一水平上重复"局面的突破口。

参考书目

1. 《基础汉语课本》，外文出版社，1980。
2. 《汉语教科书》，时代出版社，1958。
3. 《语法和语法教学》，人民教育出版社，1957。
4. 《〈中学教学语法系统提要〉解答与分析》，湖北教育出版社，1986。
5. 丁声树等：《现代汉语语法讲话》，商务印书馆，1961。
6. 王建勤主编：《汉语作为第二语言的习得研究》，北京语言文化大学出版社，1997。
7. 胡裕树主编：《现代汉语》(修订本)，上海教育出版社，1981。
8. 张静主编：《新编现代汉语》，上海教育出版社，1980。
9. 黄伯荣、廖序东主编：《现代汉语》(修订本)，甘肃人民出版社，1979。
10. 北大中文系汉语教研室编：《现代汉语》(上册)，高等教育出版社，1958。
11. 马箭飞：《意大利人学汉语的难点之一：结果补语问题》，载《对外汉语教学论集》，北京语言学院出版社，1995。
12. 董爱国：《对外汉语初级课本的英语注释问题》，载《对外汉语教学研究论文集》，天津人民出版社，1999。
13. 施光亨：《外语在对外汉语教学中的作用》，载《语言教学与研究》，1983.2。
14. 施光亨：《中高级汉语教学呼唤"航标"》，载《中高级对外汉语教学论文选》，北京语言学院出版社，1991。

从对外汉语教学的角度，说几点对词典的想法[*]

对外汉语教学跟词典，尤其是《现代汉语词典》（以下简称《现汉》），有着不解之缘。教外国人汉语的教材有生词注释，课堂上有词汇讲解，这些都离不开词典。早期因为词典少，选择性较小，《现汉》一出现（从1960年的试印本、1965年的试用本开始）就成了老师们词汇教学的唯一依靠；1978年正式出版后，由于它的权威性，也一直是我们最主要的工具书。对外汉语教学界可说是使用《现汉》时间最早、持续时间最长，也是受惠最多、因而对它的期望值很大的群体。

教外国学生学汉语除了在方法上有自己的理论和规则外，对语言本身的理解上也有特殊的视角。这是因为初学汉语的外国人常会出现一些中国人意想不到的问题，需要我们来回答，启发我们去思考。此次《现汉》第5版出版，无论是条目的增删、词类的标注、释义和例句的进一步完善、字形和字音的规范，都给人以面目一新的感觉。这些都说明了编写者和出版者的高度使命感和责任心，体现了辞书研究和编写的最新成就。下面拟从对外汉语教学的角度和汉语不同于其他语言（即学生的母语）的特点出发，就日常看到的、听到的现象和想到的问题，说一些对词典的想法。这些想法不是"应该这样、不应该那样"的判断，而是"可不可以这样想一想"的建议，有很大的随想性，仅供参考。

一

人们的母语能力是在自然的语言环境中学习、掌握的，母语教学对语言规则的说明是解释性的、规范性的。第二语言教学是语言学的应用学科，对语言规则的说明是生成性的，教的人怎么教，学的人就怎么用。有过这样的笑话，有位老师在课间休息、回答学生的问题时，随口把"奉承"解释成"把不好的说成是好的"。后来这个学生考试考得不错，老师表扬了他。为了表示谦虚，他回答

---

[*] 本文原载于《〈现代汉语词典〉学术研讨会论文集（二）》，商务印书馆，2009年。

说"老师你不要奉承我"。学生误用的原因是老师随口的解释不到位:"奉承"时说好话是为了讨好对方。20世纪80年代我在某一杂志上连续两年发表了一些有关口语词的短文,其中有一组"看你、你看你、看你说的",解释说,它们用来提醒对方注意自己的形象、行为、言语有不妥当的地方。有位已经在北语汉语言专业毕业、回国后在大学教汉语的老师看了,对我说,他当年在课文(好像是曹禺的《日出》)中看到这些说法时,很不明白:为什么说话人要让对方看自己?"说的"怎么能"看"?看不懂也就不会用,看了这篇短文才明白是什么意思。

上面说的都是外国人学汉语过程中发生的问题,以汉语为母语的中国人不会出现这种情况。词典释义、举例方面即使有某些不到之处,一般来说,不会影响他们在自然语言环境中学到的对词语的理解和使用,可是教外国人汉语必须交代清楚。王力先生在他的《中国语法理论·导言》中说道:"一切语法上的规律,对于本国人,至多只是'习而不察'的,并不是尚待学习的。但是我们并不因为它们容易就略而不谈。我们的书虽不是为外国人而著,却不妨像教外国人似的,详谈本国的语法规律。譬如有某一点,本国人觉得平平无奇的,而外国人读了,觉得是很特别的,那么正是极值得叙述的地方。"王力先生在撰写"不是为外国人而著"的语法著作时,提出了"不妨像教外国人似的"的研究角度和方法,是具有普遍意义的,也适用于对词语的解释和词典的编写。比如"他们两个进城了"可说"他们两个都进城了",很多词典把"都"注释为"表示总括""全部"。一般中国人都不会感到有问题。但是,从事对外汉语教学多年的王还教授却发现"他们两个结婚了"和"他们两个都结婚了"的意思不一样,前者的意思是两人结为夫妻,后者却是各自跟别的人结婚;同样,"全班同学送了花圈"(很可能送了一个花圈)也不能说"全班同学都送了花圈"(可能是每个人或几个人送一个)。据此,她主张"都"应释为"每一个",并写了三篇关于"都"的文章,在由她主编的《汉英双解词典》中,也把"都"解释为"表示两个或更多的人、物中的每一个"。如果我们从"不妨像教外国人似的"的角度来编写词典,有哪些值得注意的地方呢?

——关于词类。这次《现汉》修订版的最大功德是注了词类。第二语言教学的词汇教学中,标注词类十分重要,因为它关系到词的语法功能;汉语作为第二语言教学尤其如此,因为汉语缺少形态标志,初学汉语的外国人既没有相关的语言知识，也没有足够的对词语的感性认识，他们不可能有判断词类或符合词类功能的运用的能力。前面说过，几十年来，对外汉语教材的词语注释一直参考《现汉》，要说有所"突破"，就是从 1958 年正式出版的第一部教材开始，到以后的所有教材，无一不加注了词类，可见标注词类对对外汉语教学的重要性和迫切性。当然，关于汉语划分词类的标准，人们还有一些不同的意见，但是，词典作为词汇规范化的重要依据，标注词类是无可回避的。这次《现汉》第 5 版突破以往各版的框架，标注了词类，是功德无量的大好事，也是对广大读者的信赖和期待的回应。还想说的是，对数万个条目拉网式地一一标注词类是一个应用、检验和完善现有词类划分标准的难得的机会，如果能予以总结，更是对辞书建设和语言学理论建设的重大贡献。

新版《现汉》在标注词类的同时，以不标注词类来表示有些条目为非词，比起不分词还是非词的语素，一律注以"名、动……"来，这又是一个突破性的创举。从科学性上说，有利于强化读者的语素意识，进而把握语素构词和词成句的不同生成层面。从实践上说，有利于提高词汇的理解和学习能力。这里，我们顺着这一原则再提一个建议：能不能把合成词中的非词语素和联绵词中的非语素音节再做一区别呢？现在的方法是，所有的联绵词都列在第一个字后面，第二个字后则注"见某页某条"，它们之间到底是什么关系呢？读者无从理解。既然外来词后都注上了源起的语言形式，既然有些词条在词类后面又说明了它们的附类，对联绵词，能不能在注释中予以说明呢？这样做的好处是，可以帮助读者认识汉语词汇中有联绵词这样一种特殊形式，也更全面地反映了汉语的一个音节（字）可能是词、语素或非语素音节三种不同层次的语言单位。

——关于释义。词典释义中存在着一种普遍现象——互注，有时甚至是罗圈儿注。这一版《现汉》的释义多有改进，但这种情况也还有。如"笑话②"释为"耻笑；讥笑"，但"讥笑"释为"讥讽和嘲笑"，"讥讽"释为"嘲笑"，"耻笑"释为"鄙视和嘲笑"：都落在"嘲笑"上，而"嘲笑"又回释为"笑话"。又如"惜②"释为"可惜；惋惜"，其中的"可惜"释为"令人惋惜"，"惋惜"释为"对人的不幸遭遇或事物的不如人意的变化表示同情、可惜"。"惜"到底是什么意思呢？这种情况对中国人来说，正如王力先生说的，"至多只是'习而不察'的，并不是尚待学习的"，但对学习汉语的外国人来说，要他们从互释中达到理解恐怕很困难。再说，这两组词中，"笑话、可惜"口语中常用，其他几个词常用度较低，要外国人通过释义中的不常用词语来理解常用度较高的条目，恐怕会更加困惑。其实这种方法对中国人也未必合理，外国学生的困惑只是把它凸显了出来而已。

——关于例句。前面说过，新版《现汉》标注了词类，划分了词和非词的差别，有利于读者认识、把握语素构词和词成句的不同生成层面，但是，怎样通过具体的例子来强化这一认识，提高它们的使用能力呢？我们的建议是，在标注了词类的条目或义项后面，要尽量地配上反映词的功能的句子。当然，并不是说没有标注词类的时候没有注意或可以不注意这个问题，而是希望既然标注了词类，最好要有句子的例证，把二者"捆绑"在一起。其实，词汇中特殊的类别配以相应例句的做法早已有之。我们可以看到，1978年版的《现汉》从复合词中划出了以"//"为标记的离合词，它们后面多数都有相应的例句，如"将//军：他当众将了我一军"。有类有例，读者一看就明白什么叫离合词。新版《现汉》也有类似的情况。如把词分为12大类后另立了多种附类，多数注了附类的条目也列有体现其特点的例句，如"慢性、慢腾腾"，释义中分别注明了它们是形容词中的属性词和状态词，举例时，前者有"慢性病""慢性中毒""慢性痢疾"，后者有"这样慢腾腾地走……""他拖长了声音，一字一句慢腾腾地念着"。两组例句分别体现了属性词"一般只能做定语"和状态词"带有生动的描绘色彩"的不同特点。

对于一般条目，新版《现汉》在标注了词类后也增加了相应的例子。如2002年版中"车"后的例子为"火车、汽车、马车"，都是词。新版的"车"标了词类"名"，举例加了数量名结构的"一辆车"，体现了词的造句功能（如果用"他买了一辆车、他把车开走了"之类的句子也许更好）。又如"开幕"，在2002年版中举例为"开幕词、开幕典礼"，表示它可以做定语。新版加了"运动会明天开幕"，说明了"开幕"作为动词，它的一个重要功能是在句中做谓语。但也还有不少条目前面标了词类，后面的例子还仍是词，如"忠"，前面标注其词类为"形"，后面的例子却是"忠心、忠言、效忠"三个词，它们作为条目出现时分别标记为"名、名、动"三个词类，那么它们作为"忠"的例子出现时，只是说明了"忠"作为语素的构词功能，并没有显示它作为词的造句功能。又如名词

"类",后面的例子为"种类、分类、同类",也都是词,2005年的新版只是把2002年版原在释义中的"种类"移作了例子。我们想,如果增加一个如"这两本书不是一类"这样的例子,不是更能反映"类"作为词能直接进入句子的功能吗?前面说到"开幕"加了一个句子的例子,但紧挨着的"开学"却仍只有"开学典礼"一例。

附带再说一点,即例句要注意某些词的特殊性。先说一个"嫌":"嫌"可说"嫌他懒""嫌屋子小",后面的名词或代词是"嫌"的对象,再后面是"嫌"的原因。对象有人、物之分,这人、物之分却带来了用法的不同:指物的对象可省,如可说"嫌小";指人时不能省,如不说"嫌懒"。《现汉》有例:"大家都嫌他脾气太急""内容不错,文字略嫌啰唆",两个例子代表了两种不同的用法。再说一个"看",《现汉》在其"诊治"义后举例为"看病":"王大夫把我的病看好了"。但实际语言中还有"看牙、看医生、看中医、看门诊、一小时看了三个病人"等说法,能不能在"看"后宾语"病"以外,增加几个(不一定是全部)这样的例句呢?

以上说的想法和例子,也许都是王力先生说的"本国人觉得平平无奇"的事情,第二语言教学强调实践性、交际性,教学中除了理论、知识的讲授,也十分(甚至"更加")重视举例,因为这更易于他们模仿、生成和掌握。如果我们把外国人学汉语的需要,以及他们在理解、使用中的惶惑、困难当作一面镜子,来审视词典的举例,也许"正是极值得叙述的地方"。当然,这也不是要把对外汉语教师讲生词的教案搬到词典里来,更不是要求一本词典解决词汇学习中的一切问题。我们只是呼吁:要重视例句的选择!

二

关于体现汉语的特点的问题。早期人们认为汉语的特点在于语序和虚词,朱德熙先生认为是词类跟句法成分之间不存在简单的一一对应关系,以及句子的构造原则跟词组的构造原则基本一致。这些都是从语法的角度说的。从词汇的角度说,汉语的一个重要特点是它的词多数是由语素构成的,由此而产生了它的使用单位(词)和语义单位(语素)、书写单位(字)的不一致性。这两点对对外汉语教学来说,有十分重要的意义。绝大多数外国学生,他们的母语多数是多音节词，大部分音节仅仅是语音的单位。他们很容易把汉语的合成词看作是他们习惯了的多音节词，把汉语中音义结合体的语素仅仅看作是一个音节，浪费了汉语语素表义的资源。

"语素"这一概念传入中国已有半个世纪了，但是在有的方面，并没有引起人们的重视。就说语言心理学、阅读心理学吧，西方学者是这样来描述阅读心理过程的：词的接受→词和词之间语义的调整→句子的理解。我们有些相关的心理学著作照搬西方的公式，忽略了不应忽略的从语素到词的理解过程：语素的接受→语素和语素之间语义的调整→词的理解，在这以后才能进入从词到句的理解过程。试以"①美国防部／②美国防长"为例，图解如下：

①美+国（美国）→美‖国+防（国防）→美‖国防+部（国防部）

②美+国（美国）→美‖国+防（国防）→美+国（美国）‖防+长（防长）

①中，"美"和"国"两个语言单位结合成"美国"；后面有了"防"后，"国防"结合成词，"美"作为国家简称单独成词；待到有了"部"后，"国防部"结合在一起，"美"没有变化。"美、国、防、部"最后组成了"美‖国防部"两个词。但在②中，"美‖国防"后有了"长"以后，"防长"结合在一起，"美"和"国"重新结合，构成"美国"，四个语素组成了"美国‖防长"，"美"和"国"发生了合→分→合两次变化。

如果"语素→词"的调整过程发生差错，整个句子的意思就会发生很大的变化，如有人读报时把"湖南省‖长沙市‖五十万人……"读成了"湖南‖省长‖沙市五‖……"，读到"五十"时才发现错了；香港一家杂志刊载过把"已经培训过的‖和‖尚未培训过的干部都要认真学习"读成"已经培训过的‖和尚‖未培训过的干部都要认真学习"的故事。这是发生在中国人身上的事情。外国人阅读和朗读汉语时，更容易出现这类问题。如曾有一位取得了硕士学位并在中文系当了副教授的外国汉语老师问："中国人有没有姓'呆'的？"问其所以，答说："曾经看到过这样的句子：你‖老呆‖在这里干什么？"显然，她把状动结构的"老‖呆（在）"当成了跟"老张、老李"同类的人的称呼"老呆‖（在）"了。对中国人来说，这一调整过程只是瞬间即逝之事，即使出现了"沙市五、和尚"之类的误读，也只是一则笑话而已，不会引起人们的深思。但是对外国人来说，书面语中的字（语素）是如何组成词的，却是一大困难，也是一个值得重视的问题。当然，要解决这个问题主要要加强阅读训练，提高他们根据上下文来判断语言单位的语义、组合关系的能力。那么词典在这方面可以为我们提供哪些帮助呢？

——关于多音词注音以连写为原则。《汉语拼音方案》于1958年2月公布时，关于它的用处，在有关文件和领导人的讲话中都说"帮助学习汉字""给汉字注音"，至于怎么注音，没有涉及。但是，当年8月出版的我国第一部对外汉语教材《汉语教科书》不仅迅速地采用了这个方案，而且提出了"为了外国学生的方便，例句和课文采用了词儿连写的办法"，"连写的目的在于帮助学生朗读"。当然，"因没有大家公认的连写规则"，也有一些不尽合理之处。也因为教材的使用面小，这一办法不可能产生影响，得到社会的认同。1978年，《现汉》正式出版，它明确规定："多音词的注音，以连写为原则。"由于它吸收了多年来语言研究的成果，具体操作上更加科学合理，也由于它的权威性和使用上的广泛性，多音词连写也就成了广泛使用的规范。1996年，《汉语拼音正词法基本规则》（以下简称《正词法》）把"以词为拼写单位"作为国家标准正式公布。如果说对外汉语教材采用"词儿连写的办法"，是因为习惯于拼音文字的外国人对汉字这种书写符号"觉得是很特别"的话，那么《现汉》的"原则"则集中反映了本国人"极值得叙述"的研究成果。这看起来仅仅是一个注音方法，却使它在"给汉字注音"以外，显示了不同语言单位的差别，使标注词性、区别词和非词的原则得到了进一步的落实，有助于在阅读过程中避免出现"老‖呆在"与"老呆‖在"、"和‖尚未"与"和尚‖未"之类的错误。

——关于四言成语的拼写法。《正词法》规定，四言成语可以分为两个双音节来念的，中间加短横；不能按两段来念的四言成语、熟语等，全部连写。新版《现汉》用的是按语义进行切分的方法（"凡例"中说"词组、成语按词分写"）。我们认为这两种方法中各取其长可能比较合适，即按语义进行切分，各语义单位（不一定都是词）之间用短横相连。因为《正词法》的"可以分"和"不能按"并没有说明根据的是什么。其实，多数成语中的语言单位是比较清楚的，如"一|穷|二|白""一|命|呜呼""一|衣带|水""一塌糊涂"（《现汉》注音时把这"一|衣带|水"切分为"一|衣|带|水"可能是校对上的疏忽，释义中说"一条衣带"），如果笼而统之地采用二分法和全部连写两种方法，只会增加读者在理

解成语上的困难。用短横相连是因为，首先从整体上说，成语是相对固定的语言单位；其次，有些成语中的某个语义单位在现代汉语中有时是语素，不能独立使用，如"一诺千金、一蹶不振"中的"诺、蹶"（在单字条目中未标词类），以短横相连，可使它们与可以独立使用的词相区别。

——单字条目（语素或词）和多字条目（词或词组）释义互相呼应的问题。先举一例："美轮美奂"，《现汉》在整体释义后，另外解释了"轮、奂"在单字条目中没有列出的意思。也有一些条目没有这样做，如"林林总总"，在整体释义后，没有另注"林林、总总、林、总"的意思。如果能使单字条目和多字条目释义互相呼应，必将加深读者对词语的正确理解，防止误用，尤其是一些不太常用的书面语词语。

最后，就"附录"说几句。

——《现汉·我国历代纪元表》中元、清两代的起始年代似可商榷。元的起讫年代为"1206—1368"，下面的说明为：1206年建国，1271年定国号为元，1279年灭南宋；清的年代为"1616—1911"，说明为：1616年建国称后金，1636年改国号为清，1644年入关。也就是说，元、清两代都是从蒙、满两民族在其聚居地建国之年算起的。另外还有两种说法：《新华字典·历史朝代对照简表》把元、清的起始年代记为入主中原的1279年、1644年。《中国大百科全书》"元、清"条目中从定国号的1271年、1636年算起。哪个比较合适？我认为，作为历史上的一个朝代，《新华字典》以入主中原、建立统一国家的中央政权的1279年、1644年算起比较合理。再说，蒙、满在1206年、1616年所建的国家分别称为"大蒙古国、后金"，而不是元、清。还有，他们在已经把建国之君谥为"太祖"后，又把入主中原的皇帝谥为"世祖"，而不称"宗"，这说明他们自己也意识到这是两个不同的阶段。这两个民族的兴衰可做历史的记述，作为一个国家朝代的起讫年代应该与之有所区别。

——《我国历代纪元表》中记录了南北朝、五代时期中原地区分裂的地方政权，也有跟中原关系密切的少数民族政权辽、金，由此而想到西夏。由党项人建立的西夏自1038年到1227年，前后190年，疆域包括今宁夏全部、甘肃大部、陕北和青海、内蒙古部分地区。其国力一度十分强盛，先后跟北宋、辽以及南宋、金成三足鼎立之势，后为元所灭。明清时期，党项族逐渐融入汉族和其他少数民族。十分难得的是，西夏积极倡导学习汉礼仪、制度、文化，设国学，尊孔子，修孔庙，兴科举；他们还编写了现在能见到的中国历史上第一本汉外（族）双语词典《番汉合时掌中珠》(1190)，编者在序言中说，"不学番（西夏）语，则岂和番人之众；不会汉语，则岂入汉人之数"，即"和番入汉"。西夏在促进文化交流、民族融合方面起过很大的作用。可否考虑，仿照《新华字典》，在辽、金之间加上西夏？

除《我国历代纪元表》外，可否增加各省市自治区和首府地名表、少数民族名称表和人口较多的姓氏表，甚至世界各国国名和首都地名表（汉外对照）？

参考文献

北京大学外国留学生中国语文专修班　1958《汉语教科书》，时代出版社。

王　还　1994《门外偶得集》，北京语言学院出版社。

王　力　1984《王力文集第一卷·中国语法理论》，山东教育出版社。

文字改革出版社编辑部　1983《〈汉语拼音方案〉的制定和应用》，文字改革出版社。

中国社会科学院语言研究所词典编辑室　1978、2002、2005《现代汉语词典》，商务印书馆。

朱德熙　1985《语法答问》，商务印书馆。

关于编写对外汉语教学词典的问题 *

一

编写词典，跟其他文字作品一样，最需要明确的是使用对象是什么人。不同的对象有不同的需要。我们现在已经有了很多汉语词典，为什么还要编写对外汉语教学词典呢？最根本的原因就是它的对象是外国人，是正在学习汉语的外国人。一般汉语词典的使用者是以汉语为母语的中国人。他们都能熟练地使用汉语，具有相关的汉语知识。日常查阅词典常常是因为在阅读书报或听人说话时，看到或听到某个生疏的字、词，希望通过词典掌握它的意思、读音或字形。一般来说，这些生疏的字、词多出现在句子中，读者和听者可以根据句子提供的语境、自己原有的语言知识，大体了解它的意思或语义范围，查阅词典是为了理解得更准确、规范。所以我们说，以汉语为母语的中国人使用汉语词典是解释性的、规范性的。正在学习汉语的外国人与此不同。他们使用词典不能停留在知道字、词的形音义上，他们更需要的是能在语言交际活动中使用这些字、词，生成、提高语言交际能力。他们使用汉语词典是生成性和实践性的。这一特点在对外汉语教学的实践活动中表现得十分明显、突出。一部对外汉语教材不仅要有生词的书写、读音和词义注释，一些重点生词常常另有体现它们用法的例句和说明。在课堂教学中，评价一堂课（包括听、说、读、写各语言技能课）的质量，不仅仅是老师讲得怎样，关键在于学生是否会用。从这一点上说，对外汉语教学的教材、课堂教学跟供外国人使用的词典有着共同的任务。

作为对外汉语教学词典使用者的外国人，他们的另一特点是：一般都是成年人。他们学习汉语有明确的目的性和很大的积极性（其中有的是所属单位指派的

---

* 本文原载于《第九届国际汉语教学研讨会论文选》，高等教育出版社，2010年。作者为施光亨、王绍新。

任务）；有说母语的语言能力，有健全的思维能力，有从母语中得到的语言知识和理解能力。这与在自然语言环境中学习母语的儿童完全不同。作为供外国成年人使用的词典，可以利用这些有利条件，为他们在使用某个字、词时可能遇到的问题提供准确的说明和相应的例证，便于他们理解、模仿、掌握、使用。曾经有过这样的事：在课间休息时，有个学生问老师"奉承"是什么意思，老师随口回答说"奉承"就是把不好的说成好的。几天后，这个学生考试得了高分，老师表扬了他。学生为了表示谦虚，说"老师你不要奉承我"。"奉承"的基本意思是讨好人，学生误用是因为老师讲得不到位。对外汉语教学的无数事实说明，老师怎么教，学生就怎么说。外国人学习汉语的特殊需要和有利条件，要求适合于他们使用的词典。这类词典，我们仿照语法著作有理论语法和教学语法的不同，把它称为"对外汉语教学词典"，简称"教学词典"。

这样的教学词典也适用于中国人。王力先生在上世纪30年代编著的《中国语法理论·导言》中说道："我们的书虽不是为外国人而著，却不妨像教外国人似的，详谈本国的语法规律。譬如有某一点，本国人觉得平平无奇的，而外国人读了，觉得很特别的，那么正是极值得叙述的地方。"专为外国人编写的教学词典，对中国人应该也是有益的，尤其是中国的汉语教师。

二

根据以上对教学词典的认识，2002年初我们和几位从事对外汉语教学多年的老师开始编写《汉语教学词典》，到2008年底修订完稿，前后七年。

我们编写的词典适合正在中级阶段学习汉语的外国人使用。收录条目包括外国留学生汉语水平考试使用的《词汇等级大纲》甲、乙、丙级词，《高等学校外国留学生汉语言专业教学大纲》一、二年级词汇，《高等学校外国留学生汉语教学大纲（长期进修）》初、中阶段词汇，也就是这几个词汇大纲收录的常用词。考虑到中国少数民族学习汉语跟外国人学习汉语都是第二语言学习，我们收录了《中国少数民族汉语水平等级考试常用词汇》甲、乙、丙级词中特有的词条（约100条），加上这四个词汇大纲的合成词中没有收入单词条目的语素。另做了个别调整（如以"欧元"替"法郎"，加了"社区、网络、窗口"等新出现的词），共6800条左右。词典的正文中尽量使用本书收录的词条，本书没有收录的随文另注。

除了收录外国人学习汉语的常用词以外，我们特别注意释义和举例切合外国人的特点，另外还加了"提示"和"比较"。

关于释义 释义方面，我们尽量采用描述的方式，力求准确地传达词的本义，尽可能地不停留在以词释词、近义词互注的方式。如"败"一般解释作"在战争或竞赛中失败"，"失败"解释为"在战争或竞赛中被对方打败"："败"和"失败"成了互注。为此，我们在"败"后释为"在战争中损失兵员、阵地，无力再做抵抗；比赛、竞争中成绩比别人差"。有些词有特定的使用条件，不是语素义的简单加合可以说明的，如"读者""读物"。"读者"一般解释为"阅读书刊文章的人"，"读物"解释为"供人阅读的书籍报刊"。但在语言交际中，"读者"多用作某一书刊或其作者、出版社、编辑部、书店、图书馆等对服务对象的称呼，不能说"校园的椅子上坐着一个读者"；"读物"前常有表示特定类别的定语（如"儿童读物""通俗读物"），不能说"书架上有很多读物"。为此，我们的释义为"读者：（作者、出版社、书店等）指称购买、阅读、借阅图书、报刊的人""读物：适合某类人阅读或具有某种特色的书籍、报纸、杂志等"。再举一个虚词的例子：副词"又"，很多词典都有"用在否定句或反问句里，表示强调"这样的义项，举例为"别这么客气，我又不是外人""这点小事又费得了多大工夫？"但是，生活中有这样的句子："我又不是孩子，你骗不了我""你喜欢穿和服吗？——我又不是日本人"，它在彼此认同的"孩子容易受骗""日本人喜欢穿和服"的前提下，以"我又不是孩子""我又不是日本人"的否定某一事实的方式，推出"你骗不了我"的结论（后者省去了"我不穿和服"的结论）。由此，我们在"又"的"表示强调"义项外，增加了一个义项：用在否定句中，表示在彼此认同的前提下，以否定某一事实的方式来推出否定性的结论。如果词典把中国人可以理解而外国人想不到的意思解释得缜密一些，配以适当的例句，可防止正在学习汉语的外国人误用。

关于举例 我们十分重视举例。因为使用词典的会说汉语的中国人都有从自然语言中积累的丰富的"语料库"，在一般情况下，释义后即使没有或只有少数几个词语、句子的例证，也可以"激活"这些"库存"材料。这是正在学习汉语的外国人无法做到的。作为外国人使用的词典，我们尽量以能体现有关的语法功能和使用范围的句子为例（有些量词后除句子外，还举了一些数量名短语的例子），也就是使他们在懂得意思的基础上学会使用。比如在形容词"早"的义项②"时间在先的"后面，举了"天不早了，快回家吧"（谓语）、"早场电影9点钟开演"（定语）、"我们早点儿走吧，晚了路上的车太多"（状语）、"每天上课都是他来得最早"（补语）。有些词类中有小类，如动词中有助动词、心理动词，形容词中有些只能做定语或状语，有些常用来描述人和事物的状态（《现代汉语词典》分别称之为属性词和状态词），我们都有体现它们特点的例句。还有不少词有自身的特殊性，如有的动词的宾语有不同的类别，比如"扫"的宾语可以是被扫的地方，如"扫地（/院子）"，也可以是被除去的东西，如"扫垃圾（/土/雪）"（为节省篇幅，以下不引词典的原例）。"丧失、丢失"都有失去的意思，英语都注释为lose，但前者的宾语多为抽象的事物，如"丧失机会（/信心/勇气）"，后者的宾语多为具体的东西，如"丢失手表（/自行车/提包）"。"擅长、善于"，前者的宾语多指某种技能，如"擅长画人物画儿（/唱京剧/做西餐）"，后者可指技能，如"善于唱民歌"，也常指日常的事情，如"善于学习（/思考/团结同学/做管理工作）"，还可以是不好的事情，如"善于伪装"。采用"义必有例，例多为句"的做法，是因为我们不仅把例子看作是释义的佐证和说明，更希望它们成为正在学习汉语的外国人通向生成、使用的桥梁。

关于提示 尽管我们在释义、举例上尽量考虑外国人的需要，但他们不一定能抓住释义的要害，从例句中归纳出规律性的认识来。为此，我们又在单词条目后设置了"提示"，在近义词后面互设了"比较"，在说明可以这样说的同时，做了不能那样说的提醒。

如表示"不满、厌恶"的动词"嫌"，在列举了不同类型的例子后，做了如下提示：它的宾语有人和事的区别，名词、代词单独做宾语时，只能指人，如"大家都嫌他"；动词、形容词单独做宾语时，只能指事，如"嫌吵、嫌麻烦"。名词性宾语可以是后面谓语的主语（兼语），如"嫌他懒""嫌房子小"。指人的兼语不能省，如"嫌他懒"不能说"嫌懒"；指物的兼语可以省去，如"你为什么不喜欢原来的房子？——我嫌小"。

有些动词的宾语的语义类别不一样，如"小心"，它的释义为"十分注意，以免发生不良后果"。"提示"中把宾语分为三类：一是可能发生的不良后果，如

"小心滑倒"；二是可能造成不良后果的条件，如"小心路滑"；三是可能遭受不良后果的人或物，如"小心手""小心贵重物品"。第一类宾语前可有否定词"别"，如"小心滑倒"可说"小心别滑倒"，意思一样。

有些词的同一个义项，由于跟别的词搭配不同，其所指也会不同。如名词"北"，在表示部位、地区时，如果前面有名词做定语，指在此以外的地方，如"城北"指在城外；如果做定语修饰别的名词，表示在此以内的地方，如"北非、北欧"指非洲、欧洲以内的地区。我们也做了"提示"，并说明"东、南、西"与此同。

有的"提示"十分简单，如"必须"的否定式是"不必、不须、无须"，不能说"不必须、没有必须"。又如"保险"的宾语一般是人们希望发生的、积极的事情："保险没问题（/能完成任务）"，不说"保险出问题（/完不成任务）"。

关于比较 对意思相近、容易混淆的条目，我们设置了"比较"。如"风气"和"风俗"，一般释义对中国人是很清楚的。为了让外国人更容易区别，我们在"风气"的释义中加上了"在一定时期内流行的"，"风俗"加上了"在某一地区、民族普遍流行的"，并在"比较"栏中进一步指出"风气"多带有时代性和群体性的特征，"风俗"常带有民族性和地区性的特征。

又如"东方、西方、南方、北方"，它们都指不同的方位，但指地区并做定语、对人或事物进行分类时，有时却很不相同，如"东方人、西方人"指的是外国人，"南方人、北方人"指的都是中国人。在"比较"中，我们对它们在语义上的不对称情况做了说明。

我们尽量不用近义词互注，但在释义中，有时也会出现意思相近的另一个词，实际上它们在意义和使用上是有差别的。如"本人"释为"指说话人自己"，但"本人"和"自己"又有不同：a."本人"常用于正式场合，如"由我本人负责"，一般不用于日常生活中，如不说"衣服的花色很多，你本人去挑选吧"。"自己"没有这个限制。b."本人"常常是特指的，如"我本人""报名者本人"，也可说"自己"。但"自己"可泛指任何人，如"只要严格要求自己，就能不断进步"，不能说"本人"。c."本人"只能用于人。"自己"还可以用于事物，如"电话自己就断了"。

还有一种现象值得注意。即同类事物在外语中是一个词，但汉语却有不同的说法。如"衣、服、装",英语都是 cloth。一般的汉语词典中,它们的解释是,"衣:衣服","服:衣服;衣裳","装:服装";进一步的解释是,"衣裳:(口)衣服","服装:一般专指衣服";只有"衣服"解释为"穿在身上遮蔽身体和御寒的东西"。对于中国人来说,有了"衣服"的解释,其他条目的意思也就清楚了。外国人却不明白:同样的东西为什么有不同的说法呢?区别何在呢?为此,我们汇集了一些由"衣、服、装"组成的合成词,进行了比较,发现用"衣"时,前面的语素大体有三类:一是表示制作的材料,如"棉衣、毛衣、皮衣",二是表示穿在身上的部位,如"上衣、内衣、外衣、衬衣、大衣",三是表示特定的功能,如"睡衣、浴衣、球衣、雨衣、风衣、便衣、游泳衣"。"服"多指穿在外面的,如"军服、制服、西服、工作服"。"装"常表示某种风格、身份,如"中装、西装、时装、古装、军装、工装、泳装、学生装"。有时有交叉,如"游泳衣、泳装",但游泳衣只在游泳时穿("衣"表功能),泳装用于舞台表演("装"表风格);又如"工作服、工装",前者指生产劳动时穿在外面的,后者可在日常生活中穿,指一种风格。跟衣服有关的合成词常用"衣",如"衣架、衣柜、洗衣机、洗衣店"。

三

中国历史上,从秦汉的《尔雅》、东汉的《说文解字》、隋的《切韵》和宋的《广韵》至今,词典和工具书的编写和使用是中国文化史的重要方面,对中国文化的传承起到了巨大的作用。我们也注意到,随着对外交流的发展,早在近千年前,就出现了为外国(族)人编写的工具书,如南宋的《番汉合时掌中珠》(1190年),这是一本汉语和西夏语的词汇对照手册。明末嘉靖以后,大批西方人来华,为了传教和经商的需要,他们必须学习汉语口语,编写了不少辞书和教材。有人统计,1575—1800年出现过的这类辞书达65种之多。供外国人使用的词典开始成为众多词典中独具特色的品类。

新中国成立后,国家十分重视外国留学生的汉语教学。60年代初期,外国留学生的汉语教学呈现出了蓄势待发的局面,1964年,北京语言学院("北京语言大学"前身)编写的对外汉语教学的第一本词典应运而生,可惜书稿交出版社后毁于"文革"。"文革"后,1980年5月,由吕叔湘先生主编的"供非汉族人学习汉语使用"的《现代汉语八百词》出版。这些年来，随着对外汉语教学规模的扩大和研究的深入，各校编写的供外国人使用的各类工具书已在20种以上，对外汉语教学词典的编写进入了繁荣的时期。我们应该也有条件对此进行深入的探讨。

我们尝试着编写了对外汉语教学的词典。对外汉语教学词典如何定性？有关释义、举例、提示、比较的思路，是否符合外国人学习汉语的需要？具体内容有哪些不妥之处？恳切地希望听到各方人士的指教。

关于汉语口语中的语词 *

一、要重视口语语词的研究

书面语和口语是两种语体，各种语言都这样。其差别除了句法结构、修辞风格等之外，词语是一个重要方面。的确，口语中有一大批书面语不用的语词，比如口语中的"冲"："他冲我说……"，在书面语中用"对""向"；"他这句话是冲你来的"，书面语用"针对"。又如"直"，口语中说"他听了直发愣""一天到晚直下雨"，是持续不断的意思。还有，一般说"很"，口语中常说"挺""怪"，等等。口语常常跟方言联系在一起，口语中的语词有些是方言成分，如"明天"在北京方言中说"明儿"，在别的方言中还有一些其他说法。但是上面说到的以及下面我们将要说到的一些语词并不是方言。可是，目前对口语语词的重视，以及实际的调查、整理、分析远不如方言。有些使用十分广泛的口语语词，在辞书中有时查不到，如上述"冲"，《现代汉语词典》列了几个义项，但没有"向、对"和"针对"的意思。又如"别说"，有一个意思是"不要不信"："别说，他真来了"，在《现代汉语八百词》中也没有收列。

口语中的语词，一般都是常用的，或者是由常用的词组成的，但它们在使用时或语义有所引申、转移，或有特殊的语用色彩，常常不易为人理解。如"研究""再说"，除了它们的字面意义以外，常用作推托之语，说"这个问题我们研究研究""以后再说吧"，很可能是说话人用以表示对此不感兴趣，那么，听话人应该准确理解说话人的本意，不必一味等待"研究"结果，或找机会旧事重提，令人不快。又如，八十年代初，美国有一首次访华的汉语教师代表团，一位女代表早起出门碰到有人问她"吃饭了没有？"她非常郑重地告诉说，吃了，吃的是

---

* 本文原载于大阪外国语大学中国语学研究室、日本语与中国语对照研究会编《日本语与中国语对照研究》，1996 年。

什么什么，但她发现听话人并不感兴趣。她很奇怪：问话人为什么不愿听她回答？她不知道这是民间礼仪的问候语，简单应酬一下即可。又如日本某大学的一个高年级学生在课文中看到"看你说的"，曾问："说的"只能"听"，为什么说"看你说的"？有一位日本的大学讲师也说他在中国学曹禺的《日出》的时候，对其中不时出现的"你看""你看你"不很了然。这些都说明对口语中的语词进行研究有着重大的实际意义。

从外国人学汉语来说，为不同的语言技能训练开设的课程，其语料应有所区别。如阅读课教材就不妨用书面语性强的材料，句子可以长一些，句子成分可以复杂一些，用来表示句子和句子连接的虚词周备一些。从内容上说，阅读课上可以使用一些描写景物、心理的书面语，等等，但是这样的教材如果用在口语训练就不一定合适。曾有这样一个笑话，一位对外汉语教师晚间购物，回来发现东西有毛病，第二天去商店要求售货员退换。她说，因为昨天太晚了，所以没有来。旁边另一位售货员听了，笑着小声学她："因为……所以……"，显然，这位售货员觉得句子太文气了，与口语习惯不合。几十年来，汉语教学和其他第二语言教学一样越来越重视口语的听说训练，取得了良好的成效。但是，我们同时也发现不少学生不会使用中国人常用的口语语词，说话太书面化。其原因之一是教学中习惯于选用书面语的材料，比较多地注意书面语的语法教学，注重句子结构的分析，或多或少地忽视了口语的特点。在一些听说训练的教材中，只是把书面语拆成了对话，甚至只是课文短一些。在训练项目中，也没有充分体现口语训练的特点。因此，研究口语中的语词，对外国人学习汉语有着特别重要的意义，是一项不可忽视的研究课题。

二、口语语词的几种情况

口语语词大体上可以分为以下几类：

1.同书面语的语词没有区别的，也就是说，在口语和书面语中同样使用。这是语言语词的多数，是一种语言的核心、基础，如果差别太大，就成了两种语言了。在教学中，这部分词语是各种课型的语词教学的共同内容。

2.口语中的方言词语或有方言色彩的词语。一般来说，在汉语普通话中，它们都有相应的说法。第二语言学习应该学习标准语，外国人学习汉语的主要任务应该是学习汉语普通话，这是因为汉语普通话是全中国人使用的标准语。方言可以不列作教学内容。其中汉语普通话基础方言——北方话的词语因为使用面较广，可以适当有所了解。至于北方话以外的其他方言语词，除非因为特殊的需要专门学习外，可不列入教学。

3. 这一类是我们要着重讨论的。它们有如下一些特点：

（1）这些语词是汉语普通话的重要组成部分，上面提到的"研究、再说、你看、看你说的……"和下面将要提到的语词都是普通话的口语语词。

（2）口语性较强，一般只出现在口语中，书面语不出现或很少出现，或者在口语中的意义和它书面语的意义（一般辞书的释义）不同。如上面说到的"研究"在书面语中出现，一般就是"探究事物性质、规律"或"进行商讨、考虑"，不能理解为"推托"的委婉说法。又如"一句话"本是"说话的数量"，在口语中，一是无须多说的意思，用以表示爽快的应允；二是用在列举之后，以引入总结性意见。"好家伙"，它并不是"好的家伙"的意思（"家伙"通常指物件、武器，引申可指人），而表示感叹、惊讶。口语中"小意思"不是"意义重大"的对应说法，它说的是"只有象征的意义，不值得重视"；常用在馈赠礼物的场合，意思是"礼物很菲薄，只能代表一点心意"。至于口语中说的"意思意思"更带有动词性（"他帮了我们那么大的忙，应该去意思意思。"），它真正的意思是"表示一点心意"。"别说"口语中除了表示禁戒的本义"不要说话"以外，还有一些惯用义：①不予论列，如："他，别说去过上海、南京，青海、新疆也去过。"②不要不信，如："别说，他还真来了。"等等。这样一些词语如果不做专门的说明，就很难理解：我请他帮忙，他为什么回答"一句话"？是同意还是不同意？"他真来了"为什么不让说（"别说"）？需要保密？

（3）这些词语常常带有特定的感情色彩。如说"看我的"有一种自豪的意味（"这个任务不难完成，看我的！"）；"看你的"是挑战的说法（"这次考试关系重大，就看你的了！"）；"有你的"则表示夸耀、惊讶（"这几个字写得真不错，真有你的！"），多用于办法、水平、技艺。又如"看你""看你说的"和"真是的"都有不满、埋怨的意思，但前两者略含责备，后者则有无可奈何的心态。

（4）这些词语常有特殊的语用环境或对象。如上面说的"看你""看你说的""真是的"都有不满、埋怨的意思，但其对象一般是关系亲密者，不满、埋怨的问题也不大，如双方关系紧张，或意见严重对立，就不用这种说法。与此相类，"去你的"也只能用在关系亲密的人之间，否则是十分失礼的。几乎与"去你的"同义的"去"，表示厌烦，是一种呵斥、一种十分严厉的说法，但它可以用在关系亲密者之间，如用在一般社交中，尤其是它的重叠式"去，去，去！"是十分失礼的。又如招呼用语"你吃饭了吗？"是一种即景问候，一般只用在朝夕相处者之间，而且必须在用饭前后。公众场合、正规场合还是应说"你好！"有些口语语词还跟使用者的身份有关，如"什么呀""真是的"，青年女性用得较多，它表示了既有不满，又不便直露的女性心态。

（5）有些词语在语言搭配上也常有一些特殊的要求，如有一些否定式的词语可以有肯定的说法，有的没有。如："了不得"可以说"了得"，形式上一是肯定，一是否定，实际意义相同，但"不得了（liǎo）"不能说"得了（liǎo）"。表示同意、肯定的"不错""没错"没有肯定形式"错"，相反的说法是"不对""不行"，还是否定式。只有否定式、没有肯定式的词语还有如："不用说、【好】不到哪里去、不对劲（不正常）、不是滋味、不怎么样、怪不得、了不起、没的说、没关系、没那事、没什么、没准儿、说不好、无所谓"等等。有的说法的肯定式和否定式意义相反，口语中都可以说，如表示"可以同意"的"好说"，"不同意"可说"不好说、不行"；有时却不能用相反的格式，如"好说"在表示"不成问题、容易处理"时，否定的说法则说"难办"。但"不好说"还有两个义项："不便说出口"和"不能下断语"，如"为个人的私事麻烦人家，不好说""这个情况很复杂，现在还不好说"，都没有相应的肯定的说法。

有的词语在句法结构上有自身的要求，如表示理所当然的"本来嘛"，表示突然醒悟的"对了"，表示赞叹、惊讶的"好家伙"等都只能单说。表示只需如此的"就是了"、表示不过如此的"罢了"等只能放在句末。有的词语又比较灵活，如"干吗"用来询问目的、原因，有质问义，它可以放在句首、句中或句末，但与它大体相当的"为什么"只能放在句首、句中，不能放在句末，"你还回家干吗？"不能说"你还回家为什么？""按说"的意思是根据事实进行推理，可有两种格式："按说＋已成事实＋推理""已有事实＋按说＋推理"，如："按说有了大学文凭，他该知足了。""有了大学文凭，按说他该知足了。"又如"怪不得"，后面有宾语的时候，宾语指的是原来感到不解的事实："怪不得他一个星期不来了！"单说的时候，后续的句子说的是突然醒悟的原因："怪不得！原来他病了一个星期。"

口语语词是语言的重要组成部分，口语会话中使用口语语词可使话语生动、简洁。掌握口语语词是汉语教学，特别是口语教学中的重要任务。鉴于口语语词在语义、结构、语用的方面有其特殊性、复杂性，必须从占有大量的资料，也就是从收集基本语言事实着手，进行细致的分析，才能得出比较科学的、符合语言实际的结论。这里要特别强调的是收集、掌握材料的问题。口语语词，人人说，常常说，很容易根据一时的主观臆断，自编几个例句，忽视了实际语言中的细致差别，舍弃了它们的复杂性、多样性。口语语词以前缺乏系统的研究，需要我们付出艰巨的劳动。

语素研究述评[*]

"语素"一词，是 morpheme 的译名。morpheme 最早指词里的形态成分，也就是"形素"。后来指一个词的组成成分，译作"词素"，最晚出的意义是指"最小的有音有义的语言单位"，就是现在所说的"语素"。把 morpheme 译作"语素"是朱德熙先生的建议（见吕叔湘《汉语语法分析问题》《语言和语言学》）。

较早使用 morpheme 概念的是陆志韦先生的《汉语的构词法》，该书在 1957 年初版时用的是"词素"，1964 年修订版改为"语素"。吕叔湘先生在《语言和语言学》（1958 年）、《字、词、句》（1964 年）、《汉语语法分析问题》（1979 年）中对语素先后做了详细的论述。近几年来，语素已越来越引起语法学界的重视，不少刊物发表了有关的研究成果，一些高等学校的现代汉语教材也把它作为一级语法单位，跟词、词组、句子一起，成为语法讲授的重要内容。1981 年 7 月在哈尔滨全国语法和语法教学讨论会上形成的《〈暂拟汉语教学语法系统〉修订说明和修订要点》以及后来据此制定的《中学教学语法系统提要（试用）》也增补了"语素"部分。语素的说法经过近 30 年来专家的研究、介绍和倡导，已为语法学界普遍接受，它通过学校语法教学途径必将得到最为广泛的传播。

吕叔湘先生在《汉语语法分析问题》中说："讲汉语的语法，由于历史的原因，语素和短语的重要性不亚于词。"古代汉语里，多数词是由单个音节组成的，在书面上就是一个字，也就是说，古汉语的多数词具有不可分割性，语素、字、词是三位一体的语言单位。到了近代，这种现象有了很大的变化，复合词逐渐占了优势，书面上也不止一个字了。著名语法学家黎锦熙先生在 1924 年出版的《新著国语文法》中提到了这种很多语法著作没有提到的变化。他说："有时一个字就是一个词，如'人''马''红''来'等。有时要两个字以上组合起来才成为一个词，如'鹦鹉''老头子''便宜''吩咐'等。"从"字就是词""字组成

---

[*] 本文发表于《语文导报》1987 年第 6 期。

词"的说法看,"字"有语言单位的意思,但从把"鹦鹉"作为"字组成词"的例子来看,"字"又仅仅是书写符号。因此,可以说《新著国语文法》触及了比词更小的东西,但它没有明确地说明这东西是什么。20年后吕叔湘先生在《中国文法要略》(1942—1944)中认为,语言中有比词更小的意义单位,他以"院子""枇杷"为例说:"院子"这个词是最小的表现单位,"院"是最小的意义单位;"枇杷"同时是表现单位,也是意义单位。他说:"这样看来,词有单纯性和复合性两种:单纯的词同时兼为意义单位和表现单位,复合的词只是最小的表现单位,不是最小的意义单位。"这里,"最小的意义单位"不就是今天所说的"语素"吗?(参见赵元任《汉语口语语法》:"语素的通常定义是语言中最小的有意义的单位。")吕先生把"院"叫作"词根",把"子"叫作"词尾",这是就这二者的区别来说的,如果就"院"和"子"二者共同对"院子"一词而言,"语素"这个术语不是呼之欲出了吗?可是在这以后,由于受了"字"的传统概念的束缚,一方面说字是形体的单位,一方面仍然说字也可能是意义的单位,词是由一个、两个、三个或四个字合成的,用"字"来近似地表达"语素"的概念。这种情况一直持续到50年代中期。在这以前,还有把语素叫作"音节"的,有把复合词中可以单独成词的语素叫作"词"或"单词"的。这些都反映在当时讲语法、构词法以及讨论同素反序现象的著作和论文中。但是,当语素(早期译作"词素")这个术语一出现,人们就很快接受了它。周祖谟先生的《汉语词汇讲话》1955年开始在《语文学习》连载时,说到词的构成时常常使用"组成成分",并把构成复合词的可以单独成词的组成成分称作"词",在1959年出版单行本时,便都改称为"词素"了。陆志韦先生在1964年修订《汉语的构词法》一书时也将"词素"改作了"语素"。上述这些情况说明,"语素"这一术语尽管出现得比较晚,受到人们的普遍注意更是近年来的事,但是,它是正确地反映了汉语的语言事实,表达了语法学界对它的研究成果和认识的。当然,语素这一术语比以往任何一个表达方式都更清晰、更准确,免去了跟音节、字、词的扞格之处。

  检阅近年来发表的论文和专著中的有关章节,关于语素的研究大体上可以归纳为如下几个问题:

什么是语素？怎样观察和认识语素？

关于语素的定义，吕叔湘先生说："最小的语法单位是语素，语素可以定义为'最小的语音语义的结合体'。"为什么不用"词素"这一名称呢？吕先生解释说："因为语素的划分可以先于词的划分，词素的划分必得后于词的划分。"（《汉语语法分析问题》）正如张志公先生所说的："这不仅仅是名称问题，而是关系到对语言的观察和认识问题。"（《介绍〈中学教学语法系统提要〉》，载《语文学习》1984年第4期）所谓观察问题，就是在语素和词的关系上，是从语素组成词的角度来观察呢？还是从词分解为词素的角度来观察？所谓认识问题，就是承认不承认语素本身是一个独立的语言单位。

从汉语词汇发展的历史来看，在古代，汉语以单音词为多数，现存的甲骨文资料表明最早的双音词只限于干支、职务和人、地名。后起的复合词是在古代的单音词的基础上发展来的。王力先生在叙述这一发展过程时指出，这中间有一个仂语的阶段，仂语逐渐凝固，成了后起的复合词。王先生还指出仂语凝固化是汉语新词产生的主要方式（见《汉语语法纲要》第26页，新知识出版社，1957年；《汉语史稿》下册第588页，商务印书馆，1980年）。对此，我们可以举例如下：

1. 引而申之，触类而长之。（《周易·系辞上》）
2. 嘒嘒管声，既和且平。（《诗经·商颂·那》）
3. 牛之性犹人之性与？（《孟子·告子上》）
4. 鲍叔牙为人，刚愎而上悍。刚则犯民以暴，愎则不得民心……（《韩非子·十过》）
5. 用近贤之谋，向外结万乘之交于千里。飘风一旦起，则贲育不及救，而外交不及至，祸莫大于此。（《韩非子·用人》）

这里的"引""申""和""平""人""性""刚""愎""外""交"都是独立的词，在句中组成词组，后来经过简缩、凝固，才成了今天的复合词"引申""和平""人性""刚愎""外交"。这说明作为音义结合单位的最小单位的语素在复合词产生以前就存在了，它们在古代以单音词的形式出现在语言中，到了近现代，它们或者在继续保持单音词形式的同时，又可以结合成复合词，或者只能出现在复合词中。把这种语言单位叫作"语素"，可以贯通地解释从古到今的词汇发展历史，如果把它们看作是从词里划分出来的，就无法对它们在古代以单音词形式出现这一现象做出合理的说明。

有的文章还指出，从现代汉语的实际情况看，语素这个名称比词素更恰当是因为语素不仅可以组成词，还可以组合成比词更大的语言单位——如成语，而如果叫作词素，就只能限制在词的框框里。人们可以说成语是由语素组成的，但很难说成语是由词素组成的（见黄成稳《语素和语素教学》，载《语文学习》1984年第3期）。有些同志不同意这种分析方法，认为成语产生在古代，组成成分是古汉语里的词，要按古汉语来分析。其实有不少成语是近现代产生的，如"东张西望""尖嘴薄舌""观棋不语真君子"等等，其组成成分中如"张""尖（尖酸之义）""薄（刻薄之义）""舌""观""语"等，在成语产生的时代已经是一般不能独立成词的语素了。

现代汉语里还有一种现象，即一些人们习惯上把它们看作是一个词的东西，常常可以被分解着使用。如：

  鞠躬——鞠了一个九十度的大躬。
  洗澡——洗了一个澡。
  要紧——我不在要什么紧？（王蒙《青春万岁》）
  睡觉——睡大觉；睡了一个好觉。
  带头——处长让我再带一次头。（王蒙《温柔》）
  中意——中了乡绅的意。（鲁迅《为了忘却的记念》）
  负责——负不了这个责。（草明《乘风破浪》）
  操心——操什么心？
  光荣——人民之光，我党之荣（周总理为徐特立同志七十寿辰题词）

这些中间可以插入其他成分，分开来使用的词有乖于人们对词的一般理解，因此有人把它叫作离合词。其实情况何止于离和合，有的时候，它们在次序上还可以颠倒。如："一个躬鞠了九十度""这个澡洗得很痛快""一觉睡到大天亮""这个头带得不好""这个责我负不了""心不会白操"。甚至可以只使用其中的一个组成成分，如："一个澡五毛钱""一觉醒来"。要把这些语言成分说成是词素，说它是从词里划分出来的，实在有些困难。吕叔湘先生说："'词素'是从词分解出来的，没有'词'就谈不上'词的组成部分'。'语素'不以'词'为前提，完全可以设想有一种语言只有语素和它的各种组合，在一定条件下形成句子，没有'词'这样的东西。"(《汉语语法分析问题》)

关于语素的种类

语素的种类也就是它在更大的语言单位中出现的情况。这个问题一般从能不能单用和定位不定位两方面来分析。说得比较清楚而扼要的要算钱乃荣的《语素的异同和分类》(载《语文学习》1984年第3期，文中以成词不成词的说法表示单用不单用)。文章把语素分为四类：1. 单用不定位语素，如"天""山""跑"等，这些语素可以单用作词，也可以与其他语素组合成词，无论单用还是组合成词，位置(在句中或词中)都不固定。2. 单用定位语素，如"最""才""从""被""着""的""吧""吗"，它们可以单用作词，但在句中位置是固定的，前四个只能前置，后四个只能后置。3. 不单用不定位语素，如"迹""伟""唤"等，它们只能和别的语素组合成词才能出现在句中，但位置不受限制："伟大""雄伟""呼唤""唤醒"。4. 不单用定位语素，这就是一般说的词缀，如"阿""老"(前缀)、"子""头"(后缀)。吕叔湘先生在《汉语语法分析问题》中还指出，一般不单用的语素在特殊情况下仍然可以单用，如"院""叶""虎""时"一般不单用，但有的时候可以说："院领导"(在一定的格式里)、"根茎叶"(专业用语)、"前怕狼，后怕虎"(成语)、"时"(文章中)。当然，这只是特殊情况，不能因此就认为它们是一般的词。

许德楠同志对一般不单用的语素进入句子的条件进行了细致的分析(见《说单音词与语素在构形上的同一性》，《语言教学与研究》1981年第4期)。他认为这些语素带有"初始性""单一性"和"原型性"。它们进入句子必须有"五定"：定向、定性、定位、定元、定量。如下面带黑点的语素一般都不单用，经过"五定"后就都可以说了！耳边(定向——带方位词)，黑发、白眼(定性——规定其性状)，椅背、国营(定位——在一定的结构中)，腰背、桌椅(定元——在联合式中显示其元件性），两耳、一春[没下雪]（定量——直接受数词修饰）。在语义上，不单用的语素是属概念，相应的双音词是种概念，如"金——金子、虎——老虎"。在语法上，不单用的语素也有其特点，如不能说"两只耳"，能说"两耳"等。

语素、音节、汉字的关系

汉语语素多数是单音节的，书面上是一个汉字，因此，语素、音节、汉字之间出现了复杂的关系，很多著作都谈到了这些关系。吕叔湘先生把它们归纳为八种情况：

（音）	（义）	（形）	（例）	语素	字
同	同	同	国	1	1
同	同	异	圆、园	1	1（异体字）
同	异	同	令（合）、令（能）	2	1（多义字）
异	同	同	妨 fāng、fáng	1	1（多音字）
异	异	同	行 xíng、háng	2	1（多音多义字）
异	同	异	行、走	2	2（同义字）
同	异	异	圆、园	2	2（同音字）
异	异	异	圆、方	2	2

联绵词和外来译词的音义形关系更复杂一些。联绵词主要在字形的不同，如"凤凰"又作"凤皇"，"彷徨"又作"徬徨""傍偟""仿偟""方皇""旁皇"，它们尽管使用了不同的汉字，但音义相同，只是一个语素、一个词。外来译词中有音译的、意译的、音意兼顾的，如英语的 motor，可以音译作"马达""摩打""幺打""马托"等，也可意译为"电动机"。motorcycle 译作"摩托车"，也可径作"摩托"，或叫"机器脚踏车"，音和形都有了变化。有的在意义上也有了区别："马达"是"电动机"的意思，"摩托"就专用在交通工具上："摩托（车）""摩托卡""摩托船"等。

一般来说，语素的区别主要表现在音义的不同上。作为书写符号的汉字对区别语素不起作用，上述八种关系中没有一个仅仅因为汉字的不同而被认作是两个语素的。但也应该看到，汉字也不仅仅是消极地记录语言，如"致癌"还是"治癌"，在口头上容易混淆，书面上借助汉字却可以一目了然。"安心工作""安心整人"的两个"安"，"买把锁把门锁上"的两个"把"、两个"锁"，"保管能成功""保管得井井有条"的两个"保"和"管"，这些是一个语素还是两个语素，固然要从音义上来考察，但它们的书写形式——汉字相同，却也使人们在下结论时颇费斟酌。这说明在音义形三者中，汉字在划分语素时有时是一个不能不考虑的因素。

张志公先生说："从语素到词，到词组，到句子，就是一个组合过程，而组合的原理是'一以贯之'的。各级的组合，虽有小异，不失大同。"(《谈汉语的语素》，载《语言教学与研究》1981年第4期）建立语素的概念，就突破了语法研究以词为下限的框框，扩大了语法研究的范围，有利于进一步地认识汉语的特点。在词汇研究方面，组成词的各个语素的语义关系以及它们和整个词的关系，等等，也是以往单讲词的内部结构时较少注意的问题。同义词、反义词、固定词组等的研究尽管有了相当的成果，但如果从语素的角度来观察，也将会有新的启发和认识。有人估算汉语语素和词的数量之比为1∶6，"掌握语素和构结法，是以简驭繁，有效地扩大词汇量的一个重要途径"(叶蜚声、徐通锵《语言学纲要》）。因此，建立语素的概念，学会分析词的语素构成，将对掌握新词、提高语文教学质量有很大的帮助。总之，可以说，建立语素的概念将对语言研究和语言教学起到一定的推动作用。那么，我们能不能把一部分词在语言中分解、颠倒，其组成成分有时可以单用的现象看作是语素在一定条件下直接进入句子的一种特殊情况呢？在这种情况下，以语素来代替词素的说法不是更可以避免"词"的束缚吗？我们还注意到一种现象，即上述离合词不仅可以分解、颠倒，其组成成分可以单用，而且它们在疑问句中还可以这样说："洗不洗澡？""睡不睡觉？""中不中意？""负不负责？"或者："洗澡不洗？""睡觉不睡？"其中"洗澡""睡觉""中意""负责"已经具备了必要的充足的构词成分，游离其外的"洗""睡""中""负"似乎很难再认为它们是这些词的词素了。不仅是离合词，像"可以""应该""能够"，也可以在疑问句中说"可不可以""应不应该""能不能够"，其中第一个"可""应""能"，也很难说它们是从"可以""应该""能够"

中分割出来的词素,如果把它们看作直接进入句子的语素不是更合理吗?

从进行语言分析的角度看,用语素的说法也比词素好,因为"词素的划分必得后于词的划分,而汉语的词的划分是问题比较多的"。但是"语素的划分可以先于词的划分,这种划分比较容易,而且根据这种划分,不应用'词'的概念也能把语言结构说清楚"(参见《语言和语言学》《汉语语法分析问题》)。如上面所说的"洗澡、睡觉"之类,它们是不是词,用通常的词的定义和划分的标准来判断常常彼此互相抵牾,如果绕过词的概念,也可以把"洗了一个澡""一觉睡到大天亮"之类的句子的结构说清楚。所以,用语素的说法不但可以使语素同词挂起钩来,还可以直接同短语、句子挂起钩来,使语言分析简便得多。

总之,语素是独立的一级语言单位,它的存在不以词的存在为前提。不过,也许因为"词""词素"的观念太强的缘故,有的文章在给语素下定义时还缀以"是构词的单位"。这个说法容易把"语素"拉回"词"的前提下,模糊了对"语素"的认识。

怎样辨认语素?

既然语素是最小的意义单位,辨认语素就跟对意义的理解有密切的关系。以"经济""格致"二词为例,一般人很容易认为它们和"逻辑"一样,都只是一个语素。其实,"经济"是"经世济民"的意思,是两个语素。《红楼梦》史湘云劝贾宝玉留心于仕途经济,用的便是这个意思,并不是要他去户部或工部当官。"格致"是"格物致知"的意思,也是两个语素。另一个情况是,有一些语素各有几个义项,但几个义项都有联系,如"写(字)""轻描淡写"的"写","书本""书写""书信"的"书","人而无信""信物""信用""信使""书信"的"信",它们只能是一个语素。显然,对语素意义的理解跟人们的文化水平、对古代汉语的了解有关,所以,赵元任、吕叔湘先生都主张辨认语素要以文化程度高的、读过古书的人的理解为准。

从意义的有无联系来辨认是不是语素跟探究同源字有所不同:语素是最小的语音和语义的结合体,同一个语素一般读音相同,同源字虽然也以语音为条件,但它只要求"音近"。如"间"的意义有"中间"、量词的"间"(读 jiān),"离间""间谍""间隔"(读 jiàn),"空闲""安闲"(读 xián)(字本"間")等,这些意义都是由"门缝"引申出来的，它们是同源字。但因为有三个读音，就至少可以分析为三个语素。其次，语素要求意义上有联系，跟同源字要求的概念上相关或相近也不同。如"惊（驚）"是马惊，"警"是"警戒"，"儆"是使知所警戒，"敬"是做事严肃认真，警惕自己，免犯错误。又如"暗"是无光，"闇"也读"暗"，义为糊涂；"阴"是山北，太阳晒不到的地方，"荫"是草阴地，也指树荫，引申为庇荫。这两组都在概念上相近，是同源字，但除了"荫"的树荫和庇荫二义是一个语素外，都是不同的语素。吕叔湘先生说只要意思联得上，就是一个语素（《汉语语法分析问题》第11、12节），对这句话的理解应该有上面所说的两个界限。

外来译词和联绵词中如何确定语素是一个特殊问题。一般说来，音译词和联绵词都是一个语素，而不管它在口头上有几个音节，书面上有几个汉字。如"咖啡""沙发""德谟克拉西""琵琶""玫瑰""玻璃"等等。在音译外来词时对汉字常有选择性，如女性的名字常用草字头、女字旁的字，president（总统）早期译名为"伯理玺天德"，选用这五个汉字是花了一番心思的，但这毕竟只是文字问题，如果认为这里包含着多个语素，就上了汉字的当。但是，有些外来译词和联绵词是一个语素还是几个语素的问题，还应该具体分析。唐发铙在《怎样确定汉语的语素》(《语文学习》1984年第3期）中有很好的说明。这里可以补充一些例子，如"布达佩斯"的"布达"和"佩斯"是一个城市的两个部分，是两个语素。"列宁格勒""呼和浩特"在原来的语言中各有两个组成成分，在汉语里，"列宁""格勒""浩特"还出现在其他词语中，应分析为两个语素。"北爱尔兰""新几内亚"半音译半意译，也应分析为两个语素，"拉丁美洲"是三个语素。"尼姑"的"尼"是"比丘尼"（女僧人）的简称，缀以汉语的"姑"强调其女性，和"啤酒""卡车"一样，应分析为两个语素。"俱乐部"是音义兼顾的译词，是三个语素。联绵词中，"骆驼"是一个语素，但"驼色""驼毛""驼峰"中的"驼"则应看作是一个独立的语素。

试析阿拉伯语四字母原生动词[*]

——关于阿语辅音的研究兼及阿语"词族"的建立

一、从辅音入手研究

三字母动词被认为是阿拉伯语原生动词的基本形式。它有一个或一个以上的词根，可以派生出四字母、五字母、六字母动词，表示与三字母动词词义有关的不同词义。所有动词，只要意义上成立，又可以派生出有关的名词（包括形容词）。因此三字母动词在阿拉伯语里有着特别重要的地位。北京大学东语系阿拉伯语教研室编写的《阿拉伯语汉语词典》共收词六万条（以下统计数字均根据此词典），其中三字母原生动词占了压倒的多数。除了三字母原生动词外，阿拉伯语里还有一部分四字母原生动词，数量不多，约400多条。

阿拉伯语属屈折语。其语法意义主要是通过词的内部屈折——元音的变化来表示的，如：ضَرَبَ（他打了），ضُرِبَ（他被打了）；كَتَبَ（他写了），كُتِبَ（它被写出来了）。这里的主动语态和被动语态的区别仅仅在于元音的不同。因此，在形态分类上被看作是屈折语。同一般典型的屈折语相比，阿拉伯语除了词干屈折以外，也利用附加成分（词缀），如يَضرِبُ（他正在打），نَضرِبُ（我们正在打）。这里，第三人称单数和第一人称复数的不同借助于附加成分。阿拉伯语元音变化十分普遍，在表达不同的语法意义上有着极为重要的作用，甚至可以这样说，阿拉伯语的语法意义是由其元音表示出来的（参见契科巴瓦《语言学概论》）。传统的阿拉伯语研究主要对象是词的元音变化。如果把句子中每个词的元音都读出来了，也就弄清了各个词的语法意义和功能，也就读懂了整个句子。这种研究对象和方法是由其研究目的决定的。因为传统的阿拉伯语研究目的在于读懂伊斯兰教

---

[*] 本文原载于北京大学东方学研究院编《东方研究》，蓝天出版社，1999年。

的经典——《古兰经》。这种情况类似中国传统的语文学——小学。在相当长的时期里，中国的小学是经学的附庸，是为了解读儒家的经典。但是，我们同样不能忽视的是，阿拉伯语词的词汇意义主要是跟辅音联系在一起的（参见：同上）。所谓三字母动词、四字母动词，实际上就是由三个或四个辅音构成的动词。本文试图从辅音角度对阿拉伯语四字母动词进行一番考察。我们所以选取四字母动词，是因为其语音（辅音）、意义以及音义的联系上有一些有别于三字母动词的饶有兴味的特点，值得重视；同时它又是一个数量比较少而相对封闭的类别，便于讨论。我们不准备讨论语法形态问题，因此，也很少涉及元音。为了照顾传统习惯，我们有时采用"字母"这个说法，因为在阿拉伯语里，就音位学的观点来看，字母与辅音有十分精确的对应关系。

二、语音结构

阿拉伯语四字母动词的四个辅音，其组成方式大致有如下几种：

2.1　ABAB 式，即第三、四个辅音分别是第一、二个辅音的重复。这种形式的动词共约 156 条，为四字母原生动词总数的 39%。比如：

بربر（喧哗，叫嚣）　　بصبص（狗摇尾巴）

ثرثر بقبق（唠叨，说废话，啰里啰唆）　　تكتك（发滴答声）

جرجر（水汩汩地流）　　زحزح حلحل（移动）　　رشرش（洒水）

رفرف（鸟鼓翼或旗飘扬）　　زلزل（震动，动摇）　　صرصر（鸣叫）

طنطن（丁零丁零地响）　　فضفض（使衣服宽大）　　قهقه（哈哈大笑）

ماما（羊咩咩地叫）　　ودود（耳语）　　وهوه（惊叫，哀号）

2.2　ABAC 式，即第三个辅音是第一个辅音的重复，但第二、四两个辅音则不同。这类动词共约 26 条，占四字母动词总数的 7%。比如：

بربش（眨眼）　　دحدر（使滚下）　　طرطش（洒水）

قهقر（后退）　　لهلب（燃烧）

2.3　ABCC 式，即第三、四两个辅音字母相同。这一形式的动词共约 8 条，占四字母动词总数的 2%。比如：

بخشش بقشش（给小费）　　جلبب（给穿长衫）

2.4　ABCD 式，即四个辅音各不相同。此类动词共约 211 条，占四字母动词总数的 53%。比如：

اكسد（使氧化） برجم（喃喃自语） برجم（发牢骚）

حملق（凝视，盯住） خندق（挖沟） دحرج（使滚动）

دحور（使堕落，陷落） سلطن（宣布为苏丹，登基） شبخط（潦草地写）

شرحط（撕碎） عجرف（傲慢） عسكر（聚集）

عوكر（把水搅浑） قنطر（建拱形顶） نغمش（呵痒）

صيمه（照管，监护）

三、语义分类

阿语四字母动词就其意义来看，大致可归纳为以下几类：

3.1 表各类声音的动词

这类动词表示人、动物和其他各种声音。它们在语音结构上多数属于 ABAB 类、ABAC 类和 ABCC 类，也就是说，在四个辅音中，至少有两个是相同的。在语音结构上具有重叠性，有点像汉语的双声叠韵联绵词。在意义上，它们表示发声动作具有反复性，在时间上具有延续性。其中有些词犹如汉语的拟声词，如果在释义时照顾到音、义二者这些特点，就能恰如其分地表达出阿语原词的神韵来。

3.1.1 表示人的声音的

فتفت طمطم زمزم دمدم بربر
وشوش وسوس ودود همهم مغمغ مجمج
（耳语，窃窃私语，嘀嘀咕咕，嘟嘟哝哝）

بقبق ترتر ثرثر دردش（闲聊，说废话，唠唠叨叨，啰里啰唆）

قهقه كتكت صاصا（大笑，嘻嘻哈哈）

وهوه（号哭，号叫）

خنخن خنغر（带鼻音说话，哼哼唧唧）

3.1.2 表示动物叫声的

وأوأ وعوع وقوق（狗吠） ظأظأ ماما（羊叫）

حمحم（马嘶） وقوق（鸟鸣）

3.1.3 表示其他各种声音的（有时一个词可以表示不同的声音）

جرجر قرقر（雷鸣） بقبق جرجر（水流作潺潺声）

如果仔细观察，我们还可以发现，表示同一声音、动作的若干近义词中常常有相同和相近的音素，如"耳语，窃窃私语，嘀嘀咕咕，嘟嘟哝哝"这一组 11 个近义词中，همهم、طمطم、زمزم、دمدم 等的第二、四个辅音都是鼻音 ميم（[m]），第一、三个辅音 دال、زال、طاء 都是舌尖齿龈音（[d]、[s]、[z]），而 هاء 是喉门音 [h]。ودود、وسوس、وشوش 中的第一、三个音素是半元音 واو（[w]），第二、四个辅音 دال、سين 都是舌尖齿龈音（[d]、[s]），而 سين 和 شين 都是发音方法相同（擦音）而在阿拉伯语音系统中发音部位邻近的辅音（[s]、[ʃ]）。在"闲聊，说废话，唠唠叨叨，啰里啰唆"这一组同义词中，ترتر 和 ثرثر 的第二、四个辅音都是 راء（[r]），第一、三个辅音 تاء 是舌尖齿龈闭塞音（[t]），ثاء 是舌尖摩擦音（[θ]），也就是说，它们的发音方法、发音部位都不相同。但是我们可以这样来解释：发 ث [θ] 音有咬舌的动作，比较麻烦，于是人们常常把它发成 [t]，这种语音的变化用文字记录下来，在词典里列为两个条目，就成了两个同义词，但在实际语言中，它始终是一个词：在标准语中是 ثرثر，在方言中是 ترتر。在"发牢骚，出怨言，喃喃自语"一组同义词中，برجم 和 برطم 只有第三个辅音 جيم 和 طاء 不同，دمدم 和 قمقم 的第二、四个辅音都是 ميم（[m]）。在"带鼻音说话，哼哼唧唧"一组同义词中，都有鼻辅音（[m]）和 نون（[n]），很有拟声作用。又如，在表示动物叫声的动词中，"狗吠"وأوأ 和 وعوع 、وقوق 的第一、三两个辅音都是 واو（[w]），"羊叫"ظاظا 和 ماما 的第二、四两个辅音都是 ا（[ʔ]）。这两组动词是很典型的拟声词。

3.2 表动作反复的动词

这类动词的语音结构多数是 ABAB 式。词义表示动作有反复性，在时间上有延续性。释义时最好照顾这两方面的特点，如"摇动"可释为"摇摇晃晃"，"摇头"可释为"摇头晃脑"，等等。

خلخل（摇动） خضخض تلتل نعنع عسعس زلزل رجرج زعزع مزمز مرمر قلقل زحزح（摇头） رفرف（鸟鼓翼） بصبص（狗摇尾巴）

3.3 表性状的动词

有一些四字母原生动词语义重点不在说明动作，而是说明某种状态，带有描写性，在语音结构上多数属 ABCD 式，也有 ABAB、ABCC 等形式。

3.3.1 有些动词表示人的脾性、情状。它们在阿语中虽属动词，但在汉语中常译作形容词，可用副词"很"来限定它，如"骄傲、敏捷、懒惰"等。

عطرس فخفخ فرعن زنطر شمخر عجرف طرطر（骄傲，自负）
مرمر دمدم（发怒） رخرخ（松弛） شمل（敏捷）

3.3.2 有些动词除了表示动作外，还表示发生该动作的某种状态，译成汉语时必须把动作连同其状态一起译出，也就是动词须加适当的副词，才能确切地表达其原意，如 حرجل 需译作"忽左忽右地跑"（即使用阿拉伯语注释，也不能单释为 ركض，而需加 يمنة ويسرة）。有些动词的汉语解释虽然没有明显的描绘某种性状的副词，但它本身就包含了描写性词素（或词），如"凝视"（برشم）、"乱写"（مجمج）。

حرجل（忽左忽右地跑）

حرجم（悄悄地走来走去，蹑手蹑脚地来回走）

دادا（快跑） برشم بحلق حملق مجمج（凝视） خربش（乱写）

3.4 使成动词

3.4.1 有些动词的重点在于表示动作所导致的某种状态、结果，而究竟是何种动作导致了这种状态、结果，不是主要的，准确的释义应是"使成某种状态"，如 رضرض，词典释义为"捣碎，压碎，捏碎"；再如 طحطح，释义为"压碎，压坏，打碎，打破"，等等，其实其本义是"使……碎、坏、破"，至于动作是"捣、压、打、捏"中的哪一种并不重要，翻译时可视上下文语言环境而定，或者干脆使用不表具体动作的动词"弄、搞"。总之，这类动词的汉语释义一般使用动补结构，其中补语表达的是其中心意义。

رضرض كسكس（捣碎，压碎，捏碎）

طحطح（压碎，压坏，打碎，打破） مركن（毁坏，破坏，败坏）

قلعط（弄脏）

3.4.2 这类动词中，在汉语释义时，有的干脆不使用动补结构，而直接使用"使、成、做"。

هندز هندس（做工程师） ففقق（成为赤贫的）

عرقل（使事情复杂） قلحف（硬化）

3.5 简缩动词

有些动词是某些常用语的简缩。因为阿拉伯人多数信仰伊斯兰教，所以这类动词所简缩的绝大多数是宗教上的习惯用语。

بسمل/قال بسم الله（说"以安拉之名"）　　سبحل/قال سبحان الله（说"赞美真主"）

هيمن/قال آمين（念"阿门"）　　مرحب/قال له مرحبا（说"欢迎"）

3.6 阿拉伯语化的外来词

任何一种语言吸收外来词时都尽量使之本族语化，以符合操本族语者的语言使用习惯。阿拉伯语的四字母动词有的就是这样一些同化了的外来语。

اكسد（使氧化）　　　　تلغف（发电报）

كلفن（电镀）　　　　ورنش（上清漆）

随着科学技术的发展和物质生活的需要，以及国际交流的扩大，这类词还会有增加的趋势。如有了电视（television），阿语中便出现了 تلفن。四字母动词较之三字母动词更能适应西方语言的多音节词，阿语吸收外来语将更多地采用四字母形式。

四、四字母动词与三字母动词之比较

上一节我们把四字母动词做了意义上的分类，并在同组近义词中发现有相同的辅音组成，某些不同的辅音又有互换的现象。如果我们进而观察这些四字母动词，还可以发现一个有趣的现象，即，有些四字母动词有一个三字母的近义词，它们彼此在语音（辅音）构成上也十分相近。

4.1 ABAB 式动词有 ABB 式的三字母近义词。在发音时，如果 B 是闭塞音，第一个 B 只有成阻动作，不爆破；如果 B 是摩擦音，发第一个 B 时，有关发音器官只做发音准备，不做实际的摩擦。这样的动词共有 38 对（释义按《词典》照录），如：

حسّ —— حسحس（可怜，怜悯——惋惜，可怜）

حلّ —— حلحل（抛开，拆开——移开，移动）

خضّ —— خضخض（震荡，摇荡）

خمّ —— خمخم（发酸，发腐臭）

خنّ —— خنخن（用鼻音说话——带鼻音说话）

رجّ —— رجرج（摇动，震动，哆嗦——摇动，震动，抖动）

رشّ —— رشرش（洒水——洒水，喷水）

ABAB 式动词中还有少数几个与之相应的三字母动词的 B 不读叠音，而读长音（AB——），如：

رخى —— رخرخ（松弛，放松）   دلى —— دلدل（吊起，放下）

此外，还有几个 ABAB 式动词与 ABBB 式动词意义相同，如：

حصّص —— حصحص（真相大白）   دبّب —— دبدب（削尖）

前面说过，ABAB 式动词的词义有反复性、延续性的特征。在语音上的 ABB 式重复为 ABAB 式，正是与它们在词义上的特点相呼应的。在不到 160 个 ABAB 式动词中，在词义、语音结构上与之相呼应的 ABB 式（包括 AB——、ABBB）动词有 40 多个，这是一个值得注意的现象。

汉语也有类似的情况，如"糊涂"可说"糊里糊涂"，"啰唆"可说"啰里啰唆"，"踉跄"可说"踉踉跄跄"，等等，这也可以帮助我们理解阿语的上述现象。

4.2　在 26 个 ABAC 式动词中，有少数 ABC 式动词与它们意义相近，如：

خشن（粗糙，不光滑）   خشخش السلاح（作来复线）

خشخش الصهو（刻沟，挖槽）

قرض —— قرقر（咬嚼）   قرع —— قرقع（叮当作响）

4.3　ABCD 式动词与三字母动词意义相近、语音结构相似的共有 42 对。有四种情况：

4.3.1　ABC 式，即未出现 ABCD 式中最后一个辅音 D，如：

حرك —— حركش حركث（鼓动，激励，刺激——扇动，刺激，挑拨）

شرم —— شرمط（撕破，扯裂——撕碎）

شمخ —— شمخر（看不起，轻视——骄傲）

4.3.2　ABD 式，即未出现 ABCD 式中的第三个辅音 C，如：

بهج —— بهرج（成为灿烂华丽的——装饰，打扮）

خرش —— خربش（抓伤——挠，抓）

طمن —— طمأن（安心，镇定）

4.3.3　ACD 式，即未出现 ABCD 式中的第二个辅音 B，如：

سبل —— سنبل（抽穗）

قطع —— قرطع（修剪，割断——修剪）

كدس —— كردس（堆积）

4.3.4　BCD 式，即未出现 ABCD 式中的第一个辅音 A，如：

ردم —— دردم（填塞，用土填平——盖满土）

لقم —— هلقم（快吃，喂饭——吞食）

此外，ABAC 式还有与之相应的三字母动词 ACC、BCC 式，数量很少，如：

دشّ —— دردش（说废话）　　رشّ —— طرطش（洒水）

五、关于"词族"的假说

上面我们从语音结构、语义分类，以及四字母动词与三字母动词的比较等几个方面，对阿拉伯语 400 多个四字母动词做了较为详细的分析。这些分析给我们什么启示呢？我们似乎可以这样说，在阿拉伯语中，有一部分词的语音（辅音）、语音结构和它所代表的意义之间存在着某种联系。从根本上说，某一事物、概念同哪一个声音发生联系，也就是说，在一定的语音系统中，某一个声音代表什么事物、概念，成为语言中的"词"，并没有什么必然性。不过阿拉伯语中有一部分词（特别是四字母动词）是模拟、状象某种声音而产生的，如وهوه、قهقه、كتكت、هاها（大笑，嘻嘻哈哈），خنخن、خنغر（带鼻音说话，哼哼唧唧），（号哭，号叫），خرخر（打呼噜），كحكح（不断干咳），وأوأ、وعوع、وقوق（狗吠），ظاظا、ماما（羊咩咩地叫）等。但是，这样的词数量毕竟太少，而且，别的语言对同样声音的模拟情况未必跟阿语一样，所以，语音和某种自然界的声音之间并没有什么必然的联系。但是，声音和概念一旦产生了联系，成了语言中的"词"，就得到了社会的公认。在长期的语言发展中，这种音、义的联系常常会在某些后起的词和近义词中得到体现。也就是说，这些词之间有时会有相同的音素。这种相同的语音和意义的联系叫作词的"内部形式"，是词汇发展的理据。在阿拉伯语里，如表示"毁坏，破坏"之义的三个四字母动词خربق、خربط、خربش及三字母动词خرب都有خاء（[x]）、راء（[r]）、باء（[b]）三个辅音。表示"抓，挠"之义的动词خمش、خدش、خرش、خرش都有辅音خاء（[x]）、شين（[ʃ]）。有趣的是，同一个四字母动词خربش，当表示"毁坏，破坏"之义时，它与同组近义词都有辅音خاء（[x]）、راء（[r]）、باء（[b]）；当表示"抓、挠"之义时，它与同组近义词都有辅音خاء（[x]）、شين（[ʃ]）。又如زحلق（使滚，使滑，使平滑）、زلق（滑，滑倒）、زلج（滑，滑倒）、زنّ（滑倒，滑跌，失足）一组近义词中，都有辅音زل

中 زلج ([G])；قاف ([G]) 和 لام ([l])、[z])、زل 共有辅音 زلق 和 زحلق ([m])、[z])；
的 جيم 方言中读作 قاف ([G])。又如"带鼻音说话"之义的
خنف、خنفر、خنّ、خنخن、خمخم 中都有辅音 خاء ([X]) 和鼻音 ميم ([m]) 或 نون ([n])。
还有一些例子在第三部分"语义分类"中我们已经提到，这里不再赘述。

如果我们进一步仔细观察，还可以看到，有些近义词的不同辅音似乎存在着某种变化的轨迹。如在第三部分已经提到的 سين ([s]) 和 شين ([ʃ])，ثاء ([θ]) 和 تاء ([t])，ذال ([ð]) 和 دال ([d])。سين ([s]) 和 شين ([ʃ]) 的发音方法都相同（摩擦音），发音部位邻近，因此在部分词中发生了互相替代的现象；ثاء ([θ]) 和 ذال ([ð]) 是阿语唯一的一对舌齿音，人们为了简化发音动作，把它们发成了舌尖齿龈音 تاء ([t]) 和 دال ([d])。上面说的这些是辅音自身变化的结果。还有一些语音变化是相邻或相近两个辅音互相影响的结果，这需要逐个进行细致的分析。

综上所说，我们大概可以建立这样一个概念：阿拉伯语的词汇系统中，有一部分词的辅音与词义有某种联系，根据这种联系，可以建立"词族"的概念。也就是说，把相同或相近词义和语音之间有联系的词看作一个类族。这样的认识无疑对学习、研究阿拉伯语有所裨益。需要说明的是，使用"类族"这一概念，是从共时的角度上来观察的，如果从历时的角度来考察，弄清这一个个"类族"的词中哪些是"原始的词"，哪些是后起的词，还需要掌握更多的语言事实，从阿拉伯语词汇的发展，从阿语词源学、方言学等角度进行多方面的研究、考察。本文提出的现象希望能对实际的阿拉伯语教学工作有所帮助，提出的问题希望能得到更大量的语言事实的检验。

两岸常用字之比较 *

一、"比较"依据的资料和说明

（1）本文所依据的资料，大陆方面为国家语言文字工作委员会和原国家教育委员会1988年1月公布的《现代汉语常用字表》（以下简称《字表》）。该表收录常用字2500字、次常用字1000字，共3500字。

台湾方面为台湾文化大学曾荣汾教授主编并经台湾教育部门审订、1992年发表的《常用字频率表》（以下简称《字频表》）。该表收录常用字3869字，出现的最高频率为513次，最低频率为1次。全部3869字共出现59544次，平均频率为15.39次/字。为便于比较，我们仿照大陆《字表》分常用字和次常用字的做法，把《字频表》中频率在3次和3次以上的作为常用字，共2559字；2次和1次的作为次常用字，共1310字。

两表收字总数和常用字、次常用字的数量大体相当，有可比性。行文中为区别两个"常用字"的不同所指，必要时附以所含字数，如"3500/3869个常用字""2500/2559个常用字"。

台湾于1969年开始整理汉字（台称"国字"），1994年公布《国字标准字体楷书母稿》和《国字标准字体宋体母稿》。其中收录常用字4808字、次常用字6343字，共11151字。本文用以校核《字频表》的正体字（台对标准字体的称说法）和异体字[①]。

（2）本文所说的"字"一般指代表语素的书写符号，两岸的不同字形和读音不做讨论。举例说到台湾某字时以大陆的相应字形代替，或以括号注明，如"丫（枒）"，意为此处的"丫"指大陆作为异体字处理、台湾为正体字的"枒"。

---

* 本文原载于向光忠主编《文字学论丛·第二辑》，崇文书局，2004年。作者为施光亨、施正宇。

（3）需要说明的是：两岸用字在多数情况下是一对一的关系，即大陆《字表》中的一个汉字在台《字频表》中与之对应（/相同）的也是一个汉字，但也有一些大陆用字在台湾有两个或多个字与之对应，如（括号内的数字是该字在《字频表》中的频率，下同）：

发：發（120）、髮（49）　　丰：豐（10）、丰（1）

哗：譁（2）、嘩（1）　　台：臺（83）、颱（12）、檯（100）、台（5）

也有台湾一个字对大陆两个字的，如：

著（20）：着、著

本文在讨论大陆《字表》的字在台湾《字频表》中的分布时，只说明《字表》中有"发""丰"等字在《字频表》中出现，而不涉及《字频表》中与之对应的各是發、髮、豐、丰等多个字；在讨论台湾《字频表》的字在大陆《字表》中的分布时，也只说明《字频表》的"發、髮""豐、丰"等字在《字表》中出现，而不涉及在《字表》中仅为"发""丰"等字。至于在多字一方是常用字还是次常用字，则以频率高者为准，如台湾《字频表》中"豐"的频率为10次，属常用字，"丰"为1次，属次常用字，统计中即认为大陆《字表》中的"丰"在台湾为常用字。

（4）《字表》和《字频表》未收录者不在本文统计之列。如大陆的"余"，台湾对应的应为"余、餘"二字，"沈"应为"沈、瀋"二字，但"余、瀋"二字均未见于台《字频表》内，所以，按"余：餘""沈：沈"统计。又如，台湾"丫（4）""枒（1）"在大陆的对应字应为"丫"，但大陆《字表》中未出现，统计时即以《字频表》的"丫、枒"二字未在《字表》中出现处理。

二、大陆《字表》中有多少字出现在台湾《字频表》中？

先看下面的统计：

【表1】大陆《字表》中的字在台湾《字频表》中的分布

《字表》		《字频表》		
常用度	字数	常用字	次常用字	无
常用字	2500	2182, 87.28%	254, 10.16%	64, 2.56%
		2436, 97.44%		

续表

《字表》		《字频表》		
次常用字	1000	250，25.00%	463，46.30%	287，28.70%
		713，71.30%		
总计	3500	2432，69.49%	717，20.49%	351，10.03%
		3149，89.97%		

【表2】大陆《字表》中有、台湾《字频表》中无的字

常用字（64字）：

屯、丙、枣、州、亿、俩、亩、叨、呀、呢、咱、唉、闸、寨、屡、姥、驴、骡、朽、柿、框、株、棕、槐、榆、榨、歼、昌、扔、拣、挎、捎、爹、胳、膊、刘、炕、熔、浙、涝、滤、滔、睁、禾、秆、稼、穗、痒、蛾、笋、茎、菠、蔑、绣、赵、趟、陕、陡、钩、锄、锹、镰、隶、馋。

次常用字（287字）：

兢、卢、冀、佃、俺、倔、甸、匕、凫、禀、褒、冯、凛、凿、叁、邓、汞、坎、坞、坷、坯、垛、埂、袁、堰、壹、墩、夯、樊、贰、吕、吠、呛、剐、唧、啃、唬、啥、嗅、嚎、喊、嘀、嘿、囤、帕、幌、幔、幢、岖、峦、崎、崔、嵌、彤、庶、廊、寻、弧、姆、姚、娜、娩、驮、驹、骏、玖、瑟、璧、杉、权、枚、杭、柑、柠、枷、柴、桦、棠、楔、棒、樟、橙、檬、檩、檀、猬、辕、昵、曼、晦、晾、账、赊、抠、扳、抢、拄、捂、捌、捻、掂、掖、掸、掺、揩、掰、撑、撩、攒、毡、氨、氮、氯、胯、舀、肛、肴、胚、胰、脐、脓、膘、熏、燎、忿、怔、恃、恍、恕、悴、惋、急、慷、憔、懊、憨、汛、沥、沪、涣、涧、淮、淤、渤、渺、湃、滴、滓、漾、澎、潘、祠、泵、砰、硅、硝、硫、硼、磕、碱、碳、碾、磺、磷、睦、眭、畴、蜀、盅、甥、秉、秕、秦、秫、秸、瓢、瓢、鸵、鹏、疟、痢、瘟、瘫、癫、癣、窿、耙、耿、聂、彪、蚜、蛆、蛉、蛔、蛹、蝗、蟆、蟥、舔、笆、笙、筘、箍、箕、篓、篱、臼、衩、袒、裆、褐、娄、糯、芍、苇、芯、苫、茸、茬、荚、茵、茴、荞、莽、荧、荔、荸、莽、菇、蒂、蓖、蒿、蔫、蔗、蕊、薛、蘑、藻、蘸、翎、绷、缅、缨、缰、麸、豌、酗、醇、趾、跛、蹼、蹭、蹬、邢、迂、豺、讥、诅、谒、霎、隅、隘、钦、钾、铆、铛、铡、锉、锌、锥、锹、锭

锰、锞、镐、镣、鲤、鲫、鳍、鳖、靴、魏、馁、馍、麇、黔、黍。

统计表明：大陆《字表》的 3500 字同时在台湾《字频表》中出现的有 3149 字，《字频表》中没有出现的为 351 字，接近 9 与 1 之比（89.97%：10.03%）。就《字表》中的 2500 个常用字来说，其中同时也是《字频表》常用字的有 2182 字，占 87.28%，加上出现在《字频表》次常用字中的 254 字，共 2436 字，占总字数 2500 字的 97.44%；没有在《字频表》中出现的仅 64 字，占总数的 2.56%。两表差别较大的在次常用字。《字表》的 1000 个次常用字中有 1/4 的字在《字频表》中是常用字，超过 1/4（28.70%）的字在《字频表》中未收录，两表均为次常用字的为 463 字，接近 1/2（46.30%）[②]。

三、台湾《字频表》中有多少字出现在大陆《字表》中？

还是先看统计：

【表3】台湾《字频表》中的字在大陆《字表》中的分布

《字频表》			《字表》		
常用度	字频	字数	常用字	次常用字	无
常用字	≥17	995	995, 100%	0	0
	≥11	1380	1371, 99.35%	9, 0.65%	0
			1380, 100%		
	≥6	1921	1848, 96.20%	68, 3.54%	5, 0.26%
			1916, 99.74%		
	≥3	2559	2247, 87.81%	253, 9.89%	59, 2.31%
			2500, 97.69%		
次常用字	2、1	1310	309, 23.59%	476, 36.33%	525, 40.08%
			785, 59.92%		
总计		3869	2556, 66.06%	729, 18.84%	584, 15.09%
			3285, 84.90%		

【表 4】台湾《字频表》中有、大陆《字表》中无的字

常用字（59字）：

缉（10）

黏（8）

哇（7）

飙（6，下同）、冥

耶（5，下同）、哉、札、痞

禅（4，下同）、鱿、镖、髻、蕃、眩、袅、陀、喃、丫

馨（3，下同）、罹、曝、扣、糙、槌、煽、痔、裔、簧、鲨、猥、喋、肇、偿、丕、悸、迭、仞、曳、咎、炙、苣、醮、邋、虞、帷、偕、凋、渍、兮、惺、迦、悢、憩、嘻、坍、炯、嘟、嚎

非常用字（525字）：

魅（2，下同）、蚵、炖（燉）、跤、枭、袅（嫋）、瞌、殡、淇、甄、抨、髦、彷、劲、榷、湛、粿、遴、柚、彗、熨、菁、殓、莓、烩、纭、厝、嗲、迸、咛、珑、诠、阖、茗、挵、咀、馈、怡、袭、亢、瞥、焉、冉、挚、馁、渲、幡、笺、螂、熠、枇、濯、迢、飧（饗）、笈、喵、墟、黜、娓、峨、嫦、娥、黯、仕、忾、腓、辘、倥、邸、咚、瘠、踞、逍、迪、羁、蜢、妯、娌、楬、嬷、孺、毽、嘘、霄、伉、僬、杷、瀛、咄、阮、滂、佻、莘、涔、庚、盥、瑶、厄、豚、蹉、瞰、诘、龈、拈、寰、嫖、兹、蛰、嘎、荫、烨、觊、佐、湮、伫（佇）、喁、癖、孜、驭、磯、眈、掴、啾、圄

潢（1，下同）、尴、撲、饪、祀、铤、舢、绯、纾、肓、跆、阗、谮、腑、尬、彿、褛、岚、皋、镑、绮、亨、铎、兀、胱、卉、喧、嚷、粽、禧、杞、笮、枸、挹、痨、槟、潇、妩、擤、雍、襄、宝、骼、撸、镯、甬、镁、篆、颉、啻、曦、珈、丞、瑜、镶、翡、抉、缓、虔、獭、魇、卯、貉、腩、獗、酋、瞩、蔷、狙、裔、磋、腱、佬、稣、擘、蜥、鲑、箸、祺、鲽、阋、鹈、赟、鳗、纰、胗、搵、佗、鹜、苎（苧）、缟、嵘、嗝、玨、觍、蟾、蛑、惆、跹、蚝（蠔）、汐、唠、斐、钴、龛、鳏、敉、龌、聆、邃、龊、骛、帧、淞、牦

（聱）、竽、妊、娠、邋、遏、脛、戕、銓、荙、蜃、幛、蜴、賁、沱、醰、蠱、媾、軾、璋、扉、洵、淖、捱、霓、燠、嗯、桠、鼬、砝、晏、恣、匜、梓、荼、噌、萱、丫（枒）、朔、嗣、浣、筠、釭、绚、圳、竺、蛭、氟、魟、彷（徬）、徨、烊、峙、弋、黝、媲、獼、蟶、妍、娈、汨、蚱、髡、雉、綯、弗、塹、珥、侏、峥、蹣、跚、懵、噬、涸、滂、磊、儆、侗、戡、瀚、傖、眺、垠、尥、瑚、迥、苤、咡、倜、倰、啜、娼、狩、珧、穚、鲳、驪、俑、恺、萃、憬、犡、斛、薷、苣、憧、牟、媵、篡、陞、苑、蹼、蟠、奐、謨、懺、弥（瀰）、觀、眇、霆、蹷、軔、誹、滸、烽、妃、唉、恫、捱、腴、俸、崼、狡、篤、驁、撒、漬、狄、讞、垣、奕、嚯、妣、侃、諉、椰、沓、赧、嚛、琵、叟、滂、襁、褛、琶、蛰、茸、痲、湍、蟫、汲、噜、撰、呱、沌、椁（椰）、裂、攀、袂、渭、踵、匯、攣、偬（偬）、睫、伎、桔、禔、瀏、沁、鏾、倩、樵、蜷、穹、羚、萼、袪、皎、睨、樞、悌、茹、拎、譎、骰、聒、謫、赭、蹌、縝、瘥、熾、敞、痣、黠、跟、骋、僭、詫、倘、徉、泾、疝、嬗、怨、蕨、睿、戎、偖、膺、龃、訕、恻、裸、瞑、斡、掮、跎、嵩、睞、旖、旎、櫚、攸、唔、薹、咻、瀝、軼、臆、弘、眸、俥、繕、翳、遁、霾、嚶、佯、鮪、嫣、霏、繆、蜿、籟、諭、飭、丕、葵、笙、卅、稗、盍、媧、荀、洌、蝗、鹈、郡、仄、羌、臞、搞、潟、鞘、糜、戡、橡、鬟

从表3中可以看出：台湾《字频表》的3869字中，同时在大陆《字表》中出现的有3285字，接近85%（84.90%）（表1的相应比率为89.97%），《字表》中没有出现的为584字，占15.09%（表1的相应比率为10.03%）。其中，《字频表》中2559个常用字中，同时也是《字表》常用字的为2247字，达87.81%；加上在《字表》中是次常用字的253字，达97.69%（表1的相应比率为97.44%）。没有在《字频表》中出现的仅为59字，占2.31%（表1的相应比率为2.56%）。

从表3还可以看出，《字频表》中频率越高的字，跟《字表》相合的比率越大：前面说过，频率≥3的全部2559个常用字（占总数3869的66.14%）在《字表》中出现的比率为97.69%；而频率≥6的1921字（占总数的49.65%）在《字表》中出现的比率为99.74%；至频率≥11的1380字（占总数的35.67%）中，这个比率为100%，即这1380字在两表中都出现，而且其中频率≥17（即高于平

均频率 15.39）的 995 字在两表中都属常用字。《字频表》的 1310 个次常用字在《字表》中的分布则较为分散：在《字表》中列为常用字的有 309 字，占 1310 字的 23.59%（表 1 的相应比率为 1/4）；列作次常用字的为 476 字，占总数的 36.33%（表 1 的相应比率为 28.70%）；还有 525 字未在《字表》中出现，占总数的 40.08%（表 1 的相应比率为 46.30%）。[3]

总起来说，两表中 2500/2559 个常用字在对方表中出现的比率都在 97% 以上，未出现的仅略高于 2%。相差较大的在次常用字。

四、差别在哪里？

（1）差别之一是两岸的常用字中各有一部分在对方的统计中没有出现。这是为什么呢？

正如题目所示的，本文讨论的是常用字。由于选取语料的视角、方法以及数量等诸多方面的不同，势必影响到字的频率，一方的常用字在另一方可能是次常用字，次常用字可能是常用字，或一方的某些字没有出现于另一方的收录范围，正如同一方的不同统计也会出现不尽相同的结果一样，这完全是正常的、可以理解的。它们之中绝大多数在另一方的工具书中可以寻检到。

当然，也可以找到一些深层次的原因，主要表现在：

①地域方面的原因。如大陆《字表》中常用字"炕"，《现代汉语词典》（1996 年版）注为"北方人用土坯或砖砌成的睡觉用的长方台，上面铺席，下面有孔道跟烟囱相通，可以烧火取暖"。台湾编辑、出版的《国语活用辞典》（1995 年版）也解释为"北方"用字。我国南方地区气候温暖，台湾更属亚热带，当然不需要这种"烧火取暖"的设施，"炕"不可能进入台湾的常用字就可想而知了。再如"亩"，本为我国传统的土地面积单位，《说文》以下历代辞书均有收录，但今台湾则常用"坪（3）"。如近日媒体刊登的大陆劫机犯在台湾因杀人勒赎而被处决的报道中说，"他在台北拥有千坪以上的土地"。考"坪"，《现代汉语词典》注为："（1）平地。（2）〈方〉土地或房屋面积单位。"《新华字典》（1998 年版）注为"平坦的场地"，没有注方言义。台《国语活用辞典》则注为："（1）平坦的场地。（2）日本测量土地面积的单位名。（3）本省测量土地面积的单位名"。联系到日本军国主义侵占我台湾 50 年，强行推广其文化、制度，就不难理解传统常用字"亩"

在台《字频表》中阙如的缘由了。至于台湾像多数南方地区一样，地多河流、湖泊，传统的民间交通工具多赖舟船而少用力畜，其他劳作也很少使用驴、骡，这些字当然进不了常用字了。台湾在70年代末80年代初进行的第二次土改，促进了台农业从小生产向社会化大生产的转变，"锄、镰、枷、杈"等农具名称的字在语言生活中的使用率大为降低，以至不出现于《字频表》。两岸关于某些树木的名称用字也因为地域差异而出现不同的常用度，如：榆树"主产北温带"，枣树"分布在北纬23°—42°之间，以河北、山东、河南、山西、陕西等省最多"[④]等，它们在大陆是常用字，在台湾则没有进入《字频表》。几十年中，由于两岸人员缺少往来，一些共同的专名用字出现了不同的常用率，如大陆3500字中的地名"浙、陕、冀、杭、沪、渤"等不见于《字频表》；又如姓氏，在大陆居前十位的是"王、李、张、刘、陈、杨、周、黄、赵、吴"[⑤]，在台湾则是"陈、林、黄、张、李、王、吴、蔡、刘、杨"[⑥]，大陆十大姓都是《字表》的常用字，在台《字频表》中，"陈"的频率为8，"刘、赵"则未收录，而"蔡"不见于大陆《字表》。姓氏的这种共性和两岸的不同常用度既体现了炎黄子孙共同的人文传统，又表现了两岸的地域差别。

②语言文字自身的原因。这又可以从三个方面说：一、如大陆常用字"咱"和次常用字"俺"原均为北方方言常用字，因为普通话以北方话为基础方言，随着大陆普通话的推广被人们广泛接受，而进入了常用字之列（"俺"在大陆工具书中多注有"〈方〉"，说明其仍为方言词）。但在台湾它并没有得到采认，《国语活用辞典》注释中说"咱：我，北方语系多用之"，"俺：北方人称我"，意思是台湾不用或少用，当然也就不可能是常用字了。又如"姥"，《现代汉语词典》《新华字典》都注为："姥姥：外祖母"，《国语活用辞典》则注为"北方人称外祖母为姥姥"，其不能进入台《字频表》的原因跟"咱、俺"一样。其他如台《字频表》中没有大陆常用叹词"呀、唉"，而大陆《字表》中没有台湾的常用字"哇"，这也有一定的方言背景。台湾民众半数以上使用闽南话，"哇"是其常用叹词。二、在台《字频表》中有一些古汉语用字，尤其引人注意的是古汉语的助字如"耶（5）、哉（5）、兮（3）"和"焉（2）"等。这些字在大陆的工具书中无不注以"〈古〉、〈文〉、〈书〉"等，在日常阅读的书面材料中也很少见到。《字频表》中收录这些字说明台湾有些书面语的语体还有一定程度的古汉语色彩，并

受到了字频统计者的注意。又如"锾（huán）"，大陆工具书都注为古汉语用字，义为重量单位、货币单位，亦即钱，《字表》中没有收录。台称行政性罚款为"罚锾"，"锾"是次常用字。三、在双方间隔的情况下，各自创制了一些字，其中，有些字因为使用频率较高而进入常用字、次常用字。如大陆的次常用字"泵"，为英语pump的音译字，也作"帮浦"。台湾多用"抽水机、抽气机"，而少用"泵"。"矽"，大陆因其读音易于跟"锡"相混，改作"硅"，为次常用字；台湾无"硅"，"矽"也没有进入《字频表》。

（2）差别之二是：大陆《字表》中有3149字同时出现在台湾《字频表》中，台湾《字频表》中有3285字同时出现在大陆《字表》中。既然是在两表中"同时出现"，二者何以相差136字呢？这是因为大陆在汉字规范化的工作中，合并了一部分同音字或音近字，而台湾则保持了原字，形成了大陆跟台湾一对二或一对多的现象。台湾跟大陆也有一对二的情况。它们是：

【表5】

（一）大陆《字表》对台湾《字频表》：⑦

一部　　丰：豐（10）/丰（1）　　表：表（64）/錶（5）

丿部　　升：升（30）/昇（3）　　向：向（50）/嚮（2）　　复：復（43）/複（16）

丶部　　尽：盡（32）/儘（6）

乙部　　丑：醜（6）/丑（4）

十部　　克：克（16）/尅（1）

厂部　　历：曆（15）/歷（13）　　后：後（83）/后（7）

匚部　　巨：巨（17）/鉅（5）

卜部　　卜：卜（6）/蔔（1）　　占：佔（12）/占（4）

冂部　　周：週（22）/周（14）

八部　　并：並（15）/併（5）

人部　　仿：仿（5）/倣（1）　　伙：夥（11）/伙（4）　　佣：傭（3）/佣（2）

　　　　你：你（12）/妳（1）　　侄：侄（1）/姪（1）　　舍：捨（10）/舍（6）

　　　　借：借（16）/藉（7）　　倘：倘（1）/儻（1）

几部　　几：幾（21）/几（3）

冫部	冲：衝（27）/冲（14）	准：準（18）/准（6）
凵部	凶：凶（7）/兇（4）	出：出（234）/齣（1）
卩部	卷：卷（15）/捲（10）	
刀部	制：制（49）/製（31）	
厶部	么：麼（18）/么（1）	台：臺（83）/颱（12）/檯（10）/台（5）
	参：參（25）/蔘（1）	
又部	发：發（120）/髮（49）	
干部	干：乾（33）/幹（17）/干（11）	
土部	坛：壇（14）/罈（4）　　志：志（17）/誌（10）　　幸：幸（11）/倖（2）
口部	只：只（15）/隻（5）/衹（1）　　叹：嘆（10）/歎（1）
	吊：吊（10）/弔（2）　　咽：嚥（2）/咽（1）　　哗：譁（2）/嘩（1）
	吁：籲（2）/吁（1）　　哺：哺（2）/餔（1）
囗部	回：回（93）/迴（21）	
巾部	布：布（21）/佈（12）	
山部	岳：岳（2）/嶽（1）	
彳部	征：徵（30）/征（6）　　径：徑（9）/逕（1）　　御：禦（3）/御（2）
彡部	须：須（11）/鬚（3）　　彩：彩（27）/綵（2）
扌部	妆：妆（15）*/粧（1）*	
宀部	它：它（2）/牠（1）　　家：家（184）/傢（2）
尸部	尸：屍（12）/尸（1）　　局：局（69）/侷（1）
弓部	弦：絃（4）/弦（2）	
女部	奸：姦（4）/奸（3）	
小部	尝：嚐（3）/嘗（2）	
王部	琅：琅（1）/瑯（1）	
木部	杆：桿（8）/杆（3）　　杯：杯（16）/盃（1）　　板：板（44）/闆（2）
	松：鬆（13）/松（1）　　梁：樑（4）*/梁（1）
戈部	划：劃（21）/划（4）　　咸：鹹（2）/咸（1）
止部	歧：歧（5）/岐（1）	

支部	敛：斂（2）/歛（1）						
日部	昆：昆（2）/崑（2）		晒：曬（7）*/晒（1）				
贝部	赞：讚（9）/赞（5）						
手部	扎：紮（3）/扎（1）		托：托（12）/託（9）		折：折（24）/摺（4）		
	拐：拐（2）/枴（1）		拼：拼（6）/拚（4）		挽：挽（4）/輓（1）		
	搜：搜（11）/蒐（3）		捶：捶（1）/搥（1）				
爪部	采：採（14）/采（10）						
月部	胡：胡（13）/鬍（3）		脏：臟（11）/髒（2）				
欠部	欲：欲（11）/慾（6）						
火部	炼：鍊（6）/煉（3）		炮：砲（7）*/炮（4）		烟：煙（25）/菸（7）		
斗部	斗：鬥（19）/斗（8）						
户部	雇：雇（4）/僱（4）						
心部	念：念（32）/唸（1）		恶：惡（31）/噁（1）		愈：愈（8）/癒（5）		
	愿：願（22）/愿（1）		恤：恤（2）/卹（1）				
水部	汇：匯（18）/彙（4）		泛：泛（5）/氾（2）		泄：洩（7）/泄（1）		
	注：注（21）/註（11）		洒：灑（6）/洒（1）		淋：淋（5）/痳（1）		
	湿：濕（12）/溼（4）		游：遊（60）/游（16）				
广部	痴：痴（6）/癡（1）*						
至部	致：致（29）/緻（1）						
舌部	刮：刮（4）/颳（4）						
竹部	签：簽（16）/籤（5）						
米部	糖：糖（13）/餹（2）*						
艸部	苏：蘇（8）/甦（4）		荐：荐（3）/薦（3）*		荡：盪（6）/蕩（5）		
	获：獲（35）/穫（1）		蒙：蒙（14）/濛（3）/矇（2）				
	薯：薯（1）/藷（1）		藤：藤（3）/籐（3）				
系部	系：系（42）/係（14）/繫（3）						
酉部	酸：酸（14）/痠（1）						
里部	里：裡（18）/里（16）						

辶部　迹：跡（13）*/蹟（4）　　逾：逾（2）/踰（1）

谷部　谷：穀（7）/谷（6）

雨部　霉：黴（3）/霉（2）

隹部　雕：雕（9）/彫（2）

金部　钟：鐘（16）/鍾（2）　　铲：剷（2）/鏟（1）　　铺：鋪（7）/舖（2）*
　　　鉴：鑑（8）/鋻（1）　　锤：錘（1）/鎚（1）

面部　面：面（113）/麵（34）

食部　饥：飢（4）/饑（1）

麻部　麻：麻（29）/痲（1）

（二）台湾《字频表》对大陆《字表》：

著（20）：着/著　　乾（33）：乾/干

　　表5（一）显示大陆对台湾为一对二或一对多的共132组（一对二的127组，一对三以上的5组）。其中含大陆用字132字，台湾用字270字，台湾较大陆多138字。表5（二）台湾对大陆为一对二的有"著、乾"两组，台湾比大陆少2字。（一）（二）相减共136字。这就是表1、表3中两岸同为常用字、次常用字而又相差136字之原因。

　　海峡两岸由于种种原因间隔了半个世纪了。在相当长的时间内，彼此人员很少交流，语言文字上少有沟通，存在某些差异，是可以理解的。但是，两岸人民都是炎黄子孙，同文同种，都使用着祖先创制的语言文字——汉语汉字。2500/2559个常用字中97%以上的一致性就是很好的证明。历史形成的某些差异并没有给双方交流带来不可逾越的障碍，而且，从50年代开始两岸都做了整理汉字的大量工作，取得了很好的成绩，有了很多共识[8]。相信今后随着两岸交流的日趋频繁，汉字必将在尊重科学、利于应用的基础上渐次趋同。

---

①经与台湾教育行政部门公告"正式使用"的《国语标准字体宋体母稿》（1994年3月版）和《国语标准字体楷书母稿》（1998年2月版）校核发现，《字频表》的3869字中，"勛（1）、桩（1）、樑（4）、曬（7）、砲（2）、癡（1）、餚（2）、薦（3）"8字在两《母稿》中均为异体字，"舖"（2）为附录字，与"桩"同义异体的"妝（15）"未收。共10字。两《母稿》规定的台正体字"勋、粧"《字频表》未收录。也就是说，在"勋：勛"、"粧：妆/桩"两组字中，《字频表》收了异体字而没有收正体字。附带说明一下：《宋体母稿》的"次常用字"中

收有"砲",但分类标题"次常用字"下标明为"6343字",实际收字6344字,疑"砲"为误入。因《楷书母稿》文前的《标准字体的研订原则与实例》引1982年台《常用国字标准字体表》规定:"字形有数体而音义无别者,取一字为正体",以"炮、砲"二字中取"炮"不取"砲"为例,可见"砲"不当为次常用字。

②台《字频表》中有字作"畧",频率为11。此字在大陆和台湾编辑出版的多种辞书中都没有找到。笔者求询台方同行,答从未见此字。此次在南开大学中国文字学研究中心主办的首届中国文字学国际学术研究会上曾征询于台湾学者,也都说从未见过,竺家宁教授疑为"略"之误;"略"在台湾也应跟在大陆一样属常用字。其他学者表示认同此说。本文原稿"畧""略"曾分别归于彼有我无之列,此次修改稿为以共同常用字"略"处理。

③见②。

④见《中国大百科全书》(简明版)相关条目。

⑤傅永和编:《姓氏典故:姓氏频度表》,辽宁教育出版社,1992。

⑥《台湾区三百家姓》,台湾友人提供。

⑦表中在字的右上方有*者在台为非正体字。见注①。

⑧费锦昌:《海峡两岸现行汉字字形比较分析》,载《语言文字应用》1993年第1期。

怀念光亨

王绍新

2021年5月1日,是我和光亨的钻石婚纪念日。谁知,没有等到这一天,他走了。

1956年,我们考入北大,相识于燕园。在那个年代,唱的是铿锵雄伟的战歌,不时兴流行歌曲;穿的是白蓝黑灰的衣服,无人敢晒时髦衣裙;提倡严肃的批判性思维,蔑视花前月下的卿卿我我。就这样,我们在青壮年时代共同度过的是风风火火、变动不居的岁月。

光亨出身于书香世家。伯父施之勉专治《史记》《汉书》,与钱穆是同乡知交,后到台湾,为成功大学知名教授。光亨兄弟四人,父母在经济拮据的条件下克勤克俭,勉力供他们都读完了大学,他的三个兄弟都是高级工程师。受家庭熏陶,他学理工科的侄子也很熟悉文史,能写不错的旧诗。尽管经历过不少社会变迁,他家仍藏有一些珍贵书籍,除了线装书,还有五四时期的《新青年》杂志,可惜没有保留下来。上大学时,光亨常挤出有限的生活费买书,在宿舍床头架着一条木板,木板上和床边靠墙一侧都整齐摆放着从家里带来或自己购买的文学名著和理论书籍。我的学习多少有点儿兴之所至,除了硬着头皮读老师布置的理论文章,多喜欢背诗词,或反复读《红楼梦》之类。一天无意中翻看他的书,发现很多课外书页上都有密密麻麻的圈点,还有不少"批语"。这让我略感惊讶和惭愧,原来他读书比我认真、深入多了。

光亨常说,他家乡小学的七个老师有六个地下党。当时他们经常进城"买文具",他奇怪:怎么要买那么多文具?后来才知道其实是去执行秘密任务的。那些在艰险环境下踏实做事的师辈影响了他幼小的心灵,他高中毕业前刚满十八岁就入了党。介绍人问他入党动机，他说，人活着总要做些对别人有益的事。他关心国家大事，自谓1954年周总理参加日内瓦会议就引发了他对时事的兴趣，从那时起，他数十年来一直坚持每天读报。直到退休后很长一段时间，我们家都自费订阅《人民日报》，连邮递员都说这太少见了。

从小受到的这些影响决定了光亨一生的底色。学生时代他就当班长、团干部，工作后也长期担任一定的行政职务。坦率地说，他不是一个情商很高、善于处理各种矛盾的人，工作中难免得罪人；不过同时却也交到了不少知己朋友，包括一群忘年之交，退休后仍能保持密切联系。个中原因可能主要是出发点比较公正，而且跟多数同代人一样是廉洁的。上世纪70年代末到80年代初，他是北语学报《语言教学与研究》创刊时期的实际负责人（另有校领导兼职），当时语文类期刊刚刚复苏，发表论文的园地不多，光亨很注意扶持年轻人。有一位青年教师的稿件被选中，十分欣喜，为表达谢意，他买了一只烤鸭送到我家。光亨那次挺和蔼地问他花了多少钱，并且说："这样吧，谢谢你大老远替我买了来，你工资不高，我把钱给你吧。"老实的年轻人不知所措地收下了钱。昔日的年轻作者邵敬敏教授如今已是知名学者，多年来，他常提到自己最初的两篇论文就是在《语言教学与研究》刊出的。特别是其中一篇的某些观点跟朱德熙先生相左，但光亨"慧眼识文，还专程去征求朱先生意见，不辞辛劳"。主管教学工作时，他深入第一线，稍有空闲就去听课，注意学生的反馈和意见。他发现很多学生常称赞某位老师，经过亲自听课和多方了解，写了一篇表扬的文章发表在校刊上。他主持某部门工作时需要招聘一个毕业生，当时有两名备选者，一个是熟人推荐的，另一个则没有任何背景。权衡之下，他认为后者的专业更符合要求，就拍板选定了后者。这个人入职后表现出色，德才兼备，很有作为。90年代中期他任校教务处处长时，一些不良风气开始流行。为避免不必要的麻烦，他嘱咐办公室的同事不要透露家庭住址。内蒙古一位报考研究生的学生家长自己打听到了，带着羊绒衫等一大堆礼品来家拜访，光亨一见就开门见山地说："你的孩子如果成绩好，我们一定会录取；如果成绩不合格，你这些都没用！"来人不甘心，反复求情说好话，最后弄得十分尴尬，几乎是把人家连同礼品硬推出了家门。还有一次，一个客人临走时丢下两条好烟，他抓起来就追出去，客人已走到楼梯拐角处，他奋力把香烟扔了下去。我说："这样太不礼貌了，你可以把人送到楼下客气地还给他嘛。"他愤愤地说："谁知他里面是不是塞了钱！"

在担任行政职务的同时，光亨从未脱离专业，始终专注于自己热爱的语言教学和研究。作为20世纪60年代教育部第一批出国师资，他先后在也门、埃及和日本任教，培养的异国桃李不少成为该国汉语教学的骨干乃至知名汉学家。他跟很多学生和当地的专家教授也成为好友，多年来友谊长存。90年代在东京外国语大学任教时，他发现新闻汉语课程往往是选一些当时报上的消息稍加注释做教材，时效性强，过后就不能再用，每位老师都要重复自选，无法提高改进。他提出一个全新的思路：把教材按内容分为20个专题，如访问和会谈、政治、经济、卫生、体育等，每个专题由"词语和句子、阅读短文、练习和小知识"组成，讲解时注重新闻语言自身的风格、格式，目的在于"导"，即引导学生掌握各类消息常用的特殊词语句式及理解路径，而不仅是读懂某一篇文章。这本名为《新闻汉语导读》的书曾多次再版，并有日文、韩文注释本在日、韩出版发行。此外，光亨还总结教学实践，写出了多篇论文，如《对外汉语教材编写的若干问题》《中高级汉语教学呼唤"航标"》等，参加了第二至第五届国际汉语教学讨论会和国内的各种学术会议。

对于学术研究和写作，光亨十分执着。1974—1978年他在也门工作时，社会上还没有做学问的动力和氛围，他不愿消耗时间闲聊、打扑克，就跟两位好友一起翻译了两部阿拉伯政要的传记。20世纪70年代末春回大地，我们做的第一件大事是跟一众同道编写了《中国现代语言学家》一书。当时我们这些人都年逾或年近不惑，看到不少前辈在我们这样的年纪已经取得卓越成就，不禁迫切想抢回蹉跎而去的年华。为此我们走访尚健在的前辈语言学家或逝者的家属子女，查阅图书馆里久已无人问津的资料，互读写就的稿子，一起研究，热烈争论……我们的女儿，如今已经成为同行的施正宇那时还在上中学，她说，坐在旁边听我们讨论是她受到的最初的语言学启蒙。从1978年冬到1985年春，历时六年，这套书共介绍了216位语言学家，陆续出版了5个分册及合订本。此书没有署名主编，而光亨跟陈亚川、赵金铭、房玉清等人是出力最多的。

光亨在学术上的最大贡献当属辞书编撰。退休前后，他接连主编、自编了三部词典，浸淫其中长达十四五年。他与大陆及台湾同行合作主编的《两岸现代汉语常用词典》2003年出版，是第一部同类性质的辞书，对推动两岸文化交流不无裨益。曾有传言说，前台湾地区领导人马英九也表示知晓这部词典。从教学实际出发编写的《汉语教与学词典》受到对外汉语教师的普遍欢迎，2011年初版印刷5000册很快售罄，2014年已再版。为它作序的已故曹先擢学长说，这部词典是"应时代之需要，是水到渠成的现代汉语词典编纂的新创获"。有的年轻同行说，他们就是怀揣这本词典出国任教的，说它提供的很多词语释义、比较的实例减轻了他们备课的压力。光亨编写《汉语口语词词典》，遵循的是先师王力早年提倡的注重研究中国人"习而不察"而外国人却以为特别之处。比如，一位日本老师汉语说得十分流利，完全是京腔，可他却不明白为什么中国人常说"看你说的！""说的"应该听啊，怎么能"看"？作为一名资深汉语教师，他又不好意思向别人问这样看似简单的问题。读到光亨对这个惯用语的解释后，他恍然大悟，说解决了他长期以来的疑惑。

大约八九年前，光亨逐渐失忆了，记不得亲人的名字，甚至不知道他弟弟唯一的孩子是男是女，而且病情不可逆转地日益加重。令人心疼的是，直到最后，每天临睡他还习惯性地打开一个书柜，选两本书带到枕边去"阅读"，其实那时他已经读不懂任何内容了。他们家族并无这种病的遗传基因，高龄的亲属头脑都很清晰。每思及此，我都会痛心地想起他编词典期间长期凌晨即起，每天只睡五个来小时，终日久坐电脑前，一边吸烟，一边琢磨词语的解释或异同，真像五柳先生那样，"每有会意，便欣然忘食"。墙上、屏幕上到处都是黄色的烟油，这种生活对他的健康肯定损害极大。当时我没有想到劝阻，对他后来发生的一些不合常理的言行又不能理解，有时还克制不住地向他发火，这种懊悔现在成了我无法解脱的心结。

光亨离世的消息传出后，不少单位和朋友纷纷表示哀悼。商务印书馆发来唁电，回顾了从上世纪七八十年代直到近年与他合作的经历："如今书香依旧，然音容不再，不胜悲恸！他的不幸逝世让我们失去了一位语言学界、对外汉语教学界的良师益友，实为我馆及中国语言学界、对外汉语教学界的一大损失！"我校汉字研究所悼文称："施先生为人正直，治学严谨，笔耕不辍，留下的论著将在学界永存，泽芳后世。施先生的离世，是北语和汉语国际教育界的重大损失！"我们的老师袁行霈、杨贺松伉俪给弟子送了花圈。很多单位和个人，如沈阳师范大学、陕西师范大学都要求代送花圈、挽联，可惜由于疫情期间一切从简，没有一一从命做到，很是遗憾。陆俭明、马真学长说："惊悉光亨兄不幸病逝，我们的心久久难以平静。他为人耿直，为了汉语教学事业不断建言，亲身力为，一辈子为中国的对外汉语教育事业奋斗不息，为我国的中文国际教育事业、为辞书出版事业都做出了很大的贡献。我们为失去这样一位挚友而感到悲痛！谨在此沉痛悼念这位汉语教学界的先驱者！"同班同学史有为写下了情真意切的悼文《缘识光亨记》。法国汉学家白乐桑先生说："人去音存，施光亨先生对学科的贡献极大。"中山大学周小兵教授说："施先生的论著、会议发言从来都是'真实问题导向''可操作性研究程序展示'，有'实在解决方案'，对学界做出了切实的贡献。"历任校领导对光亨的工作都做出了肯定的评价，如李宇明同志说："他为语言学界做出了重大贡献，为北京语言大学做出了重大贡献！他的逝世是学界的损失，是北语的损失。"崔永华同志说："他是常常为我排忧解难的师长。……人固有一死，施老师是给汉语教学界留下遗产的前辈，我们会永远记住他。"我校教授、钱穆孙女钱婉约给施正宇发来唁文："惊悉令尊施老教授过世，痛惜敬悼。那年我们一起往澳门开会，得以结识你们父女二教授，收获学识和友情，犹在眼前。"身在港、台的田小琳和曾金金女士也都发文、传信表示哀悼。人数众多的几个语言学群，那几天发出了上百条微信。相熟和不熟的年轻朋友们情真意切的言语让悲痛中的我深深感动和宽慰。大理大学张如梅老师回忆了十多年前在我校进修时光亨特意邀请她来家观赏昙花的温馨情景，现因疫情打乱了原本的进京计划，"如今再也没有机会聆听他的教诲，终身遗憾"。一位网名 ryu 的同行说，他得知噩耗时回想光亨辞世的时刻他正巧在看他的《外语在对外汉语教学中的作用》一文。六月中的我接到一个电话，拿起听筒，里面就呜呜地泣不成声，半天才分辨出是年龄小我们十多岁的学阿语的老弟肖积均,虽曾一同工作,但平时并无很多来往,不料他心中的情谊竟如此牢固深切!光亨的第一个研究生陈莹在回忆了他的教诲后说:"二十多年过去了,亲手带我走上汉教之路的恩师却已默默离去。……他是如此挚爱他的事业,令我们这些后生汗颜。唯有踏踏实实地做个合格的汉语教师,以慰老师的在天之灵。"

　　光亨走了。他留下了曾经奋斗的足迹,收获了亲人、朋友、后辈的挚爱,应该没有憾事了。魂兮归去,有待来生。

梧桐春雨忆先人

——怀念我的父亲施光亨

施正宇

2020年6月6日星期六，像往常一样，我把父亲母亲接到自己家中吃晚饭。每到这时，我都会多烧几个菜，我的口味和父亲一样，最知道他爱吃什么。大约六点来钟，饭菜烧好了，我们给父亲母亲斟上红酒，一家人围坐在餐桌前，开始了每周六的家庭聚餐。餐后我开车把他们送回家，下了车，失忆多年的父亲仍旧习惯性地冲我摆摆手，说："回去路上开慢点儿！小心点儿！"一切都那么自然如常，谁也没有意识到父亲会在下一个星期六走了，连一声"再见"也没说。父亲走了两个多月，我才意识到，我们最后一顿团圆饭里，有着这么多的"六"。中国人的生活里，"六"是一个吉利的数字，这一天有着太多的吉祥，父亲选择这样一天和我们告别，一定是在祝福我们今后的日子"六六大顺"吧。

父亲、母亲和我 2008 年春摄于北京海棠花溪

父亲祖籍江苏省无锡县玉祁镇施家宕，出身士绅之家，但自曾祖施耀泰公起，家道中落。曾祖原配邬氏，育有一子三女。子名讳敦临，字之勉，就是我的伯祖，家乡话称"伯公"，少时曾求学于常州府中学堂，与钱穆（宾四）、刘半农、刘天华、瞿秋白等同窗。后就学于南京高等师范学校（今南京大学前身），师从柳翼谋、王伯沆、李叔同等先贤，旧学功底深厚。后应桑梓父老之诚邀，任无锡县立中学校长。县中后改名无锡一中，伯公名列创办人之一。伯公既是教育家，也是历史学家，是研究《史记》《汉书》的大家，著述甚丰。1948年赴台湾，临行前曾专程回乡，带走了满满一船书，不过还是留下了一些。伯公退休前曾任台湾成功大学中文系主任、教授，钱穆先生称他为"今之醇儒"。曾祖还育有三女，长女早亡。次女适无锡前洲唐家，夫君唐麟祥，乡里名医。唐家长子唐原道是医生、画家。上世纪八十年代初我在北师大读书，常骑车去逛琉璃厂，曾在荣宝斋见过他的工笔画作。三女适无锡洛社陶家。

曾祖原配病故后，续弦郑氏，育一子，即我的祖父，名讳欢临，字之熙。祖父出生时家境已大不如前。郑氏曾祖母善待前妻之子，鬻家中田地，供伯公读书；自己的亲生儿子却因生活窘迫而无法继续学业。故祖父念完私塾后，便到上海当学徒，他也因此决意要供养自己的儿子读书。祖父娶妻江阴葛氏韵淑，育有六子四女，其中二子、五子早殇，成年八人。伯父重欢考取英士大学（后并入浙江大学）时，伯公对祖父说："我不及你，儿子上大学了。"此后父亲考取北京大学，三叔明融考取南京工学院（后改名东南大学），小叔墨南考取无锡轻工业学院（后并入江南大学）。四个姑姑中，大姑幼淑就读于上海立信会计学校；三姑静媛毕业于上海船舶制造学校；小姑墨君聪慧俊美，成绩优异，是无锡县远近闻名的美才女、老三届。待子女全部成人后，祖父却积劳成疾，撒手人寰，乡邻无不唏嘘。

令人欣慰的是，父亲兄弟四人皆学有所成。伯父大学毕业后响应国家号召，只身前往东北，长期从事电力基建工作。1956年先后被评为吉林省和全国电力工业先进工作者，当年参加全国先进工作者表彰大会，在中南海集体受到了毛泽东主席和全体中央政治局委员的接见。伯父长年奋斗在水电工地上，风餐露宿，罹患胃癌，英年早逝，去世前任黑龙江省电力建设公司总工程师兼副总经理，高级工程师。三叔退休前任上海市电力工业局副局长，上海电力股份有限公司总经理、党委书记，高级工程师，曾获电力部科技进步奖。小叔退休前任河南洛阳氮肥厂常务副厂长兼总工程师，高级工程师。三姑年轻时在上海沪东造船厂工作，荣获过"上海市社会主义建设青年积极分子"称号，后与姑父王能昌一起调到核工业部西北矿山机械厂，也即传说中的404，地点在远离兰州的戈壁滩上[①]。他们为祖国的核工业建设贡献了自己的青春年华。祖父地下有知，当含笑九泉。

父亲于1938年4月21日[②]出生在施家宕祖宅。出生后不久，日寇进村，家人怕襁褓中父亲的哭声引来鬼子的杀戮，忍痛把他丢在摇篮里，跟着全村人一起躲到了村后唐平湖的芦苇丛中。鬼子来了，找不到人，便烧了祖屋前的一栋房子，权当一记杀威棒，这个地方直到现在还是一片空场。鬼子走后，全家人匆匆赶回，只见父亲躺在摇篮里安静地睡着，一家人心里的石头终于落了地。村里人说，父亲大难不死，必有后福。父亲的名字是伯公起的，典出《周易·需卦》"有孚，光亨"句，"光"为光复，"亨"为吉祥。又据吾师王宁先生回忆，1937年卢沟桥事变爆发，日寇全面侵华，人们一心只想着光复，所以1938、1939年出生的男孩儿名"光"者众多。由此看来，伯公给父亲起名字，大有深意焉。

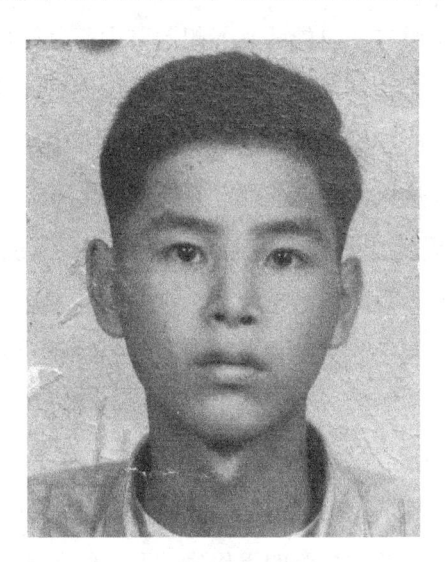

父亲小学毕业照

---

① 现在这个地方已经成了旅游景点，不知南来北往的游客们可知当年奋斗者的艰辛？大西北的艰苦环境使得三姑年纪轻轻便青丝枯黄，回家探亲时，祖母望着三姑的头发心疼不已。
② 说到父亲的生日，三叔提醒我有误。翻开《施氏总谱》(卷八)，父亲的出生日期写着"民国二十七年戊寅三月二十二日"，阳历为1938年4月22日。不知为何，父亲一直认为是21日，户籍信息上也是这样写的。

父亲开蒙在施家宕小学，习字用毛笔，所以写得一手好字。我小时候总是看见他用小楷写作，字体介于行草之间，故除了母亲，一般人都不大认得。父亲自幼体弱，不谙农事，却喜读书，放学回家便钻进房间里看书，看的就是伯公留下的那些书，乡人都说父亲最像他的伯父。毕业后，父亲考取无锡一中读初中，后又考取无锡三中读高中。记得父亲说过，上学时曾在无锡城里见过一个拉二胡的盲人，多年以后听到《二泉映月》，又看了相关文章，父亲说他看到的应该就是阿炳。三叔也对我说，你父亲是1950年9月到无锡城里读书的，阿炳是当年12月去世的；阿炳住在相当于北京王府井的崇安寺，离一中不远，两人有三个月的时空交集，你父亲是有可能见过阿炳的。父亲上初中后，一中的老校工认出父亲是伯公的侄子，便按旧时习俗称他"少爷"，这让父亲觉得浑身不自在，叫校工不要这样喊他。父亲上学时很是顽皮，曾在夜晚和同学一起，把宿舍门微微打开，把字纸篓放在门框上。舍监巡夜，见房门没关严，便推门而入，刹那间，纸篓不偏不倚正扣在头上。舍监大怒，罚站挨剋自然是免不了的。多年后父亲说起此事，仍旧兴奋不已。临近高考的一天夜里，父亲做了一个梦，梦见一座很大的房子，里面一根柱子也没有。早晨醒来，想起梦中所见好生奇怪。江南一带的民居都是粉墙黛瓦的砖木结构，以柱承檩，我家祖屋便是如此。父亲考上北京大学后，第一次走进大饭厅时顿觉愕然，这分明就是他梦中所见的那所大房子。看来他和燕园的相遇，早在进入考场之前就已经缘定今生了。

缘定今生的还有爱情！父亲走进燕园，不仅获得了新知，还遇到了他一生的挚爱、他的同班同学、我的母亲王绍新。在情感的表达上，父亲很是老派，我很少见他对母亲有什么表示。大约在我快要成家的时候，一个暖洋洋的下午，父亲坐在书桌前，目光直视前方，若有所思，忽然对我说起了动荡岁月中的一段往事。那时父亲一夜之间成了"黑帮"，被剃光头，进了劳改队，衣服上要缝一块黑布，上面用白线绣着姓名，每顿饭的菜金也被限制在一毛钱以内。母亲会在食堂买上一个煮鸡蛋，然后藏在衣服兜里偷偷带回家给父亲吃。父亲说完，很是惬意，仿佛刚刚吃完母亲给他带回的那枚鸡蛋。父亲自大学毕业起，就按月给家中寄钱，孝敬父母。小叔读大学期间的生活费也是父亲负担的，因为这是施家的规矩，每个工作了的兄姊负担一个弟妹读书期间的用度。也因此父母结婚后，很长一段时间内都是家徒四壁。小叔出差来京，回家后将所见告知祖母，祖母很是心疼。待我出生后，用度吃紧，父亲依旧如月供奉，母亲从未有任何不满，直至祖母85岁去世。父亲好像从未对母亲有丝毫谢意，母亲不无埋怨地说："你爸爸连句好话都不会说。"父亲去世后，在家多年的小时工小吴对母亲说："叔叔说您从来没有为钱吵过架。"母亲很是惊讶："什么时候说的？"小吴回答说："就这一两年的事儿。"母亲听后不禁潸然。父亲虽然嘴上不说，又失忆多年，但母亲的好是他生命中最深也是最后的记忆。

父亲、母亲和我，百日留念

父亲生就一双浓眉大眼，两只眼睛一瞪，总是一副威严的样子。印象中，父亲既不太会哄孩子，也不太会说好话。我的女儿幼时和邻居的孩子一起玩耍，叽叽喳喳、吵吵闹闹的，我早已见怪不怪，父亲见状却说："和她们比起来，你小时候简直是模范儿童！"这几乎是我听到的唯一一句父亲对我的夸奖。不过凡事也总有例外的时候。我的初中地理老师兼班主任马长水戴着一副度数很深的眼镜，年纪轻轻，斯斯文文，非常有才。他上课从来不带书，手里夹着一支粉笔，上来便问"我们上次讲到哪儿了"，开讲之后有如黄河之水滔滔不绝，同学们都爱听他的课。有一天，我们突然听说马老师要调走了，心里很是不舍。回家说起这件事，父亲问："是教地理的马老师吗？他来过咱们家。"

"什么时候？"我感到很是惊讶。

"大概半年多前。"

"为什么？"

"还不是你太淘气！"父亲说。

我喜欢地理课，也喜欢马老师，考试常常满分。不仅如此，我从小就是个比较听话的孩子，从来没有老师家访告状一说。马老师可是破纪录了！想来想去，只有一个可能，那就是马老师恋爱了，和生物宋老师。看见马老师在寂静无人的教学楼里拉着生物老师的手，我和两个要好的同学躲在楼道的角落里，叽叽咕咕地闹出了声响，吓跑了宋老师……不管怎样，重要的是，父亲觉得淘气不是事儿！

我和父亲在上海海关学校的住所前，大约摄于1972年

父亲不仅觉得淘气不是事儿，就连学习成绩不理想也不是什么大不了的事儿，只要努力就好。那父亲认为什么是事儿呢？不诚实！我一生挨过两次父亲的打，皆与此有关。父母初到北语，住在筒子楼里。每逢周末，家家户户都敞着门，大人们忙着洒扫洗涮，孩子们则在各家进进出出，呼朋唤友，欢乐无比。一天吃过早饭，我照例跑到小伙伴刘红家，但不知为何刘红不在。看到我有些失落，刘红的妈妈王德珮阿姨给了我一块奶糖，算作安慰。我如获至宝，即便是在各家闲逛，也仍旧是把糖攥在手里舍不得吃，直到快中午了，肚子有点儿饿了，我才剥开漂亮的糖纸，把糖塞进嘴里，高高兴兴地回了家。一进门，坐在书桌前的父亲见我鼓囊着嘴，立马喝问吃的什么、哪里来的。我出生七天便被送到天津

的姨姥姥家，姨姨舅舅们对我疼爱有加，刚刚被接回北京的我从未见过如此严厉的表情，吓得不敢说话。父亲不由分说地把我放在自己腿上，巴掌如雨点般打在屁股上。我的哭声不仅吓坏了在水房里洗衣服的妈妈，也引来了好多叔叔阿姨，不大的房间里挤满了人。大家劝父亲有话好好说，我哭着道出了实情，人群中的王阿姨也做证确有其事，这才还了我一个清白。真相虽然大白，我却早已哭得两眼红肿，母亲心疼地拿着毛巾给我擦拭。唉，那几乎是我对父亲最初的印象，从那以后，见到父亲，我总是有点儿怕。

我自幼偏爱文科，物理、化学的成绩常常很难看，但父母从未苛责。一次，我错误百出的物理作业被同学拿去一字不落地全篇照抄，老师气愤之极，在我的本子上洋洋洒洒地痛批了半页纸，而第一句就是："抄袭可耻！"父亲很少检查我的功课，但偏偏就是这么一篇"红透半边天"的作业被父亲看到了，他二话不说，对我就是一顿暴揍，待打累了才停下来质问我是怎么回事儿。我说明了原委，父亲才消了气。作为一名"海淀爸爸"，父亲的教育理念跟现在的"海淀妈妈"可真是差了十万八千里。

读高中时，母亲外派埃及，家中只有我们父女俩，他忙工作，我忙高考，常常各自读书到深夜。高中毕业那年，新换的历史老师兼班主任经常读错字、闹笑话，诸如祖冲之发明了"勾三股、四弦五"的勾股定理等，引得同学们哈哈大笑，老师的脸红一阵白一阵，很是下不来台。由于历史课太无趣，我常常在课上读一些课外书。又因为熬夜睡得晚，有时会缺席早上一二节的课，说白了就是"旷课"。一天早上我正要出门，突然有人敲门，开门一看，只见历史老师一脸怒气地站在门口，问我为何缺课。我自然有些慌张，不知所措。父亲见状，主动热情地将老师迎进门来，告知老师我学习至深夜，故而晚起。老师无语，一阵寒暄之后便走了。关上门，我们父女会心一笑，父亲还冲我挤了挤眼睛，这个表情跟父亲说起他中学时恶作剧的神情一模一样，仿佛又一次把字纸篓扣在了老师的头上。

父亲大学毕业后，和母亲一道入选了第一届教育部出国汉语储备师资，在北京大学东语系进修阿拉伯语。他们刻苦学习的精神给老师们留下了深刻的印象，直到前些年，当年的老师、北大阿语系教授张甲民、景云英夫妇说起来仍然是赞不绝口。三年进修结束后，他们一同来到刚刚成立的北京语言学院，开始了一生汉语教师的生涯。动荡的岁月里，我们全家随北语下放到茶淀干校。父亲白天修公路、挖地基、盖房子，晚上回到简陋的住房里，担心生疏了平生所学，便阅读阿文版的《毛选》。1971年春天，正在干校劳动的父母接到通知，他们被借调到上海市教育局，为我国援建的也门萨那中等专业技术学校翻译教材。上海三年，父亲兢兢业业的工作态度、突出的阿语水平以及专业的外事能力引起了上海外语学院院方的注意。他们特意给上海市革委会打报告，时任副主任马天水特批了三个上海户口，挽留我们全家。恰在此时，北京语言学院传来了复校的喜讯，教育部下通知，要求当年的储备师资尽可能地集中到北语。父亲便和母亲一道，谢绝了上海外院和亲友们的挽留，带着我踏上了北去的列车，回到了久别的京城。

1974年至1978年父亲外派也门萨那技校，教学之余，便找来阿文原版的《费萨尔传》，与李占经叔叔、王贵发先生一起翻译。1976年夏天父亲回国探亲，不久发生了唐山大地震，所有人都搬到了防震棚里。那里低矮、潮湿、闷热，人声嘈杂，蚊虫叮咬。父亲就是在这样一个环境中，一丝不苟、坚持不懈地完成了最后的译稿。1977年9月，译作终于在商务印书馆出版，取"合译"之谐音，署名何义。时间长了，编辑换了好几茬，已经没人记得这书的译者了，直到父亲去世，商务汉语编辑室的戴军明主任为发唁电而与我核实父亲的著作时，才意外地发现该书译者的真实姓名。父亲同时还翻译了《萨达特回忆录》（署名钟艾，商务印书馆，1976年10月内部发行），以及《我的一生——对个性的探讨》（与李占经、王贵发合作，商务印书馆，1980年2月）。八十年代中期，父亲和母亲先后被派往埃及艾因·夏姆斯大学执教，他们共同翻译了埃及短篇小说《母亲和野兽》，以及荣获诺贝尔文学奖的埃及作家纳吉布·迈哈福兹所著中篇小说《老街轶事》（合作者还有胡波）。这些译作都是父亲和母亲在异国他乡、在国内文献资料缺乏的情形下翻译的，他们对时光的吝惜可见一斑。

父亲做事向来认认真真，无论生活还是工作都是如此。小时候，我们总是在搬家。1969年的冬天，北语去茶淀农场前夕，家家户户都在收拾行李。令我印象深刻的是，父亲把被子叠得四四方方、见棱见角，然后打包。1971年，父母借调到上海，为我国援建的也门萨那技校翻译教材，我们又搬过几次家，父亲叠被子的手艺愈发炉火纯青。很多年后，我才在介绍军营生活的电视片上看到叠得同样方正的被子。想来父亲读大学期间，曾于1958、1959年寒假期间，和袁良骏、曾庆瑞、周荫曾等几位同学被借调到保定69军宣传处，协助他们撰写军史，这种按照军营标准叠被子的本事应该是那时学到手的。

父亲担任北语教务处处长期间，听几位研究生说外语系有位叫杜彪的青年教师课上得很好，就问了上课的时间、地点，一个人跑去听课。回来后父亲赞不绝口，还写了一篇文章《有位教师叫杜彪》，发表在校报上。父亲的介绍与称赞在校园里产生了一定的影响，对杜老师此后的职称评定亦有所助益。杜老师是个不善言辞的人，他与父亲在此之前并不认识，此后亦无私交；但每每在家属区相遇，杜老师都会郑重地给父亲鞠上一躬，视时间短长，或简单问候一下，或驻足交谈几句。父亲与杜老师就这样风轻云淡，为后人呈现出了一场现代版的"君子之交"。

父亲待人真诚，时时处处为他人着想。1973年七八月间，北语复校后，我和父亲先期从上海回到北京。学校分给我家的是一个三居室中的套间，里外屋各十三平米左右；同一个单元中，还有一个九平米的房间。同样规格的单元对门还有一套，住在这个单元套间里的是1961届英语师资、后来担任北语院长的吕必松叔叔一家。但不知为何，刚刚从北外调来的1963届英语师资赵永新叔叔一家分在了两个单元的两小间里，赵叔叔一家四口，还有爷爷和外婆，以及只有一只胳膊的残疾姑姑。当时来华部总支副书记鹿琮世阿姨跟父亲商量，让我们家与赵叔叔家对调一下住房，父亲欣然同意。三个月后，母亲从上海回来时，我们已经住到两小间里了。又因为我当时年幼，不敢独自一个人睡在一个房间里，所以很长一段时间，我们一家三口都是挤在一个房间里。很多年后，赵叔叔说起这件事来，仍然十分感激，他对我说："那时真是委屈你了！"

1976年7月28日唐山发生地震是在凌晨三点多，清晨六点多又下起了瓢泼大雨，惊魂未定的人们不知所措，直到中午才意识到肚子还饿着呢。当时余震不断，谁也不敢贸然回到房子里，学校的食堂也没开，后来成为"宇宙中心"的五道口只有一家餐馆，人们既没有下饭馆的习惯，也不知道震后餐馆是否营业。就这样，吃饭成了摆在我们三家人面前的迫切问题。这时，只听父亲说了句"我出去看看"，转身便朝校外走去。望着父亲远去的背影，我担心极了，眼睛一刻也没离开过父亲远去的方向。不知过了多久，远远的，父亲回来了，手里捧着一大包切面，我高兴地喊道："爸爸回来了！"父亲捧着切面，跟大家打了个招呼就径直走进楼里，不一会儿，又端着一锅煮好的面条从楼里走出来，大人们也纷纷回到家里拿出碗筷、酱油、板凳和椅子，三家人围坐在一起，美美地吃了一顿酱油面。那时的生活，快乐很简单，简单很快乐。

父亲一生不计名利。他与李占经叔叔、王贵发先生合作翻译两部阿文著作时，先是各自分工，最后统稿、校对以及联络出版等事项都由父亲完成，他从未对工作多寡斤斤计较。七十年代末，神州大地百废待兴，父亲和北京语言学院的十一位教师一起，利用课余时间，编写了《中国现代语言学家》五册，这应该是学科史上第一次对现代著名语言学家的学术生平及其研究进行客观而公正的评价，因而得到了各位语言学家及其后人的支持。罗振玉之子罗福颐、钱玄同之子钱三强、刘半农之女刘小蕙、唐兰之子唐复年、白涤洲幼子白川等人都提供了许多珍贵的文献资料。整个过程中，父亲和赵金铭、陈亚川、房玉清等几位叔叔一起负责组织工作，统筹体例，润色文字。每次开会都在我们家，母亲不仅参与编写，还端茶倒水。我在一旁相助的同时，亲见父母和叔叔阿姨们热烈的讨论甚至激烈的争论，那种不为名利专心治学的情景给我留下了深刻的印象。在父亲的主张下，《中国现代语言学家》没有署名主编，而是代之以编写组的名义，从而避免了不必要的龃龉。

1985年夏天，父亲和母亲一同归国，开启了几乎是他一生中唯一一段没有行政职务的生涯。父亲是个闲不住的人，工作之余便开始为学科修史。那时的通信远没有今日便捷，唯一的现代化工具就是电话，且长途价格不菲。父亲一方面多方查阅原始文献，一方面向各个相关院校和个人发出信件核对史实。他还会利用出差的机会走访当事人，也会把出差来京的老师请到家里来了解情况，一边喝茶一边聊，聊到饭点就留人吃饭。那时的人情物美价廉，留的人真诚，吃的人踏实。每每收到一封来信，他都迫不及待地打开阅读，信中若有所收获，他的眼睛里就会放射出兴奋的光芒。他和杨俊萱阿姨合作撰写的三篇《新中国对外汉语教学40年大事记》就是在这样一种状态下完成的，现在这三篇文章业已成为学科史的必读文献。父亲退休后，开始着手编写《新中国对外汉语教学发展史》，研究跨度从1950年到1999年，这是当代中国第一部对学科历史进行深入挖掘和探讨的著作。全书初稿约20万字，应是学科独立的重要标志之一。2003年由国家汉办资助、程裕祯主编的同名著作初稿完成，汉办为此于当年 7 月 25 日召开座谈会，父亲受邀在列，为著作的最后修订倾其所有，提出宝贵意见。程裕祯先生回忆起往事说道："在我们的撰写过程中，他（即父亲）又给予多方的指导和帮助，因此，学界目前能有一本可供参考的国际中文教育史著作，施光亨先生居功至伟。"①

　　七十年代末、八十年代初，对外汉语教学事业经历了一个发展的大好时期，父亲躬逢其盛，参与创办了《语言教学与研究》，并承担了早期的编辑工作。依照当时的惯例，主编由北京语言学院常务副院长张道一先生挂名，实际工作由父亲负责。在此期间，为了避嫌，父亲从未在这份刊物上发表过自己和母亲的学术论文。初创时期的学报，稿源不足是一个很大的问题。父亲一方面登门拜访王力、朱德熙、张志公、邢福义、张清常等大家，请他们为学报撰稿、题词；一方面认真对待青年作者的稿件。他曾经在一份稿件上写下密密麻麻的修改意见，然后把年轻的作者请到家里一一讲解；也曾为当时还名不见经传的邵敬敏教授的一篇稿件专程拜访朱德熙先生，征求他对其中观点的意见。不仅如此，他还积极联络开展汉语教学的院校，动议组建中国对外汉语教学学会，得到了相关院校的积极响应。有关学会成立的具体事务是北语在做，具体做事的人是父亲。这本不是学报编辑部分内的事，也没有任何任命，他却乐此不疲。1982 年 4 月，各个高校汉语教学单位的负责人齐聚北语，畅谈学科发展的美好前景。那时人们也没有什么私密性的概念，往往是办公室里说不完的事情，就移步家中接着叙，南开大学的孙晖、复旦大学的陈光磊、上海大学的吴欢章、华东师大的陈绥宁、南京大学的黄懋颐、暨南大学的饶秉才、中山大学的张维耿等诸位老师都是家中的常客。他们在一起，就学会宗旨、组织机构、组织章程、成立时间等问题进行了深入的讨论。会议同时议定由北语负责筹备有关成立大会及召开第一届学术讨论会的各项事宜，所有这些事也都是父亲在做。父亲走后，我在整理照片时，发现了当年在北语召开中国对外汉语教学研究会成立筹备会的纪念合影，一共三张。每张照片的拍摄地点不同，大家站的位置也有所变化，而父亲总是站在最边上。当年与他一道参与筹备工作的原北京师范大学汉语中心负责人、美国欧柏林大学教

---

① 参见马箭飞、刘利主编《国际中文教育 70 周年纪念文集》，第 31 页，北京语言大学出版社，2021 年 8 月。

授李恺先生回忆起照相时的情景说道:"我是'小字辈',每张照片中都在后排,理所当然。而施先生每次居侧,这不是名位决定的,而是因为先生的谦虚礼让。按成就名望,先生应该更居前居中,但他从不争这些,总是谦让大家。待大家站定,才站于侧位。虽是小事,却显高风亮节。"父亲一心一意为中国对外汉语教学学会的组建付出了巨大心血,但却没能参加成立大会。李恺先生说:"令尊不爱出头,勤勤恳恳,是位做实事的人,我很尊敬他!"

中国对外汉语教学研究会成立筹备会纪念合影。从左至右,第一排:北京语言学院张道一、北京大学林焘、北京语言学院王还、暨南大学饶秉才、上海大学吴欢章、南京大学黄懋颐、复旦大学陈阿宝;第二排:南开大学孙晖、南京大学陈曼华、中山大学张维耿、辽宁大学李建唐、中国教育学会赵月光、北京语言学院施光亨;第三排:北京语言学院金德厚、华东师范大学陈绥宁、北京师范大学李秀兰、北京师范大学李恺、北京大学卫德泉、南开大学张柏玉、北京语言学院吕必松

正当人们为对外汉语教学事业的发展欢欣鼓舞的时候,父亲却目光犀利,看出了其中的隐忧。他曾多次谈到自己的担心:"对外汉语教学成了摇钱树。""对外汉语教学成也是钱，败也是钱。"

　　大概在 2017 年 9 月初北语 55 周年校庆时，梧桐大道两边都照例挂出了各国国旗，父亲和母亲一起，沿着挂满国旗的道路边走边看，仿佛在享受着他们一生的劳动成果。突然，父亲问："怎么没有日本国旗呢？"外事无小事，当时正赶上中日关系紧张，如果日本学生发现，产生误解就不好了。母亲赶紧告诉了刘伟副书记，她即刻派人检查，发现果然是漏挂了，于是赶紧补上。刘伟还说："施老师立了一功！"上百面国旗挂在梧桐大道上，人来人往，不要说已经失忆，就是健康的人也未必能看得出来，父亲的发现应该是他教书生涯的一种本能。

　　正是这种不为名利、一心向学的态度，使得父亲每做成一件事情，都与合作者结成了终身好友。1999 年在德国汉诺威召开的第六届国际汉语教学研讨会上，我遇到了跟他合作编写《两岸现代汉语常用词典》的台湾方面主编何景贤先生。说起父亲，他一边说"施先生道德文章"，一边竖起了大拇指。北京语言学院已故教授陈亚川叔叔是父亲在《语言教学与研究》编辑部共事多年的同事，也是编写《中国现代语言学家》的合作者之一。共同的志趣与操守让他们成为了至交。陈叔叔年富力强之际罹患肝癌，父亲初闻惊愕难过，继而为他住院治疗跑前跑后，如他家属提出需要住单人病房、添置冰箱、请护工等，都由父亲代为与校方、院方沟通。陈叔叔是南方人，素喜汤水，父亲和母亲平均每两周探望一次，有时会给陈叔叔带去他们亲手熬制的羹汤，说些宽慰的话。

　　父亲与杨俊萱阿姨共事多年，共同撰写了多篇/部学术论文与著作，为当代中国的汉语教育留下了珍贵的记录。1994 年，杨阿姨随丈夫常敬宇叔叔赴巴基斯坦伊斯兰堡国立现代语言大学任教，临行前曾来家中小坐，相谈甚欢，还相约他年回国再叙友情，谁想此别竟成永诀。1996 年春，一天清晨五六点钟，家中电话突然响起，父亲拿起电话，只听见对方的声音断断续续，呜咽难语，有顷才听出是常叔叔。原来杨阿姨得了脑疟疾，医生已经无力回天，走的时候年方 58 岁。父亲放下电话，赶紧四处找寻，直到傍晚，才在家中找到了他们已在北京语言大学任教的长公子丹阳贤弟。杨阿姨是一位深受学生爱戴的好老师，她去世后，伊斯兰堡国立现代语言大学为她举行了隆重的葬礼，中国驻伊斯兰堡领事、中资机构、中巴媒体记者、生前友好及该校师生数百人参加了葬礼。父亲还执笔与赵永新叔叔、张占一叔叔一道撰写了悼词，其言凿凿，其情切切，闻者无不为之动容。可以告慰逝者的是，丹阳贤弟已经成长为一名深受各国学生爱戴的好老师，我站在对外汉语教学的讲台上亦有二十余载，薪火相传，是我们对先人最好的祭奠。

父亲与杨俊萱老师一起走访埃及学生伊斯特尔（现为埃及艾因·夏姆斯大学教授）

父亲晚年患阿尔茨海默病，失忆多年。母亲常陪着他，一起走在北语校园里，共赏梧桐春雨，与闻百鸟和鸣。母亲同时还要迁就父亲的迟缓与焦躁，年深日久，已成为校园里的一道风景。北京语言大学教授崔永华叔叔和爱人刘阿姨相约，待年华老去，一定要像父母那样携手终生。父亲的大学同屋史有为叔叔对我说："你母亲付出了太多太多，是个英雄！"阿尔茨海默病是爱情婚姻的试金石，没有一个相濡以沫、执手一生的爱人，真是得不起。替我在天堂的爸爸谢谢妈妈！

父亲走后，相识和不相识的前辈、同侪与晚辈，在多个语言学专业的微信群留言悼念。崔永华叔叔说："这是自有微信群以来，语言学界和汉语教学界规模最大的悼念活动了。"

与父亲同届的教育部出国汉语储备英语师资、北京语言大学教授刘珣叔叔第一时间发来微信："正宇贤侄：惊闻光亨兄仙逝，十分悲痛！我们又失去一位半个多世纪的老朋友、老战友！光亨兄一生为事业和学科所做的贡献，已入学科史册，更在我们同辈人的心中！他应深感欣慰的是有你继承了他的事业，且奋力发扬光大。"

父亲与同为出国师资的北京语言大学教授阎德早叔叔是多年好友。阎叔叔第一次外派的学校是古巴的林肯学院，父亲因此戏称阎叔叔为"老卡"（卡斯特罗的"卡"）；阎叔叔则昵称父亲为"阿亨"。父亲走后的第二年春节，阎叔叔思念老友，赋词一首："念阿亨，忆往程，一步一印铿锵声，遗墨留骨风！！天有灵，地有情，天地相通心底层，来世与君逢！！"寥寥数语，四个惊叹号，阎叔叔欲向皇天后土唤回老友的拳拳深情跃然纸上。

教育部1963届出国汉语储备英语师资、北京语言大学前副校长、研究员李更新叔叔听闻噩耗赋诗一首《再致光亨兄》：

闻兄仙逝，曾奉小诗。思绪杂乱，未及推敲。有不妥出律处，实为不恭！改后再呈。虽隔阴阳，心息可通。祈兄见谅！

一

国汉开山屡建功，
呕心沥血献一生。
精文至理承初志，
伟业增辉育后生。

二

高山流水古相传，
置腹推心近晚年。
每忆当年豪气在，
怆思殷切动心弦。

父亲的学长、北京大学中文系教授陆俭明、马真夫妇发来微信："惊悉你爸爸不幸病逝，我们的心久久难以平静。他为人耿直，为了汉语教学事业不断建言，亲身力为，一辈子为中国的对外汉语教育事业奋斗不息，为我国的国际中文教育事业、为辞书出版事业都做出了很大的贡献。我们为失去这样一位挚友而感到悲痛！谨在此沉痛悼念这位汉语教学界的先驱者！愿光亨兄安息！"

北京语言大学前党委书记李宇明教授心情沉痛地说："惊闻施光亨老师驾鹤西征，十分悲痛！他为语言学界做出了重大贡献，为北京语言大学做出了重大贡献！他的逝世是学界的损失，是北语的损失。"宇明书记还以父亲的名讳撰写楹联"施光于学界 筑路至亨通"，高度概括了父亲为学科建设所做的贡献。

远在大洋彼岸的中外语言交流合作中心于丛杨叔叔听闻噩耗，悲痛不已，旋即赋诗一首《大道光亨——深切缅怀施光亨教授》："跃冶铸金而光亨，异域山川华夏风。专教老外学汉语，但闻天下响四声！大道光亨赖先生，呕心沥血辟捷径。谁说汉语最难学？云行雨施中国通！"于叔叔后又发来说明文字："'光亨'二字，典故高深。老朽较早所见，出于《易经》。悼诗'大道光亨'句，引自南朝宋谢庄《求贤表》：'金大道光亨，万务俟德'。用在悼诗里，本意是：对外汉语教学光明显赫的大道，全赖施先生们这群拓荒者不倦地辛勤耕耘。"

日本名古屋大学教授王幼敏先生也在微信留言："惊悉令尊仙逝，不胜哀悼，施先生学养深厚，素为业界钦佩，在世界汉语教育史领域及学会有开创之功，余亦多承指教，铭感于心。望您节哀顺变，与令堂多加保重！"

北京语言大学校友、北京大学对外汉语教育学院教授钱旭菁、黄立夫妇云："令尊是对外汉语教学的重要开拓者，是母校的领导和前辈，是我们学习的楷模和榜样。不能送他老人家最后一程，实在遗憾！愿他老人家一路走好！"

父亲去世时，正值北京出现一波疫情，丧事的规模被限制在 15 分钟 20 人以内，86 岁高龄的李占经叔叔多次打来电话询问，但却始终无法准确记住父亲告别仪式的时间和地点，母亲意识到老友有些失忆，感激之余，劝其不要勉为其难，但他还是坚持要再见老友最后一面。但那天李叔叔终因没能找到 306 医院的告别室而错过了机会，事后他致电母亲，哽咽不已。

父亲走了，离开了他挚爱的亲人，也离开了他生活、工作了一辈子的北语。

北语是父亲的家,是他此去最恋恋不舍的故园。北京语言大学前校长崔希亮教授说:"这里是我们的家。施老师为北语奋斗了一生,北语的历史上有他老人家的贡献。"

父亲离去已两年,往事如缕,依稀如梦,每每追忆,泪湿巾裳,不能自已。梧桐大道上,再也没有了父亲的身影,但见五湖四海的莘莘学子往来穿梭,他们的欢声笑语中,有父亲为之奋斗了一生的事业,父亲天国有知,亦当含笑。

龙儿完稿于父亲去世两周年忌日

修订于 2022 年 8 月 24 日

附录　施光亨生平

1938.4.21[①]	生于江苏省无锡县玉祁镇施家宕。
1944	入读施家宕小学。
1950—1953	考入无锡市第一中学，读初中。
1953—1956	考入无锡市第三中学，读高中。
1956—1961	考入北京大学中文系，进入汉语言文学专业；1958年进入语言专门化学习，提交毕业论文《西方资本主义文明进入中国以来汉语词汇的变化》。
1961.5.1	与王绍新结婚。
1961—1964	入选教育部出国汉语储备师资，在北京大学东语系阿拉伯语专业进修。
1964	任教于北京语言学院（今北京语言大学）。女儿施正宇出生。
1965	《教师怎样在教学中起主导作用——学习毛主席著作的体会》，载《外国留学生基础汉语教学通讯》（内部刊物）1965年第2期。
1966	《引导学生在语言实践中学习语言》，载《外国留学生基础汉语教学通讯》（内部刊物）1966年第7期。
1970初	随北京语言学院到河北茶淀干校劳动。
1971.4—1973.7	借调至上海教育局，参加专为也门萨那中等专业技术学校编写理工专业教材的翻译工作，任组长。
1973秋	担任北京语言学院留学生二系欧美学生教研室主任。

[①] 此为户籍信息。据《施氏总谱》(卷八)，施光亨的出生日期为"民国二十七年戊寅三月二十二日"，公历为1938年4月22日。

1974—1978	公派至北也门萨那技术学校担任教学及翻译工作；撰写《发展中的也门》及《也门概况》（手稿），呈交中国驻也门使馆，领导阅后，将原稿报送国内外事部门及教育部参考；获中国驻也门大使馆先进工作者奖状。
1976	翻译《萨达特回忆录》，〔埃及〕安瓦尔·萨达特著，译者署名钟艾。商务印书馆内部发行，1976年10月。
1977	翻译《费萨尔传》，〔叙利亚〕莫尼尔·阿吉列尼著。与李占经、王贵发合译，署名何义。商务印书馆，1977年9月。阿拉伯语原书名为"从首脑的生平看王国的历史"（1968年出版于黎巴嫩），1975—1976年译于也门萨那，1976年夏定稿于北京防震棚。
1979—1983	参与创建《语言教学与研究》，任编辑部主任，负责实际工作（主编为时任北京语言学院常务副院长张道一）。
1980	《对阿拉伯学生进行汉语语音教学的几个问题》，载《语言教学与研究》1980年第2期；后收入《对外汉语教学论集（1979—1984）》，北京语言学院出版社，1985年6月。 翻译《我的一生——对个性的探讨》，〔埃及〕安瓦尔·萨达特著，新埃及印刷出版社，1978年4月。与李占经、王贵发合译。商务印书馆，1980年2月。
1981.11—1986.4	《中国现代语言学家》5册由河北人民出版社出版。该项工作由施光亨倡议并与赵金铭、陈亚川、房玉清一起负责组织工作。全书共收录近现代语言学家216人。由施光亨撰写的语言学家共22人：刘复、钱玄同、王力、章士钊（第一册），白涤洲、管燮初、姜亮夫、劳乃宣、卢戆章、邵荣芬、王显、王照（第二册），方光焘、葛信益、黄淬伯、瞿秋白、沈兼士、张拱贵、朱文熊（第三册），傅子东、黄岳州、张汝舟（第四册）。其中《中国语言学家评介：王力》另发于《语言教学与研究》1979年第2期；《白涤洲传略》另发于《中国现代社会科学家传略》

	（第七辑），山西人民出版社，1985年；《中国语言学家评介：姜亮夫》另发于《语言教学与研究》1982年第4期。
1981	《关于基础汉语教学中的课堂操练》，载《语言教学与研究》1981年第4期；后收入盛炎、沙砾编《对外汉语教学论文选评（第一集）1949—1990》，北京语言学院出版社，1993年3月。
	中国名著简读系列《家》获原作者巴金授权，与卢晓逸、杨俊萱合作改写、注释，北京语言学院内部印行。华语教学出版社，1991年第1版，2008年第2版。
1982	中国名著简读系列《春》《秋》获原作者巴金授权，与卢晓逸合作改写、注释，北京语言学院内部印行。华语教学出版社，1987年第1版，2008年第2版。
1983	评为副教授。
	《外语在对外汉语教学中的作用》，提交中国教育学会对外汉语教学研究会（后更名为"中国对外汉语教学学会"）成立大会暨第一次学术讨论会（1983年6月6日—11日，北京语言学院），载《语言教学与研究》1983年第2期；后收入《对外汉语教学论集（1979—1984）》，北京语言学院出版社，1985年6月。
	编辑《对外汉语教学论文选》，受研究会理事会委托，收录中国教育学会对外汉语教学研究会成立大会暨第一次学术讨论会的论文，并对学会成立的经过和今后的任务进行简要的编者"说明"。内部印行，1983年7月。
1983—1985	公派至埃及艾因·夏姆斯大学语言学院中文系任教，教授一至四年级语言文化课程，指导硕士生和博士生。
1985	主编《语言教学与研究丛书：对外汉语教学论集（1979—1984）》（《语言教学与研究》编辑部编，北京语言学院出版社，1985年6月），收录《语言教学与研究》创刊五周年来发表的论文53篇。

1986	《现代汉语语音琐谈——声韵组合的命名、规范和频率》，载《语言教学与研究》1986 年第 3 期。
1987	3 月 14 日任北京语言学院出版社副总编辑。
《王力先生和他的辞书理论与实践》，载《辞书研究》1987 年第 1 期。
《一部有助于外国人学习汉语词汇的工具书——〈实用解字组词词典〉》，署名方人，载《语言教学与研究》1987 年第 4 期。
《语素研究述评》，载《语文导报》1987 年第 6 期。
《对外汉字教学要从形体入手》，载《世界汉语教学》1987 年第 2 期。
1988	12 月 17 日任北京语言学院出版社总编辑。
撰写《中国大百科全书·语言文字卷·周祖谟》(与王绍新合作)及《中国大百科全书·语言文字卷·对外汉语教学》(与王还、常宝儒合作)，中国大百科全书出版社，1988 年 2 月。
责编《体态与交际》(*Body Language*)，〔美〕朱利叶斯·法斯特（Jilius Fast）著，孟小平译。北京语言学院出版社，1988 年 5 月。获第三届全国图书"金钥匙"二等奖。
翻译短篇小说《母亲和野兽》(与王绍新合作)，〔埃及〕尤素夫·夏路尼著。载《国外文学》1988 年第 4 期。
《文学作品与中高级汉语教材》(与李明合作)，载《第二届国际汉语教学讨论会论文选》，北京语言学院出版社，1988 年 12 月；后收入《对外汉语教学论文选评（第一集）1949—1990》，北京语言学院出版社，1993 年 3 月。
1989	《语文随笔：广东话北上》，载《世界汉语教学》1989 年第 2 期。
翻译中篇小说《老街轶事》(与王绍新、胡波合作)，〔埃及〕纳吉布·迈哈福兹著。(山西)北岳文艺出版社，1989 年 9 月第 1 版，1992 年 9 月第 2 版。该书阿拉伯语原名为"哈利里市场"。出版时，译名改为"老街轶事"，与原作者的另一著

作《名妓与法老》(孟凯译)合集为一,本作在其后,页码另起,但书名仍为《名妓与法老》。

《中国现代语言学家》精装本2册,河北教育出版社,1989年7月。

1990　　《新中国对外汉语教学40年大事记》(与杨俊萱合作),载《世界汉语教学》1990年第2期。

《新中国对外汉语教学40年大事记》(续一,与杨俊萱合作),载《世界汉语教学》1990年第3期。

《新中国对外汉语教学40年大事记》(续完,与杨俊萱合作),载《世界汉语教学》1990年第4期。

组织编写《各国推广本族语情况汇编》,国家对外汉语教学领导小组编,北京语言学院出版社,1990年8月。时为出版社总编辑,承担此项目的组织工作,兼责任编辑,并撰写"前言"。

《中高级汉语教学呼唤"航标"》,载《语言教学与研究》1990年第4期;后收入《中高级对外汉语教学论文选》,北京语言学院出版社,1991年12月;又收入刘珣等主编《对外汉语教学论文选评·第二集(1991—2004)·中册》,北京语言大学出版社,2008年12月。

1990—1992　　公派至日本东京外国语大学中文系任教,获东京外国语大学校长颁发的感谢状。

1991　　《对外汉语教材编写的若干问题》,载《第三届国际汉语教学讨论会论文选》,北京语言学院出版社,1991年11月。

《王力先生和对外汉语教学》,载《世界汉语教学》1991年第1期,发表时署名方人;又载《纪念王力先生九十诞辰文集》,山东教育出版社,1991年12月。

1992　　任北京语言学院教务处处长。

与王绍新共同编著《新闻中国语》(日语译释本),(东京)东方书店 1992 年初版，1993、1994、1995 年重印；1998 年第 2 版。

《〈天工开物〉术语研究》（与王绍新合作），载程湘清主编《宋元明汉语研究》，山东教育出版社，1992 年 5 月。

1993

评为教授。

《新闻汉语导读》（与王绍新合编），北京语言学院出版社，1993 年 5 月；1995 年 2 月、1996 年 10 月重印；1998 年华语教学出版社再版。

《他的功业在书上也在人们心中——纪念朱德熙先生逝世一周年》，载《语言教学与研究》1993 年第 3 期。

担任《日本近现代汉语研究论文选》副主编（主编为大河内康宪）并执笔撰写"后记"。北京语言学院出版社，1993 年 10 月。

1994

中国名著简读系列《围城》获原作者钱锺书授权，与王绍新合作改写、注释，华语教学出版社，1994 年第 1 版，2008 年第 2 版。

《新词语和旧标语》，载《语言文字应用》1994 年第 2 期。

《关于对外汉语教学的若干议论和思考》，载《语言教学与研究》1994 年增刊（社科版）；又载《汉语学习》1995 年第 2 期。

主编《对外汉语教学是一门新型的学科》，北京语言学院出版社，1994 年 6 月。

《红楼梦》（名著缩写本），与吕文华合作改写、注释，华语教学出版社，1994 年 9 月。

《王还先生坦诚的笑声》，载《北京语言学院院刊》1994 年 11 月；后收入《为霞尚满天》，北京语言大学出版社，2007 年 9 月。

1995

《说"它"》，北京语言学院第六届科学报告会（获本届报告会二等奖）及第四届国际汉语教学讨论会论文。载《对外汉语教学论集》，北京语言学院出版社，1995 年 1 月；又载《第四届国际汉语教学讨论会论文选》，北京语言学院出版社，1995 年 6 月。

1996	《若干回顾——中国对外汉语教学学会成立十周年》，载《中国对外汉语教学学会成立十周年纪念论文选》，北京语言学院出版社，1996年1月。
	《关于汉语口语中的语词》，载大阪外国语大学中国语学研究室、日本语与中国语对照研究会编《日本语与中国语对照研究》，1996年3月。
1996—2000	负责组织北语与（台北）中华语文研习所合作编写《两岸现代汉语常用词典》事宜（与李行健、李鍌共同主编），北京语言大学出版社，2003年9月。
1997	《汉语口语词释例》，载《语言文字应用》1997年第4期。
	《关于对外汉语教学的可持续发展》，载《语言文字应用》1997年增刊；后收入张德鑫主编《对外汉语教学：回眸与思考》，外语教学与研究出版社，2000年10月。
	《口语表述的即时性及与此相关的口语特点——对一篇讲词的分析》（与刘伟合作），载《第五届国际汉语教学讨论会论文选》，北京大学出版社，1997年10月。
1998	退休。
	获国务院颁发政府特殊津贴。
	开始编写《新中国对外汉语教学发展史（1950—1999）》，未刊。
1999	《试析阿拉伯语四字母原生动词——关于阿语辅音的研究兼及阿语"词族"的建立》（北京大学建校100周年纪念会学术讨论会东语系分会场，1998年），载北京大学东方学研究院编《东方研究》，蓝天出版社，1999年。
	《关于对外汉语教学进一步规范化的建议》，载《中国对外汉语教学学会第六次学术讨论会论文选》，华语教学出版社，1999年2月。
2000	《对外汉语教学也要转变观念——且说汉外比较》，载《汉日语言研究文集（三）》，北京出版社、文津出版社，2000年6月。

	《祈愿"梦"想成真》，载张德鑫主编《对外汉语教学：回眸与思考》，外语教学与研究出版社，2000年10月。
2001	《新闻汉语导读》（韩国语译释本），（韩国）SISA出版社出版。（韩语译者对原书内容编排略有改动，并增加了"因特网和信息社会"一章。）
	《晨雨中的一把伞——怀念老领导王亦山同志》，署名方人，载《北京语言大学报·霜叶版》2001年1月；后收入《橙黄橘绿时》，北京语言大学出版社，2005年9月。
2002	《"对外汉语教学"的由来》，载《人民日报·海外版》2002年7月2日；后收入《北语记忆——北京语言大学建校五十周年纪念文集》，北京语言大学出版社，2012年8月。
	《斯诺访问北语的故事》（执笔，与徐永顺合作），载《光明日报》2002年9月5日。
2002春—2009.10	与王绍新共同主编、撰写《汉语教与学词典》，商务印书馆，2011年3月。
2004	《两岸常用字之比较》（与施正宇合作），载向光忠主编《文字学论丛·第二辑》，崇文书局，2004年1月。
	《历史上的汉语教学：向着第二语言教学走出的第一步》，载《海外华人教育》2004年第4期。
2005	《对外汉语教学：已经完成的两大变化和现在面临的两个课题》（第一届世界汉语教育史国际学术研讨会暨世界汉语教育史研究学会成立大会论文，2004年7月2日—4日），载《世界汉语教育史研究》，澳门理工学院出版社，2005年7月。
	《不要忘了王文——兼说〈语言教学与研究〉的创刊》，载《北京语言大学报·霜叶版》2005年10月；后收入《为霞尚满天》，北京语言大学出版社，2007年9月。
2007	《两代人的怀念》（与王绍新合作），载《燕园远去的笛声——林焘先生纪念文集》，商务印书馆，2007年10月；又见张仁

	健主编《此世今生未名情》，（山西）北岳文艺出版社，2019年1月。
2009	获中国高等教育学会外国留学生教育管理分会颁发"从事来华留学生教育管理工作20年，为来华留学生教育事业做出了宝贵贡献"荣誉证书。
	《从对外汉语教学的角度，说几点对词典的想法》，载《〈现代汉语词典〉学术研讨会论文集（二）》，商务印书馆，2009年10月。
	《老罗，我们怀念你》，载《北京语言大学报·霜叶版》2009年7月。
	《行云流水去无痕——痛悼李景蕙教授》（与王绍新合作），载《北京语言大学报》2009年8月11日；后收入《北语记忆——北京语言大学建校五十周年纪念文集》，北京语言大学出版社，2012年8月。
2009—2011.2	编著《汉语口语词词典》，商务印书馆，2012年6月。
2010	《关于编写对外汉语词典的问题》（与王绍新合作），载《第九届国际汉语教学研讨会论文选》，高等教育出版社，2010年5月。
	《让汉语走向世界》（与王绍新合作），载北京大学中文系百周年纪念文集《我们的学友》，北京大学出版社，2010年10月；又见《北语记忆——北京语言大学建校五十周年纪念文集》，北京语言大学出版社，2012年8月；后收入张仁健主编《此世今生未名情》，（山西）北岳文艺出版社，2019年1月。
2013	确诊罹患阿尔茨海默病。
2020.6.13	去世，享年82岁。

此外，曾以本名或方人、介夫、梁溪、任也方、唐平人、余锡人、且说斋主、介夫放言录等笔名发表散文、随笔、小说数十篇。